PETER UNFRIED

Autorität ist, wenn die Kinder durchgreifen

PETER UNFRIED

Autorität ist, wenn die Kinder

Wahre Geschichten aus der Familienhölle

durchgreifen

 **MIX**
Papier aus verantwor-
tungsvollen Quellen
FSC® C014496

Verlagsgruppe Random House FSC-DEU-0100
Das für dieses Buch verwendete
FSC®-zertifizierte Papier *Super Snowbright*
liefert Hellefoss AS, Hokksund, Norwegen.

Redaktion: Dr. Annette Seybold-Krüger
Umschlaggestaltung: Eisele Grafik-Design, München
Umschlag- und Innenillustrationen: Isabel Klett
Satz: Leingärtner, Nabburg
Druck und Bindung: GGP Media GmbH, Pößneck
Printed in Germany 2012

ISBN: 978-3-453-28044-1

Für Ute, Paulina und Kalle.
Und Gerda.

Das Leben der Eltern ist das Buch, in dem die Kinder lesen.

EBERHARD PLÜMPE
(Er hat den Satz nicht erfunden,
aber er sagte ihn zu mir, und das war gut.)

A writer is always selling someone out.

JOAN DIDION

Wenn du das aufschreibst, bist du tot.

ADORNO

Inhalt

Ein notwendiges Wort zum Anfang

Gegen uns waren die Nibelungen eine harmonische Familie. Und ich bin bestimmt kein Typi, der zum Klagen neigt. Das sollten Sie wissen und das kann Ihnen jeder hier bestätigen. Schon gar nicht bin ich so einer, der andere mit seinen Stories belästigt. Oder gar mit seinen Gefühlen. Das wird Ihnen auch jeder bestätigen.

Aber wenn Sie jetzt schon mal da sind, muss ich Ihnen doch sagen, dass ich mir das Leben als Familienvater anders vorgestellt habe. Ganz anders.

Vielleicht haben Sie ja selbst Kinder, aber die sind noch klein. Oder Sie haben keine Kinder und denken darüber nach, ob Sie sich welche anschaffen sollen. Dann sollten Sie sich gut überlegen, ob Sie hier richtig sind. Ich will Sie nicht abschrecken, aber wenn so jemand wie ich sich schon mal durchringt, Klartext zu reden, dann kommt wirklich alles auf den Tisch, auch die unangenehmen Dinge.

Ich wollte eine großartige Familie anführen. Na ja, was heißt großartig; ich wollte eine normale Familie anführen. Zumindest wollte ICH eine Familie anführen. Oder was heißt »anführen«: Ich wollte ein moderner Vater sein, Teil einer modernen Doppelspitze in der Familienführung. Respektiert aufgrund meiner natürlichen Autorität und Integrität. Wir beide, meine Frau und ich, waren uns einig: Wir würden unsere Kinder zeitgemäß erziehen, modern. Nicht wie diese antiautoritären, linken Schluffis von früher, das ist ja gescheitert. Und vor allem nicht so schwäbisch-autoritär wie unsere eigenen Eltern. Unsere Kinder sollten frei leben, frei denken und frei reden – und verantwortungsvoll mit dieser Freiheit umgehen. Familie, das war für mich die selbstverständliche Übergabe von Rechten an die Kinder und die Übernahme von Pflichten durch die Kinder.

Autoritäre Hilflosigkeiten wie »weil ich es sage« oder »Das kannst du machen, wenn du 18 bist« sollten niemals über meine Lippen kommen. Abgestandene Phrasen waren das, durch eine gelebte Kultur des gegenseitigen Respekts genauso obsolet wie das Institut der Hausaufgabenkontrolle. Die schulische und außerschulische Entwicklung unserer Kinder würde über Eigenverantwortung und Eigeninitiative laufen, die wir behutsam aufbauen und fördern würden. Unser Umgang miteinander und mit anderen würde sie Empathie lehren, würde ihnen unsere Werte vermitteln und das richtige Verhältnis zum lebensentscheidenden Dreieck von Familie, Karriere und gesellschaftlicher Beteiligung. Und vor allem: Unsere Kinder würden endlich Weltbürger sein. All die Vorurteile, Klischees und Märchen über Gott und die Welt, mit denen Eltern, Lehrer und Pfarrer unsere Entwicklung behindert hatten, würden wir zertrümmern – eins nach dem anderen. Abends würden sie aus ihren Zimmern kommen zum gemeinsamen Essen, sie würden uns Fragen stellen zur physischen, politischen und ästhetischen Verfasstheit der Welt, die wir dann gemeinsam diskutieren würden.

Es ist anders gekommen.

Meine Tochter Penelope ist 13, militante Vegetarierin, interessiert sich sonst aber hauptsächlich für Facebook, Topmodels, Kämmen und die Schauspielerin Angelina Jolie. Und Duschen selbstverständlich. Mein Sohn Adorno ist 11 und komplett fixiert auf Fußball und Killerspiele. Außerdem isst er auch kein Fleisch – schon länger als Penelope –, fährt nicht Fahrrad und weigert sich zu duschen. Und meine Frau? Sieht super aus, ist charakterlich top, Duschverhalten auch völlig normal. Von den Kindern wird sie nur die Macht genannt. Und inzwischen auch von mir. Es fing ganz harmlos an, damals, als Penelope noch klitzeklein war.

Wenn ich allein mit ihr war, kriegte sie alles von mir, was sie brauchte. Außer manchmal. Da sagte ich dann leider etwas total Hobbyloses. Ich sagte, dass sie ganz entspannt sein solle, weil ja gleich ihre Mutter käme. »Und die macht das. Die macht das.« War dann ja auch so. Eines Tages kam sie zur Tür herein und Penelope wedelte mit ihren Händchen und rief aufgeregt: »Macht, Macht.« Von da an war sie die »Macht-Macht« und irgendwann nur noch »die Macht«. Vor allem meine. Aber bei den Kindern endet selbst ihre Macht. Wobei die Grundstruktur meines Erachtens nach wie vor ideal ist: ein Mann, eine Frau, ein Mädchen, ein Junge. Das Mädchen ist älter als der Junge. Etwas älter. Die Frau ist jünger als der Mann. Deutlich jünger. Alle vier physisch attraktiv. Aber dann hört es eben auch schon auf.

Wir haben einen großen Esstisch. Von Ikea. Trotzdem schön und sogar teuer. Wenn man ins Wohnzimmer reinkommt, steht er gleich rechts. Kürzester Weg zur Küche. Blick auf den Platz, an dem unser Haus steht, auf eine rote Kirche und periodisch auf die gelben Bahnen der Linie U1, die von Kreuzberg zum Ku'damm fahren – und umgekehrt. Ich hatte mir das so gedacht, dass dieser Tisch der Mittelpunkt unseres Familienlebens sein würde. Hier würden wir den Kindern die Themen des Tages und der Zeit nahebringen. Hier würden sie dabeisitzen und punktgenau witzige Anmerkungen beisteuern, wenn Gäste da wären. Hier würde ich nach engagierter Diskussion die großen Linien für ein glückendes Familienleben vorgeben.

Jetzt sitz' ich hier am Tisch. Allein. Ich war wirklich lange superentspannt, weil ich dachte, dass die Kinder ja bald größer sind und der Laden dann ganz anders läuft. Aber je größer die Kinder werden, desto größer wird auch der Wahnsinn. Und je härter wir Eltern gegen den Wahnsinn kämpfen, desto irrer schwillt er an.

Minki, unser Nachbar, hat ja gesagt, über die eigenen Kinder herzuziehen, das gehe gar nicht. Das sei das Allerletzte. Aber man muss doch mal kritisch beleuchten dürfen, was hier so abläuft. Gut, dass Penelope und Adorno uns anschnauzen, wenn wir ausnahmsweise mal ein Schnitzel essen, das haben wir uns selbst eingebrockt mit unserem ständigen Reden über die Problematik der Massentierhaltung. Aber dann haben sie ihren Großvater damit unglücklich gemacht, und dann beschimpfen sie uns, weil wir nicht reich genug sind, und dann weigern sie sich, irgendwo anders als in Kalifornien Urlaub zu machen, und dann müssen wir ihre Hausaufgaben machen, und dann ist es eine Katastrophe, wenn jemand Adorno ohne Kleider sieht – und Penelope macht sich derweil auf Facebook so was von nackig. Und dann liest sie Goethe und er hasst Goethe und sie hasst Fußball. Und dann lehnen beide auch noch Schwaben ab. Dabei sind wir Schwaben.

Und dann gibt mir die Macht auch noch zu verstehen, dass ich schuld bin an dem Ganzen.

Ich? Bisher war ich doch wohl der ruhende Pol in diesem Wirbelsturm des Irrsinns, die Stimme der Vernunft in diesem Chor des Wahns. Ich war es, der versucht hat, so etwas wie Normalität aufrechtzuerhalten, ich, der einzig Normale weit und breit.

1 Penelope & Adorno

Einen Eindruck von unserem Sohn Adorno kriegt man vielleicht am schnellsten, wenn man ihn vor sich sieht, wie er Nudeln isst. Den Kopf fast im Nudelteller. Seit er elf geworden ist, braucht er nachmittags was Warmes zwischendurch.

Wachstumsschub, sagt die Macht.

Adorno trägt seinen blauen Kapuzenpullover. Wie immer. Und wie immer hat er die Kapuze über den Kopf gezogen. Warum? Keiner weiß es.

»Wo gibt es denn so was, dass man mit Kapuze am Tisch sitzt und isst?«, knurrt die Macht in unregelmäßigen Abständen.

Er gibt ihr dann seinen Adorno-Blick und lässt die Kapuze selbstverständlich auf.

Ich meine: Vielleicht machen das Großstadtkinder heutzutage so, wer kann es sagen? Vielleicht will er auch nur nicht, dass die Macht seine ungewaschenen Haare sieht. Dann fällt ihr womöglich ein, dass er dringend mal wieder duschen muss. Großes Thema zwischen ihr und ihm. Fast so groß wie Schule.

»Welche Länder liegen am Mittelmeer?«, fragt die Macht und blättert in seinem Schulheft.

Adorno hat bisher zwei Mittelmeerländer identifiziert: Rumänien und Bulgarien.

Macht entsetzt: »Dieser Typi hat keine Ahnung.«

Dann fragt sie mich: »Welche Länder Afrikas und Asiens liegen am Mittelmeer?«

Ich fange mit Marokko an und komme bis Israel.

»Israel liegt doch nicht am Mittelmeer«, sagt die Macht.

Ich muss es ihr auf Google Maps beweisen.

»Und die zwölf Hauptgötter der Antike schreibst du nochmal.«

»Ich?«

»Ich meine Adorno.«

Adorno hebt den Kopf leicht aus dem Nudelteller.

»Was?«

»Was du geschrieben hast, kann kein Mensch lesen.«

»Das ist mir doch egal.«

»Das schreibst du nochmal.«

»Penelope muss nie was nochmal schreiben.«

Kleine Eskalation.

Am Ende seufzt die Macht: »Für wen machen wir denn das alles?«

»Keine Ahnung«, antwortet Adorno freundlich-interessiert, »für wen denn?«

Seine Haare waren blond, als wir ihn ziemlich genau zwei Jahre nach Penelope aus einem Kreuzberger Geburtshaus nach Hause schleppten. Die ersten Jahre blieben sie blond. Inzwischen sind sie braun. Nicht so braun wie die von Penelope; etwas heller. Nur im Juli und August wird er wieder blond. Früher fielen ihm die Haare einfach nach allen Seiten runter. Seit Kurzem hat er so eine Art Scheitel, den er sich morgens kurz vor dem Spiegel hin kämmt. »Wirst sehen«, sage ich immer zur Macht, »bald wird er sich die Haare freiwillig waschen.« Das wird hart für ihn, aber dafür wird ihm der ganze Rest vermutlich leichtfallen, viel leichter als mir, nehme ich an. Von seiner Geburt an sind die Frauen auf seine blauen Augen abgefahren. Keiner weiß, wo er sie herhat. Von mir jedenfalls nicht.

Das Erste, was man von unserer Tochter Penelope mitbekommt, wenn sie ihr Zimmer tatsächlich verlässt, ist ein Tock-Tock-Tock. Das bedeutet, dass sie auf ihren hohen Schuhen durch den Flur stöckelt. Sie hat lange Haare und den schwäbisch-südländischen Teint ihrer Mutter. Als sie 13 wurde, hatte sie deren Größe erreicht. Ohne Stöckelschuhe ist sie einen Kopf größer als Adorno. Mit den Stöckelschuhen ist sie so groß wie ich. Die trägt sie aus nicht näher erklärten Gründen nur in der Wohnung, dort aber exzessiv. Ansonsten kämmt sie sich viel und geht nicht aus dem Haus, ohne geduscht zu haben.

»Mein Gott, die ist so was von eitel!«, sagt die Macht.

Als ich jüngst mal in Watzlawicks *Anleitung zum Unglücklichsein* blätterte, sagte Penelope: »Anleitung zum Unglücklichsein? Dafür braucht man doch keine Anleitung. Dafür braucht man nur ein Herpes-Bläschen.« In der Grundschule wurde sie Schulsprecherin, um »Verantwortung zu übernehmen«, wozu wir sie kaum drängen mussten. Jetzt weigert sie sich, Klassensprecherin zu werden, weil das »peinlich« sei. So ist die jetzt drauf.

Jedenfalls, wenn sie ins Zimmer reinkommt, dann denke ich regelmäßig: Also, gestern war sie noch nicht so hübsch.

Wenn mich jemand nach den Gemeinsamkeiten zwischen Penelope und Adorno fragt, dann verweise ich darauf, was passiert, wenn sie nach Hause kommen und nur mich vorfinden. Dann fragen beide als Erstes: »Wo ist die Macht?«

Dann sage ich: »Wieso?«

»Ich will sie was fragen.«

»Frag doch mich.«

Penelope sagt dann: »Ach, nicht so wichtig.« Adorno geht wortlos.

Mir stellen sie nur Idiotenfragen, die zwingend mit Ja beantwortet werden müssen. Darf ich Cola trinken? Darf ich keine Hausaufgaben machen? Darf ich in den Mauerpark gehen, und du stellst keine dummen Fragen? So was.

Wenn mich jemand nach dem Unterschied zwischen Penelope und Adorno fragt, dann sage ich: Ha, das ist ja einfach. Penelope isst Eier nur weich gekocht. Adorno isst Eier nur hart gekocht. Würde aber Penelope hart gekochte Eier essen, bestände Adorno auf weich gekochten Eiern. Und umgekehrt.

Es war früher schon so, als sie noch klein waren: Wenn Penelope allein die Treppe hochging, schrie Adorno. Und wenn Adorno allein hochging, schrie Penelope. Damals dachten wir noch, dass alles besser würde, wenn erst mal beide allein hochgehen würden. Das machen sie ja nun, aber besser ist nichts. Komme ich abends mit zwei Packungen Nudeln in ihre Zimmer und sage: »Was willst du essen, Spaghetti oder Tortellini?« Dann kann ich drauf wetten, dass Adorno »Spaghetti« sagt, wenn Penelope Tortellini will. Und Penelope unbedingt Spaghetti will, wenn Adorno sich für Tortellini erwärmen könnte.

Es gibt aber auch einen grundlegenden Unterschied, der über den Macht- und Abgrenzungskampf von Geschwistern hinausgeht.

Penelope ruft aus der Küche: »Im Mülleimer ist keine Tüte drin.«

Darauf ruft die Macht zurück: »Nein, da ist keine Tüte drin. Aber das stört ja offenbar hier keinen. Jeder schmeißt das Zeug einfach so rein.«

Penelope seufzt dann und macht eine Tüte rein.

Adorno schreit aus der Küche: »Wieso ist denn in diesem hobbylosen Müll schon wieder keine Tüte drin?«

Darauf schreit die Macht zurück: »Da ist keine Tüte drin, weil keiner eine Tüte reinmacht. Weil das hier offenbar keinen stört. Deshalb ist da keine Tüte drin.«

Adorno wirft dann seinen Müll in den Mülleimer ohne Tüte und geht seiner Wege.

Weil sie das Mädchen ist und er der Junge? Nein, weil er komplett hobbylos ist und sie nicht. Jedenfalls war das bisher so. »Hobbylos« ist Adornos Lieblingswort. Was es genau bedeutet, weiß ich jetzt gar nicht, es ist irgendetwas Negatives und passt offenbar immer.

Jetzt denken Sie vielleicht: Aha, typisch Vater. Der sieht seinen Sohn viel kritischer als seine Tochter. Überhaupt nicht.

Wenn sie, jetzt nur zum Beispiel, aus ihrem Zimmer Richtung Tür rast, dann rufe ich knallhart: »Hallo, Pelo! Du hast ein Loch hinten in der Strumpfhose. So kannst du nicht weg.«

Dann sagt sie: »Ah-ha.«

Was soll das jetzt heißen?

»Ist das etwa Absicht?«

Sie lächelt. »Was denkst du?«

Tja. »Absicht?«

»Tschühüss.« Peng. Weg ist sie.

Ich öffne die Tür, um ihr was hinterherzurufen, aber sie ist schon weg. Dafür steht Minki in seinem braunen Business-Anzug vor mir. Minki, unser Nachbar und Freund, wenn man das so formulieren möchte. Auf dem Weg in seine Maisonette muss er an unserer Wohnung vorbei. Heute ist er aber früh dran. Normalerweise kommt er immer erst spät nach Hause.

»Hallo, Dr. Minki«, sage ich.

»Deine Tochter hat hinten ein Loch in der Strumpfhose.«

»Das ist Absicht.«

»Klar.« Er lächelt. »Weiß die Macht das?«

Selbstverständlich nicht.

2   Und dann auch noch die Karrierefrau

Am 1. Januar des Jahres, in dem sie 29 werden würde, hatte mich die Macht zu sich gerufen und mir gesagt, dass es jetzt Zeit war.

Ich sagte: »Hm. Schon?«

Neun Monate später war Penelope da.

Ich lernte die Macht in einem schwäbischen Riesenrad kennen. Damals war sie noch die Maus. Volksfest in der sogenannten Stadt. Letzter Abend. Das war im September 1986. Ich weiß noch genau, dass aus den Boxen ein Billboard-Hit aus dem Vorjahr dröhnte: »The Search is over«. Wir fuhren dann so lange Riesenrad, bis die Schiffschauklerbremser das Ding abbauten, um auf den Cannstatter Wasen weiterzufahren.

Als wir wieder unten waren, sagte eine Freundin zu ihr: »Sei bloß vorsichtig mit dem. Den kriegst du nicht geändert.«

Worauf sie sagte: »Das wollen wir doch mal sehen.«

Heute ist es so, dass ich zu ihr sage: »Jetzt will ich mal sehen, ob du dich in der Rockgeschichte auskennst und folgende Frage beantworten kannst.«

Darauf sagt sie: »Rolling Stones.«

Und ich: »Richtig. Woher weißt du das? Ich habe doch die Frage noch gar nicht gestellt.«

»Die Antwort ist immer Rolling Stones.«

Ach, echt?

Den großen Unterschied zwischen der Macht und mir kann die Macht ganz klar benennen: Ich rede. Und sie macht.

Ich sehe eben vieles in größeren Zusammenhängen, was vielleicht damit zu tun hat, dass ich aus dem Hauptort des Dorfes komme, sie aber nur aus einem eingemeindeten Vorort. Es ist so: Die Macht denkt immer, dass die Bedienung unsere Bestellung vergessen hat. Ich denke immer, dass die Bedienung halt etwas Zeit braucht und das Zeug schon noch bringen wird.

Zu einem Zeitpunkt, da ich die Bedienung noch freundlich finde und keinesfalls an ihrer Kompetenz zweifele, sagt sie: »Die hat uns bestimmt vergessen, die kriegt sowieso nichts auf die Reihe, die Chaotin.«

Ich sage: »Warum soll sie uns vergessen haben? Wir haben doch grade erst bestellt.«

Aber die Macht wedelt nach wenigen Minuten mit allen Händen und flötet dann zuckerfies: »Denken Sie an unsere Bestellung?«

Ich dagegen sage – wenn ich ohne die Macht bin – auch nach 20 Minuten noch nichts, weil ich immer noch davon ausgehe, dass die Bedienung halt wahnsinnig beschäftigt ist und das nacheinander abarbeitet. Das halte ich für guten Stil.

Wenn ich also sehe, dass die Macht unruhig wird und ihren flackernden Blick kriegt, dann sage ich schon präventiv so Zeug wie: »Ist ganz schön viel los, hier.«

Das ignoriert die Macht und knurrt: »Die hat uns vergessen. Ich sage dir: Die hat uns vergessen!«

Dann sage ich: »Ach, das kommt schon noch.« Dann muffeln wir uns an.

Ich muss an dieser Stelle ganz klar sagen, dass ich das Verhalten der Macht zwar mittrage und ihr auch auf keinen Fall in den Rücken fallen will; aber zwischenmenschlich ist das doch bedenklich. Sie tritt einer Fachkraft zu nahe und zweifelt offen an deren Kompetenz. Dabei hat die es sicher auch schwer im Leben. Und überhaupt ist doch heutzutage klar, dass man die Leute motivieren muss. Ist doch nicht mehr wie nach dem Zweiten Weltkrieg, als alles von selbst lief.

Allerdings würde ich ohne die Macht verhungern, das sehe ich schon realistisch. Ich habe mir das mal überlegt: Hat die Bedienung unsere Bestellung nicht vergessen, so ist sie zwar indigniert, weil die Macht nachfragt. Die Bestellung kommt aber vielleicht sogar zügiger. Hat die Bedienung unsere Bestellung wirklich vergessen, so führt das Nachhaken der Macht dazu, dass wir unser Zeug doch noch kriegen. Hat die Bedienung unsere Bestellung nicht vergessen, wie ich schweigend annehme, so kommt die Bestellung irgendwann. Hat die Bedienung aber unsere Bestellung vergessen und ich hake nicht nach, weil ich nicht annehme, dass sie sie vergessen haben könnte, so kommt die Bestellung niemals. Meine einfühlsame Rücksichtnahme ist also nicht nur schlecht für uns und unsere Laune, sondern letztlich auch für den gastronomischen Betrieb und die Bedienung, die dadurch ökonomischen Schaden erleiden. Das sage ich der Macht aber selbstverständlich nicht, denn ihre große Sorge ist ja, dass sie »zu nett« sein könnte. »Ich bin einfach zu nett«, seufzt sie.

Vor allem auch, wenn sie grade jemand rasiert hat.

Wenn die Macht von der Arbeit nach Hause kommt, macht sie traditionell erst mal einen Kontrollgang. Ich denke da noch, dass sie bestimmt begeistert sein wird, wie toll der Laden auch ohne sie läuft.

Ich denke: Toll, wie still es hier ist. Sie denkt: Aha, wenn das hier so still ist, kann das nur heißen, dass Penelope und Adorno seit Stunden vor ihren technischen Geräten muffeln, statt Hausaufgaben zu machen. Zu essen gemacht hat er ihnen bestimmt auch nichts.

Ich denke: Alles tipptopp aufgeräumt.

Sie sagt: »Hier stehen ja sogar noch die Schnapsgläser von gestern Abend auf dem Wohnzimmertisch.«

Ja, gut, die Schnapsgläser.

»Und die Brotbüchsen liegen ungespült neben der Spüle.«

Ich weiß, was sie denkt: Dass die Kinder denken, es sei schon viel verlangt, dass sie die mit wichtiger Geste in die Küche tragen. Dass sie denken, die Welt sei schon gerettet, bloß weil sie Vegetarier sind. Und dass ihr Vater sich für den Größten hält, bloß weil er Äpfel ohne Verpackung kauft.

Einmal waren wir zusammen einkaufen, und da sagte sie: »Äpfel brauchen wir auch noch.«

Und ich sagte: »Hmhm, ich nehm' diese Golden Bio-Delicious.«

Und sie sagte. »Nimm doch die anderen da, die sind auch Bio, aber die mag Adorno viel lieber.«

Und was sagte ich da? »Nee, die sind verpackt, die nehme ich auf keinen Fall.«

Der Superöko hatte mir eingeschärft, möglichst kein verpacktes Zeug mehr zu kaufen. Wir sind blutsverwandt und im selben Zimmer aufgewachsen, er ist der Onkel meiner Kinder. Ich erkläre gleich noch alles Weitere.

Jedenfalls sagte ich: »Wozu soll ich die verpackten Äpfel nehmen, wenn es unverpackte gibt?«

Und die Macht: »Ach. Wegen dem bisschen Verpackung.«

Und ich: »Die einen sind verpackt, die anderen sind nicht verpackt.«

Und sie: »Aber die Einkaufstasche vergessen und an der Kasse eine Plastiktüte brauchen, oder was?!«

Na, der Einkauf war total im Eimer. Und als Ergebnis hatten wir unverpackte Äpfel, die keiner aß.

War das vielleicht ökologisch? Und hatte sie das nicht genau gewusst?

Dadurch kam dieser Haushalt doch keinen Schritt voran – und unsere Erde auch nicht.

Manchmal kommt die Macht nach Hause und man kann praktisch sehen, wie in ihrem Kopf die Additionsmaschine der Fehlentwicklungen zu rattern anfängt: Und überhaupt wird hier ab nächste Woche abwechselnd gekocht, denkt sie dann. Und wenn der Typi es noch einmal wagt, beim Pizzadienst bestellen zu wollen, dann kriegt sie eine Krise. Die Nummer wird sofort aus dem Telefonverzeichnis gelöscht.

»Typi« ist eines ihrer Lieblingsworte. Hat sie von Adorno. Nur dass der das kaum noch sagt. Überhaupt dieser Adorno. Das ständige Computerspielen muss jetzt auch aufhören. Wenn junge Männer nur eine

Woche am Rechner Killerspiele machen, verringert sich bereits ihre Hirnaktivität. Stand im *Stern,* also total seriös.

Mit Adornos Hirnaktivität steht es sowieso nicht zum Besten. Und nun macht er seit Monaten nichts anderes mehr. Ach was, seit Jahren. Während sie über seinen Mathe-Hausaufgaben brütet. Wenn sie das Thema vorsichtig anspricht, wird er sofort aggressiv. Wie sein Vater. Vielleicht war es bei ihm ja auch schon zu spät. Und wo ist überhaupt Penelope schon wieder? So geht das hier nicht weiter.

Die Macht arbeitet fest angestellt an drei Tagen in der Woche. Einmal sagte ich zu irgendwem, dass sie drei Tage die Woche arbeitet. Und dann war sie sieben Tage die Woche beleidigt. War ja auch blöd. Ihre Erwerbsarbeit ist offiziell eine 0,6-Stelle, aber oft arbeitet sie dann doch vier Tage in der Woche und schon mal auch am Wochenende. Reduziert hat sie wegen der Kinder. Ich bin ziemlich sicher, dass sie es nicht bereut. Aber manchmal fällt ihr ein, dass sie auch eine »Karrierefrau« hätte werden können, gerade, wenn sie auf Geschäftsreise ist.

Einmal blinkten abends um zehn auf dem Display meines stumm geschalteten Telefons die berühmten zwei Worte: die Macht.

»Rat' mal, wo ich bin.«

Richtig, die war ja gar nicht da. Auf dem Sofa saßen nur Penelope und Adorno, kuckten *Topmodel* und fraßen sauteure Chipse in sich rein. Sie Stapel, er Salt & Vinegar. Der rosa Teller mit den Biogurken war nicht angerührt.

Mist. Die sollten eigentlich längst im Bett sein, hoffentlich merkte die Macht nichts.

»Hm«, sagte ich in das Telefon, »bist du vielleicht in einem Hotel?«

»Ja, natürlich, aber in was für einem?«

Ich hatte keine Ahnung.

»Gib mir vier Möglichkeiten: a, b, c oder d.«

Immer wenn ich den Bildungsgrad der Kinder testen wollte und so was sagte wie: »Was meint der Begriff ›Big Apple‹?«

Dann riefen die: »Gib uns vier Möglichkeiten.«

Also führten wir das Günther-Jauch-Prinzip ein. Inzwischen sage ich automatisch: »Ist das a.) ein großer Apfel, b.) ein kleiner Apfel, c.) ein riesiges Notebook oder d.) New York?«

Adorno sagt dann: »Den kleinen Apfel schließe ich aus.«

Wenn ich mal wirklich eine Bildungslücke habe und sage: »Aus welcher Stadt kam noch mal die PR-Managerin Anja, die vom RTL-Bachelor auserwählt wurde?«

Dann sagen die: »Googles doch.«

Na, das war jetzt ein schlechtes Beispiel. Da sagen sie: »Aus Weingarten bei Karlsruhe, das weiß doch jeder.«

Wenn ich aber sage: »Wie lautet die sogenannte Gretchenfrage?« Dann komme ich gar nicht zu den vier Möglichkeiten, weil Adorno sofort sagt: »Pffff. Goethe.«

Es beunruhigt die Macht, dass Adorno Anjas Wohnort kennt, aber Goethe dermaßen ablehnt. Seither kämpft sie gegen flache Fernsehunterhaltung und lehnt das Günther-Jauch-Prinzip als unterkomplex ab.

Daher ging sie auf meine Bitte auch gar nicht ein, sondern sagte mit einem Glucksen, das sie sich für besondere Momente vorbehält: »Ich bin in der Ibis-Suite.«

»Ibis-Suite, aha«, sagte ich, »ist das nicht ein Widerspruch in sich?«

»Du, die haben jetzt große Eckzimmer. Vier Fenster, Vorraum, tolles Bad. Oberster Stock.«

»Wäre ich nicht drauf gekommen, dass Ibis Suiten hat.«

»Na ja«, sagte die Macht. »Das kriegen Normalsterbliche natürlich nicht.«

Mich hatte mein Arbeitgeber da jedenfalls noch nicht einquartiert.

»Du, der Vorraum hat sogar Parkett. Und der Schreibtisch ist sechs Meter lang.«

»Sechs Meter?«

Ich hörte, wie sie den Schreibtisch ablief.

»Na gut, fünf Meter. Und auf dem Bett lag ein handgeschriebener Zettel, wie sehr sich der Direktor freut, dass ich da bin.«

»Na, da bist du ja ganz oben angekommen.«

Selbst das steigerte ihre Verzückung noch.

»Von wegen«, sagte sie. »Nächstes Mal bin ich im Swiss Hotel. Weißt du, was du da machst?«

»Noch nicht.«

»Da badest du in einer frei stehenden Badewanne mit Blick auf die Frauenkirche.«

»Ach, du bist in Dresden?«, sagte ich.

Stille am anderen Ende. Jetzt war sie beleidigt.

Wo war ich? Genau, ich wollte einräumen, dass die Macht neben ihrer Erwerbsarbeit auch noch die Familienarbeit erledigt, alle Freundeskreise hier organisiert, die Geschenke besorgt. Undsoweiter. Weil die anderen machen das ja nicht bzw. doch oft nur ungenügend. Wenn dann noch jemand sagt, dass sie drei Tage die Woche arbeitet, dann schlägt das dem Fass den Boden aus, das muss ich schon auch sagen.

Allerdings bin ich auch ununterbrochen beschäftigt. Kaum habe ich mal einen Moment zum Verschnaufen, dann geht in der Küche der Krach los. Die Macht bohrt Löcher für ein neues Regal. Und dann schreit sie auch noch, dass ich kommen soll und schauen, ob das gerade sei. Nie hat man hier Ruhe.

Ich muss aber schon sagen: Wenn die Macht was macht, dann ist auch Zug dahinter. Positiv formuliert. Erst hatte ja der Superöko mich mit der »energetischen Moderne« belabert, dann ich die Macht. Doch während ich noch an meinen theoretischen Grundlagen feilte, legte sie sofort los. Bis heute legendär, wie sie eines Tages anfing, Fahrer von stehenden Autos mit laufendem Motor dazu bringen zu wollen, ihren Motor gefälligst auszuschalten, um in Zeiten des Klimawandels Kohlendioxid einzusparen. Ich weiß noch genau, wie sie eines Tages nach Hause kam und richtig glücklich aussah.

»Was 'n los? Hat etwa jemand seinen Motor ausgeschaltet?«

»Nein«, sagte sie aufgekratzt, »aber stell dir vor: Ich wurde heute nicht zusammengeschrien.«

Das war ein echter Erfolg, wenn man in dieser schwierigen Branche tätig war. Diesmal war es ein Mercedes, der vor »unserer« Schule stand – mit laufendem Motor. War es ein Fluchtwagen?

Nein, nein, er warte auf seine Tochter, sagte der Fahrer. Ein Ü-50-Vater, aber eigentlich kein unsympathischer Kerl, wir kennen ihn vom Sehen und von einem Elternabend, wo er verlangte, dass in der Klasse ein allgemeines Apfelsaftschorle-Verbot ergehen solle, weil es seine Tochter demotiviere, wenn andere zuckerhaltige Schorle tranken, während sie korrekterweise Mineralwasser in ihrer Trinkflasche hatte. Vermutlich war er auch Pazifist, Atomkraftgegner und Verehrer von Keith Jarretts »The Köln Concert«.

Seine Tochter müsse jeden Moment rauskommen, da lohne es sich nicht, den Motor auszuschalten.

Das sagen sie immer. Oder zumindest die, die wir die »zunächst Höflichen« nennen. Die anderen sind meist Migranten wie wir, nur keine schwäbischen. Sie sagen: »Fick disch, du Schlampe«, damit die Sache beendet ist. Das ist sie dann auch.

Ich bewunderte meine Macht. Ich hatte noch nie an ein Autofenster geklopft und ich kann mich bis heute nicht dazu durchringen. Obwohl mich der laufende Motor auch nervt. Da ich aber mehr ein Mann des Denkens bin, wollte ich zunächst einmal klären, ob sie übertrieb, bevor ich mich als Versager identifizierte.

Überlegen wir mal: Was ist so schlimm, wenn jemand den Motor laufen lässt? Klar: Der CO_2-Ausstoß und die anderen Gifte schädigen Fußgänger, Fahrradfahrer und die Atmosphäre und gefährden die Zukunft der Welt von Penelope und Adorno. Das gilt aber für fahrende Autos genauso. Erschwerend kommt im Fall eines stehenden Autos das Gefühl des Unnötigen hinzu. Aber unnötig kann eine Fahrt auch sein. Außerdem: Warum auf die kleinen Fahrer losgehen, wenn die großen Wirtschaftsunternehmen das Millionenfache an CO_2 raushauen auf Kosten der Gesellschaft und der Umwelt? Trotzdem kann ein zivilisatorisches Niveau nicht schaden, auf dem zumindest mal die Motoren ausgemacht werden, wenn das Auto steht.

Andererseits: Ist nicht genau das die alte Zeigefingermentalität von Leuten, die sich über andere erheben wollen? Sollten wir uns nicht erst mal drum kümmern, dass unser eigener Motor ausgeschaltet ist? Ich kenne einen super Psychologen. Den fragte ich, ob ich an die Fenster von Autos mit laufendem Motor klopfen sollte.

Er riet ab.

»Es gibt ein enormes Potenzial an Aggressivität in der Gesellschaft«, sagte er.

»Genau«, sagte ich, »das sieht man an den brutalen Reaktionen der Motoranlasser.«

Er lächelte. Ja, aber das Auto funktioniere nicht nur für aktive, sondern auch für passive Aggressivität. Und das Beste, um seine Aggressivität loszuwerden, sei ein »moralisch einwandfreies Ventil«. Er wette mit mir, dass 80 Prozent der Fensterklopfer dies nicht aus sachlichen Gründen täten. Gerade auch Kontaktgestörte nutzten gern solche Situationen aus.

Ach. Wir sind also aggressiv und kontaktgestört und lassen es an dem armen Mercedesfahrer aus, bloß weil der den Motor anlässt? Oder an einem BMW-X5-Fahrer. Nur weil der eine unökologische Spritschleuder fährt?

»Wenn man seine Sache aus einer Position der Überlegenheit zelebriert, erklärt man den anderen immer zum moralisch minderwertigen Idioten«, sagte der Psychologe. Man müsse den richtigen Stil finden und darum bitten, dass er den Motor ausschalte. Aber auf einer gleichberechtigten Ebene, die den anderen nicht bockig mache.

Das klang gut. Die Frage ist nur: Gibt es diese Form?

Bei den »zunächst Höflichen« machte die Macht immer eine Nachakquise, indem sie darauf hinwies, dass sich das Ausschalten bereits ab zehn Sekunden lohne. Der Mineralwasser-Vater im Mercedes sagte daraufhin, er müsse den Motor wegen der Klimaanlage laufen lassen. Er sorge sich um seine Tochter, sie würde sonst schwitzen.

Logisch: Der Planet strahlte ja auch mit satten 17,5 Grad Celsius.

Die Macht sagte: Wenn es ihm um seine Tochter gehe, müsse er sich um die planetarischen Verhältnisse in 30 Jahren kümmern und den Motor ausmachen. Worauf der Mercedesfahrer die Scheibe hochfahren ließ. Diese Form der Ansprache war also offensichtlich noch nicht optimal. Der Motor blieb selbstverständlich an.

3 Und dann auch noch die Maultaschenkrise

Meine große Befürchtung ist ja, dass die ganze Abwärtsspirale dieser Familie ihren Ausgang in der sogenannten Maultaschenkrise hatte. Dann denke ich wieder: Das kann doch nicht alles nur an den blöden Maultaschen liegen. Jedenfalls haben die Kinder die Sache mit den Maultaschen bis heute nicht vergessen können. Gestern kam das Thema erst wieder hoch. Da saß ich noch nicht allein und verlassen hier am Tisch, da hingen noch alle zusammen im Wohnzimmer ab.

Die Macht hockte auf dem Sofa und kruschtelte irgendwas. Penelope saß mir am Tisch gegenüber und machte ihre Hausaufgaben. Referat in Spanisch oder so. Sie war vorher auf ihren hohen Schuhen hereingestöckelt.

»Warum trägst du denn Stöckelschuhe zum Hausaufgabenmachen?«, fragte die Macht. Was das für neumodische Sitten sein?

»Lass sie doch«, sagte ich. Aber lustig: Diesen Satz hat meine Mutter auch gern gebraucht.

Adorno stand in der Zimmermitte und war mit seinem Baseballschläger zugange. Es klackte. Dann trat er zum Fenster.

»Schau dir das mal an, Alter«, sagte er.

»Alter« bin nicht ich, »Alter« ist ein zeitgemäßer Ausdruck des Erstaunens oder der Begeisterung.

Trotzdem schaute ich mir das mal an. Er hatte den Baseball zum offenen Fenster rauskatapultiert. Wirklich sehr erstaunlich. Unten, weit entfernt, auf der anderen Seite der Straße, war ein Café. Davor saßen Leute, und denen hatte er den Ball voll auf den Tisch geknallt.

»Na, denn renn' mal schön runter und hol' ihn dir zurück«, sagte ich.

Wollte er nicht.

»Jetzt hol' halt den Ball.«

Auf keinen Fall.

Das übliche Hin und Her, bis die Macht eingriff.

»Jetzt reicht es aber«, bestimmte sie nach kurzer Evaluierung der Situation, »du holst jetzt den verdammten Ball.«

Aber Adorno sagte, dass er den Ball eh nicht mehr brauche. Der Ball sei zu klein, zu weich und überhaupt. Wozu also runtergehen.

Dabei sah er die Macht giftig an oder versuchte es zumindest hinter seinem Seitenscheitel, der größere Teile seines Sichtfeldes einschränkte.

Na ja: Geschrei (sie), Gemoser (er), aber am Ende, das wäre ja auch noch schöner, wurde brav runtergerannt und der Ball geholt.

Von mir.

Als ich zurückkam, sagte die Macht zu Adorno, dass das jetzt aber das Allerhinterletzte gewesen sei.

»Recht hat sie«, keuchte ich. Die Macht sah mir frontal auf den Bauch.

In den letzten Jahrzehnten hatte ich doch etwas von meiner legendären Fitness eingebüßt.

Adorno sah sich offenbar so in die Ecke gedrängt, dass er sich in bewährter Manier aufblies und voll Empörung keuchte: »Aha, das soll also das Allerhinterletzte sein?«

Ich sah die Macht besorgt an. Jeder weiß, dass es gefährlich wird, wenn er »aha« sagt.

Dann sagte er: »Das Allerhinterletzte wart ja wohl ihr.«

Und dann fing er mit der leidigen Maultaschengeschichte an und zwar bestimmt zum mittlerweile hundertsten Mal.

Penelope, die ihn gerade noch unreif und blöd fand, hatte er selbstverständlich sofort im Boot.

»Du hast uns da belogen«, sagte sie streng zu mir. »Und eigentlich gab es gar keinen Grund dafür.«

Worauf die Macht ihre pädagogische Stimme bekam und sagte: »Also, Penelope, eigentlich wollte er gar nicht. Ich wollte. ER hat nur mitgemacht.«

Worauf Penelope säuerlich sagte: »Das macht es nicht besser.«

Worauf ich mich fühlte wie beim Mitläuferprozess.

Sie hatte ja recht. Mir ist bis heute unerklärlich, wie wir unseren Kindern so etwas antun konnten. Die ganze Sache war an einem Samstagabend vor zwei Jahren aufgeflogen. Penelope war elf und Adorno neun. Die Macht war zu einem Yoga-Wochenende abgedüst. Ich kam gerade aus Wolfsburg nach Hause und war eh schon psychisch angeschlagen von einer Heimniederlage unseres VfL, da stand auch noch Adorno an der Tür und machte sein »Mir-ist-großes-Unrecht-widerfahren-und-du-bist-schuld«-Gesicht.

»Was 'n los, Django?«

Er sagte mit Grabesstimme: »Du hast mich ein Leben lang belogen.«

Mist. Ich überlegte angestrengt, welche von den Lebenslügen er meinte, die ich ihm in all den Jahren aufgetischt hatte.

Er sagte: »In den Maultaschen ist Fleisch.«

Da kam auch schon Penelope aus ihrem Zimmer und raste grußlos in die Küche zu Aplusplus. So heißt unser Kühlschrank.

Als sie zurückkam, trug auch sie ihr Anklage-Gesicht und dazu einen tiefgefrorenen Beutel schwäbische Maultaschen.

»13 Prozent Schweinefleisch«, sagte sie und zeigte auf den Anfang vom Kleingedruckten. Ihre Stimme war voller Wut und gleichzeitig klang sie verwirrt. Als ob sie es gar nicht glauben könnte.

Ich schaltete sofort in den Ausreden-Modus und überlegte noch, ob ich sagen sollte, dass 13 Prozent praktisch nichts seien, aber da wedelte sie schon mit einem anderen Beutel: »Und hier: 28 Prozent Schweinefleisch!«

Was für ein Debakel. Weil ich erst kurz vor acht zu Hause sein konnte, hatte ich den Kindern gesagt, sie sollten sich das Abendessen ausnahmsweise selbst machen. Offenbar hatten sie dabei zum ersten Mal die Packung studiert.

»Schweinefleisch!« Adorno sprach das Wort wie »Hühnerpisse« aus.

Wir hatten beiden Kindern mehrfach versichert, dass in diesen Maultaschen kein Fleisch drin sei. Es gehörte praktisch zum Maultaschen-Ritual.

»Da ist doch kein Fleisch drin, oder?«

»Nee, da ist kein Fleisch drin.«

»Na gut.«

Ich sagte: »Kinder! Ich bitte euch um etwas Geduld, bis eure Macht zurück ist. Ihr könnt zwei Folgen ›Türkisch für Anfänger‹ schauen.« Das war damals ihre Lieblingssendung. »Danach werden sich eure Eltern gemeinsam zur Maultaschen-Sache erklären.«

Sie schlichen zum Fernseher, ich schlich mich mit dem Mobiltelefon ins Bad, rief die Macht an und sagte: »Hör mal, wir haben hier eine Maultaschen-Krise.« Wir überlegen, ob wir uns rausreden könnten, dass es »nur ein Einzelfall« gewesen sei und nur »aus Versehen«, merkten aber schnell, dass hier nur die ganze und traurige Wahrheit half. Unsere Kinder lehnten Fleisch ab – und wir hatten ihnen wissentlich und absichtlich Fleisch untergejubelt. Warum hatten wir das gemacht? Wir fanden es doch gut, dass sie nicht auf Fleisch standen.

Das soll jetzt keine Ausrede sein, aber wir hatten es ja mit Gemüsemaultaschen versucht. Zunächst. Die hatte Adorno verweigert. Also probierten wir andere. Die aßen sie dann. Und zwar mit wachsender Begeisterung. Also nahmen wir die. Wenn sie zu Besuch in Opaland waren, servierte ihnen ihre Großmutter manchmal vegetarische Maultaschen. Notgedrungen. Wegen dieser Vegetarier-Krankheit. Gegen ihre eigene Überzeugung – und gegen die des Großvaters sowieso.

»In Mauldascha g'heert Floisch«, war sein Standardsatz.

Man muss in diesem Zusammenhang vielleicht erwähnen, dass er Metzgermeister ist. Für ihn gehört praktisch in alles und zu allem Fleisch.

Jedenfalls aß Adorno diese vegetarischen Maultaschen nicht. Und Penelope aß ein bisschen. Sagte aber immer: »Zu Hause schmecken sie besser.«

Tja.

Irgendwie, dachten wir damals, können ein paar tierische Proteine nicht schaden. Und außerdem muss man Vegetariern doch ihren Eisenanteil zuführen, wenn sie es mit Hülsenfrüchten, Brokkoli, Haferflocken oder Fenchel auch nicht so haben. Dann macht man das halt mit einer minimalen Menge zerkleinerten Fleischbräts, das man in Nudelteigtaschen versteckt. Früher vor dem lieben Gott, heute vor den lieben Kindern.

»Kinder brauchen Eisen. Und Rote Bete esst ihr ja nicht«, sagte ich hilflos, als sie ihre »Türkisch für Anfänger«-Folgen zu Ende gekuckt hatten.

Penelope sah mich kalt an. Das klänge ihr doch sehr nach einer »Ausredenargumentation«.

Ausredenargumentation. Ich war beschämt, aber gleichzeitig auch begeistert, wie es sich für den unkritischen Vater einer superklugen und bildschönen Tochter gehört. Adorno hüpfte indessen um das Fernsehtischchen und schrie: »Ich esse nie wieder Maultaschen!« Und dann nur noch: »Scheiße, scheiße, scheiße.«

Ich habe ja einen ganz eigenen Humor, mit dem ich das Leben meiner Kinder bereichere. Doch nach diesem Abend lachten die Kinder nicht mehr, wenn ich einen Witz machte. Dabei waren es allesamt Qualitätswitze. Sie fürchteten wohl, dass da Fleisch drin sein könnte.

Als die Macht am nächsten Abend nach Hause kam, versicherten wir uns, dass wir es doch nur gut gemeint hatten. Aber es war klar: Dies war eine Zäsur in unserem Familienleben. Wir hatten unsere erste echte Vertrauenskrise. Sie hatten sich auf uns und unser Wort verlassen. Und waren betrogen worden. Ich schlug vor, doch nochmal echte vegetarische Maultaschen zu testen. Ich würde die besten kaufen. Nach einigem Hin und Her war Penelope einverstanden. Adorno schwieg, was nie ein gutes Zeichen ist. Ich machte »Frische Maultaschen mit

Gemüsefüllung«: aus kontrolliert biologischem Anbau, Füllung aus 50 Prozent Gemüse, dazu Semmelbrösel, Ei, Hartweizengrieß.

»Und?«

»Hmhmhm, joooh«, machte Penelope. Was nie ein gutes Zeichen ist.

Dann kochte ich: Spinat-Lauch-Maultaschen eines italienischen Herstellers. Frischtofu, Kartoffeln, Lauch und Spinat.

»Und?«

»Joooh, hmhmhm.«

Ich kannte sie lange genug. Es war klar, dass ein »Joooh, hmhmhm« keine Grundlage war für eine gemeinsame Zukunft von vegetarischer Maultasche und ihr.

Adorno saß finster am Tisch und sah uns zu. Ich fragte, ob er probieren wolle.

»Kannst du vergessen. Ich esse nie mehr Maultaschen«, sagte er.

»Warum nicht?«, fragte ich, »Es sind doch jetzt vegetarische.«

»Du weißt, warum. Nie mehr Maultaschen. Keine Diskussion.«

Ich diskutierte nicht. Ich schwieg beschämt.

Gottseidank kenne ich diesen Super-Psychologen, den ich fragen kann, wenn ich nicht mehr weiterweiß. Am nächsten Tag rief ich ihn an und erzählte ihm, was passiert war.

»Es braucht eine Entschuldigung«, sagte er, »und sie muss wahrhaftig sein.«

Danach sollten wir mit den Kindern einen New Deal auf Augenhöhe schließen. Und zwar möglichst formal und in einem Rahmen, der zeige, dass wir die Sache und sie ernst nähmen. Wir verabredeten uns dann mit ihnen zum Abendessen. Es gab Spaghetti Pomodoro, Gurken und Möhren. Sie schauten streng. Adorno stocherte demonstrativ in der Tomatensauce rum – auf der Suche nach verstecktem Fleisch.

Ich hatte auch mit einer Ernährungswissenschaftlerin gesprochen, um mein solides Halbwissen endlich auf eine vernünftige Basis zu stellen. Die hatte gesagt: »Ein tierisches Produkt sollte es schon sein. Wenn nicht Fisch oder Fleisch, dann eben Ei oder Milch oder Quark. Ansonsten schauen, ob die Kinder wachsen und gedeihen.« Penelope wuchs ihrer Mutter damals schon fast über den Kopf und Adorno sah auch nicht ungewöhnlich blass aus. Also sollten wir das auch ohne Fleischmaultaschen hinkriegen.

Wir sagten den Kindern dann, dass es überhaupt nicht in Ordnung war, was wir gemacht hatten, sondern falsch. Sie sahen das auch so. Dann sprachen wir darüber, warum es uns wichtig war, dass sie nicht nur pflanzliche, sondern auch tierische Produkte zu sich nehmen. Das akzeptierten sie. Wir schlugen ihnen einen Vertrag vor, wie es mein Super-Psychologe empfohlen hatte.

Punkt 1: Wir erklären, ihnen niemals wieder Fleisch unterzujubeln.

Punkt 2: Sie erklären, mindestens hin und wieder einen Joghurt zu essen und einem eventuellen künftigen Eisenmangel vorzubeugen durch den Verzehr von Bohnen, Hummus, Fenchel, Vollkorngetreide, Petersilie oder Nüssen.

Die Kinder signalisierten ihre grundsätzliche Bereitschaft zur Vertragsunterzeichnung. Sie würden die genaue pflanzliche Eisenzufuhr noch bekannt geben. Immerhin. Wir schüttelten uns die Hände. Danach gab es Nachtisch: Eis, Chipse, Schokolade, Maoam. Bis zum Abwinken.

»Garantiert kein Fleisch drin«, sagte ich.

Ich sehnte mich inzwischen danach, dass sie endlich mal wieder lachten.

Aber sie warfen mir nur gequälte Blicke zu und schwiegen.

Bei der Aufarbeitung der Maultaschengeschichte war langsam, aber sicher eine sehr unbequeme Wahrheit nicht mehr zu leugnen. Es war nicht nur unsere Sorge um ihre Gesundheit und ihre ausgewogene Ernährung gewesen. Es war schlicht Bequemlichkeit. Unsere Esskultur bestand darin, dass der eine geistig abwesend die Kinder in der Küche bekochte, während der andere sonst wo war. Deshalb waren die Maultaschen ja auch so praktisch. Man wirft sie in die Brühe und fertig. Und die aßen das Zeug ja auch gern und viel. Also tricksten wir.

Die Ernährungswissenschaftlerin hatte aber nicht nur gesagt, was die Kinder essen sollten, sondern auch wie. Dass Familienrituale das

Leben von Kindern stabilisieren. Grade auch beim Essen. Dass man sich gefälligst zusammen hinsetzen solle und in Ruhe essen. Die gemeinsame Mahlzeit sei mit das wichtigste Ritual, das es zu pflegen gelte. Ich hatte das auch schon mal in der *Zeit* oder der *Apotheken Umschau* gelesen. Wo genau, weiß ich jetzt nicht mehr.

»Es hilft nichts«, sagte ich zur Macht. »Wir brauchen eine neue Esskultur.« Und überhaupt, hatte ich nicht irgendwann mal davon geträumt, gemeinsam mit den Kindern am Esstisch zu sitzen und die Welt zu diskutieren? Sie hatte das selbstverständlich schon immer gesagt.

Ich konnte es bereits vor mir sehen: Wir würden uns künftig alle vier an den Tisch setzen, und zwar vollständig angezogen – keine Lionel-Messi-Trikots, keine Yoga-Anzüge, keine Leggins, keine komischen Haushosen. Wie ich sie manchmal trug. Dann würden wir die Stoffservietten auf den Schoß breiten und warten, bis die Ruhe unser Gast war. Und dann würde ich freundlich nicken und sagen: »Lasst es euch schmecken, Kinder.«

Wie in der guten alten Zeit.

Die gute alte Zeit – wo hat es die gegeben? Nicht bei mir. Meine Mutter kam um 12 Uhr von der Arbeit und kochte. Wir Kinder kamen oft zu unterschiedlichen Zeiten aus der Schule und aßen dann eben allein. Das Abendessen war um sieben und gemeinsam, aber kurz und schmerzlos. Anfangs beteten wir vor dem Essen noch: »Lieber Gott, sei unser Gast. Und segne, was du uns bescheret hast. Amen.« Später beteten wir nicht mehr. Und über die Schule wurde bei uns sowieso kaum gesprochen.

Vielleicht fand ich deshalb immer mehr Gefallen an der Idee des zum Ritual erhobenen Abendessens.

Erst war ich mir selbst nicht geheuer bei dem Gedanken, das Essen mit einem »Lasst es euch schmecken, Kinder« zu eröffnen. Aber irgendwann dachte ich: Ja, genau, das würde die Formel werden, die stets gesprochen sein müsste – und zwar von mir – ehe wir gemeinsam die Gabeln in die Hand nahmen, an unseren Biomöhren knabberten und uns angeregt darüber austauschten, wie unser Tag war, was es in der

Schule Interessantes gab – und, ja, ob die Hausaufgaben gemacht waren. Nach dem Essen würden wir entspannt sitzen bleiben und über die Bücher sprechen, die wir grade lasen, und über andere interessante, tagesaktuelle Themen. Aufstehen würde man erst, wenn ich die Tafel offiziell aufgehoben hatte. Das würde uns esstechnisch und kulturell voranbringen und als Familie noch enger zusammenschweißen. So eng, dass wir dann gemeinsam die Teller in die Küche tragen würden, ohne dass das erwähnt oder gar eingefordert werden musste.

Der erste Abend ließ sich auch gleich wunderbar an, sieht man von der kleinen Verstimmung Adornos ab, der auf sein Messi-Trikot auf keinen Fall verzichten wollte. Ich erspare Ihnen die Details. Na ja, lassen wir es langsam angehen, dachte ich. Mit meiner Formel »Lasst es euch schmecken, Kinder« kam ich auch etwas zu spät, denn die mampften schon.

»Und, wie war euer Tag so?«

»Okay.«

»Was gab es Interessantes in der Schule?«

»Nix.«

»Sind die Hausaufgaben gemacht?«

»Krrxkrx.«

»Was?«

»Krpf.«

Danach ging mir der Stoff aus.

In den ersten beiden Tagen aßen die Kinder mit Blitzgeschwindigkeit und versuchten dann schleunigst wieder zu ihren elektronischen Geräten zu fliehen.

Nicht mit mir.

»Hiergeblieben«, rief ich. »Tischkultur ist so wichtig für eure Zukunft wie Chinesisch als zweite Fremdsprache.« Ich dachte damals noch, Chinesisch sei essenziell für eine Karriere in der Welt von morgen. »Englisch spricht bald kein Mensch mehr, und so Englisch-Legastheniker wie Westerwelle oder Günther Oettinger sind zumindest in der Hinsicht schon ganz vorn dran!«

»Ich dachte, Westerwelle ist blöd?«, sagte Penelope.

Und Adorno brummte, dass er keinen Oettinger kenne und auf gar keinen Fall eine Weltkarriere anstrebe. Nicht mal als Fußballer.

»Eben«, sagte ich, »das muss sich ändern.«

»Weißt du was?« Adorno machte sein grimmiges Gesicht.

»Nee. Was?«

»Deine Witze habe ich noch nie lustig gefunden.«

Ich grübelte noch über die Schwere der Beleidigung, da waren beide Kinder schon aufgestanden.

»He, ich habe die Tafel noch nicht aufgehoben«, rief ich.

Und: »Na gut, dann nehmt wenigstens eure Teller mit.«

Aber da war ich schon alleine.

Na, morgen ist ein neuer Tag.

Dachte ich.

Damals noch.

4 Und dann ... keine Katze

»Das kommt ja überhaupt nicht infrage«, sagte die Macht. Und ich sagte dann auch, dass eine Katze nicht infrage kommt. Ich denke jetzt noch, dass das im Grunde die richtige Antwort ist. Stimmt schon: Kinder sehnen sich nach einem Haustier. Und wenn man ihnen keines erlaubt, dann sagen sie dir, dass sie dich hassen. Schön ist das nicht. Man kommt sich vor wie ein böser Mensch. Vor allem, wenn die anderen Kinder ja praktisch alle ein Haustier haben.

Ich selbst hatte mal eine Katze. Die zerfetzte regelmäßig alle Zeitungen, die bei mir rumlagen. Und das waren ganz schön viele. Vor allem schiss sie immer in die Ecken. Bis ich ihr oft genug die Nase in ihre eigene Scheiße getunkt hatte. Dann ließ sie es. Ab da hatte unser Zusammenleben auch seine schönen Seiten. Aber bis dahin: keine Freude.

Und wer würde die Kinder-Katze in ihre Scheiße tunken müssen? Ich.

Und wer würde ihre Scheiße wegputzen? Äh, die Macht.

Wenn ich grade von ihr spreche: Sie hat die Angewohnheit, beim Schlafen ihre Extremitäten zum Bett heraushängen zu lassen. Und meine Katze hatte die Angewohnheit, frühmorgens reinzutigern und zu prüfen, ob heraushängende Extremitäten irgendwie auf Katzenpfoten reagieren. Die beiden wurden keine Freundinnen. Im Gegenteil: Es hinterließ bleibende Wunden. Das meine ich wörtlich.

Ich weiß auch gar nicht mehr, wer auf die blödsinnige Idee kam,

Penelope zum elften Geburtstag ein Buch zu schenken mit dem Titel »300 Fragen zur Katze. Kompaktes Wissen von A–Z«.

Die Macht meint ja, ich sei das gewesen. Nicht, dass ich mich erinnern könnte. Sie sagt, ich hätte es Penelope einerseits als Ersatz für eine richtige Katze geschenkt. Andererseits als Abschreckung, weil da auch alles über Katzenkrankheiten drinsteht. Und vor allem auch beschrieben wird, was man alles tun muss für seine Katze. Es führte jedenfalls dazu, dass Penelopes Sehnsucht nach einer Katze immer größer wurde.

Einmal näherte sie sich meinem Schreibtisch und schnurrte meinen Namen, dass ich sofort das Schlimmste befürchtete. Mit so einem unausgesprochenen Fragezeichen hintendran.

»Pu-hu?«

Die Kinder nennen mich so. Also nicht »Puhu«, sondern »Pu«. Wir hatten nach reiflicher Überlegung spontan entschieden, dass wir auf keinen Fall »Mama« und »Papa« sein wollten. »Und schon gar nicht »Mami« und »Papi«. Oder »Mutti« und »Vatti«. Im Geburtsvorbereitungskurs war das mal zur Sprache gekommen. Wir saßen auf so Matten in einem Kreis und atmeten.

Und da sagte so eine späte Mutter – ich erinnere mich noch genau, wie sie sich dabei über den Bauch strich: »Also, ich bin für meine Kinder auf jeden Fall die ›Mami‹.« Alles andere sei zu unpersönlich, psychologisch schädlich für die Kinder und bringe nicht die Einzigartigkeit dieser Beziehung zum Ausdruck. Na, und dann stellte sich raus, dass 80 Prozent der anderen auch »Mami« und »Papi« sein wollten.

»Nicht mit uns«, sagte ich zur Macht. »Oder willst du etwa eine ›Mami‹ sein?«

Und da kann man die Macht ja wirklich brauchen. Auf keinen Fall wollte sie eine Mami sein. Und so wurde sie eine Macht. Und ich wurde ein Pu.

Das kommt von Penelope. Irgendwann sah sie mich und sagte: »Pu, pu, pu.« Ich glaube ja, dass das ihr allererstes Wort war. Aber das sage ich der Macht nicht.

Wenn sie heute »Pu« schnurrt, ist höchste Vorsicht geboten. Jeder Papi weiß, was ich meine.

»Pu-hu?«

»Hm?«

Als sie den Schreibtisch erreicht hatte, sagte sie, dass ich gesagt hätte, sie sei schon ganz schön groß und klug und fast erwachsen.

Ja, gut, das hatte ich gesagt. Womöglich. Aber was sagt das schon?

»Was willst du?«, brummte ich präventiv unwirsch.

Sie wedelte mit den »300 Fragen zur Katze«. Darin stehe, dass unsere Katze zwölf Jahre alt werde.

»Welche Katze?«

»Unsere Katze, die du uns schenkst.«

»Du meinst die Katze, die wir niemals haben werden?«

»Die Katze halt.«

»Und, was ist mit dieser Katze?«

Ihr war aufgefallen, dass elf und zwölf gleich 23 ist. Wir Eltern würden uns also in den letzten Jahren vor dem Katzentod um unsere Katze kümmern müssen, da sie ja mit 23 schon längst ausgezogen sei.

»Kannst du vergessen«, sagte ich. »Du hast immer geschworen, dass du dich um die Katze kümmerst, die wir niemals haben werden. Dann nimmst du sie auch schön mit, wenn du ausziehst.« Sie kriegte die fidelen Jahre – und wir sollten die Sterbebegleitung machen? Auch wenn wir hier nur theoretisch redeten: So lief das nicht.

Man könne unsere Katze aber unmöglich am Ende ihres Lebens noch rausreißen aus ihrer gewohnten Umgebung, sagte Penelope und zeigte auf ihr Katzenbuch, wo das drinstehe.

Ich sagte, dass mir das vollkommen egal sei. Sie habe für das Vieh zu sorgen. Von Alpha bis Omega. Das sei die Grundlage aller theoretischen Katzen-Gespräche gewesen.

»Soll ich sie vielleicht zum Studieren nach Kalifornien mitnehmen?«

Diese Ratte wusste ganz genau, dass sie mich damit kriegte. Es gibt ja Leute in unserer Familie, die behaupten, die mythische 1968er-University of California sei ein unerfüllter Lebenstraum ihres Vaters, den er nun auf das arme Kind projiziere. Weil er zu oft Dustin Hoffman in »Die Reifeprüfung« gesehen habe, wie er seiner geliebten Elaine Robinson nach Berkeley folgt, um sie zurückzugewinnen. Berkeley? Unfug. Da war ich längst weiter: Ich wollte selbstverständlich, dass meine Tochter auf der anderen Seite der Bay Area studiert. Stanford. Klar ist das Elite. Na und?

Andere wollten, dass ihr Sohn Fußballprofi wird, weil es für sie selbst nur zur Kreisliga B gereicht hat.

Ich nicht. Ich wünschte mir von meinem Sohn, dass er sich später mal um die Katze kümmert, die wir niemals haben würden, wenn Penelope aus dem Haus wäre. Also rief ich ihn an den Schreibtisch. Er musste nur noch schnell etwas anderes erledigen, aber kaum zehn Minuten später war er da. Penelope im Schlepptau.

»Äh, Pu.«

»Was?«

»Kannst du vergessen.«

Adorno schnurrte nicht, er wandte seinen wirklich äußerst gut einstudierten Blick an. Er sieht dann aus, als sei er tödlich beleidigt worden. Von einem sehr dummen Menschen. Ich habe zur Gegenwehr einen Konterblick geübt, so ein emphatisches und soziales, aber auch eiskaltes und neoautoritäres Lächeln. Den wandte ich an.

»Du bist jetzt … ungefähr neun, Adorno … schätze ich, oder?«

Cold smile. Ich wusste genau, dass er neun war. Alles pure Psychologie. Er hielt seinen Blick. Ich meinen.

»Du wirst zwei Jahre länger als Penelope deine Füße unter den Tisch deiner Mutter strecken. Da kannst du gefälligst das Katzenklo sauber machen, den Thunfisch aus den Futterdosen pulen und dich um Flohkontrolle und Spulwurmkur kümmern.«

Alles Strategie! Ich wollte ihn brutal abschrecken.

»Äh, Pu«, sagte er. Es war mehr so ein Knurren mit Fragezeichen hinten dran.

Ich fragte höflich: »Äh, ja, lieber Sohn?«

Dann sagte er mir, ich solle die Tür zumachen. Von außen.

Gemein. Dabei war es doch offiziell mein Zimmer.

Wenn die Kinder nicht einmal in einem theoretischen Gespräch bereit waren, Verantwortung für eine hypothetische Katze zu übernehmen, was sollte man da ernsthaft über ein Haustier nachdenken? Das hatte ja überhaupt keinen Sinn.

Aber es gehört halt leider auch zum Elternsein, fünf Sekunden nach einer klaren Basta-Entscheidung deren Gegenteil einzuleiten, und so entschied ich mich, bei der Macht nochmal nachzufragen, ob wir nicht vielleicht doch eine Katze brauchten. Und siehe: Die ist auch nicht immer so tough, wie sie tut. Sie wusste zwar genau, dass sie kein Haustier wollte. Aber so ganz sicher war sie nicht, ob das nicht die Kindheit unserer zwei Sonnenscheine zerstören könnte und zu bleibenden Defiziten führen würde. Es war ja vielleicht doch wichtig, wenn sie soziale Interaktion lernten, Verantwortung übernahmen und was zum Streicheln hatten. Und dann konnte man da doch neue Kompetenz aufbauen. Wenn eine Katze, jetzt nur zum Beispiel, in der Wohnung rumpieselt, dann kann das auf eine Infektion der Harnwege hindeuten. Oder auf Blasensteine. Oder die Katze hatte mal ein unangenehmes Erlebnis, als sie in ihrer Klokiste saß, und meidet sie deshalb. Oder die Klokiste ist einfach zu verschissen, weil sie keiner sauber macht. Wenn eine Katze immer Zeitungen zerstört, dann muss das auch nicht heißen, dass sie Kritik am gegenwärtigen Journalismus übt. Es kann auch ein Zeichen für einen unerfüllten Sexualtrieb sein. Oder für eine Scheinschwangerschaft. Oder ihr war einfach langweilig. So was stand in Penelopes »300 Fragen zur Katze. Kompaktes Wissen von A–Z«. Hätte ich das damals schon gewusst, wer weiß, womöglich hätten meine Katze und ich in Harmonie gelebt.

Ich schwankte. Die Macht schwankte jetzt auch. Ein bisschen.

Penelope las weiter jeden Abend in dem Buch und hielt mich auf dem Laufenden. Wenn sie hinten fertig war, fing sie vorne wieder an. Und wenn das Licht aus war, betete sie. Sie hatte damals grade so eine Phase. Der Metzgermeister hatte auf ihre Kommunion gedrängt. Er war dann auch extra nach Berlin gefahren – das machte er nur im Notfall –, um die Zeremonie zu überwachen. Er wusste zwar, dass sie seit der Taufe nicht mehr in der Kirche gewesen war – außer jedes zweite Weihnachten mit ihm – aber da ging es halt ums Prinzip. Im Kommunionsunterricht hatte sie das Beten gelernt. Und nun wandte sie das an und betete – um eine Katze.

Aber die Kinder blieben auch im Irdischen aktiv. Im Rahmen unserer damals grade neu eingeführten Ess- und Familienkultur beteiligten sie sich plötzlich aktiv und interessiert an den Gesprächen bei Tisch.

Kaum hatte ich »Lasst es euch schmecken, Kinder« gesagt, da übernahmen sie schon die Unterhaltung.

Und das war das Problem. Weil: Die erste Frage war immer dieselbe und kam von Penelope. Sie lautete: »Wann kriegen wir eine Katze?«

Der zweite Beitrag kam dann von Adorno und lautete: »Wann kriegen wir eine Katze?«

Und dann ging es wieder los. Katze oder Kater? Durfte sie raus oder durfte sie nicht raus? In welche Zimmer durfte sie? Auf keinen Fall dürfte sie in die Küche, das war den Kindern klar. Das war aber kein Problem. In »300 Fragen zur Katze. Kompaktes Wissen von A–Z« stand, dass Menschen bestimmte Zimmer als ihr Revier markieren konnten.

»Die Katze akzeptiert das«, sagte Adorno.

»Du kannst ja die Küche als dein Revier markieren«, sagte Penelope.

Ich war mir nicht sicher, dass ich das wollte.

Und mal abgesehen davon, dass die Macht keine Katze wollte, hatte mir der Superöko gesagt, dass der ökologische Fußabdruck einer Katze im Jahr fast dem eines VW Golf entsprach. Wer sich eine Katze anschaffen wolle, müsse dafür seinen Golf abschaffen.

Tja. Wir hatten keinen Golf.

Diese zusätzliche Problematik kam gerade recht. Ich sagte den Kindern, was mir ihr Superonkel noch gesagt hatte: »Einen Hamster kriegt man schon im Tausch für einen energetisch ineffizienten Fernseher. Und einen Goldfisch gibt es für die Abschaffung eines Handys.«

»Ein Goldfisch?« Penelope hatte fast Schnappatmung. »Für die Abschaffung meines Handys?«

Adorno bekam seine hohe Stimme.

»Weißt du was?«

»Ja.«

Sehr gut. Das verblüffte ihn.

»Was weißt du denn?«, fragte er ungläubig

»Du hast meine Witze noch nie lustig gefunden. Angeblich.«

Er schenkte mir seinen grimmigsten Blick.

Das war mal wieder typisch: Die katzenfeindliche Macht war schön beim Yoga. Und ich kriegte alles ab. Dachte ich und rieb mir dabei die Augen.

Irgendetwas raschelte.

»He«, schrie ich, »ich habe unsere abendliche Tafel noch nicht …«

»He«, schrie ich, »bringt wenigstens eure Teller …«

Als ich wieder klar sehen konnte, saß ich so alleine am Tisch wie jetzt.

Was sollte ich tun? Ich nahm sämtliche Teller und trug sie in mein Revier.

5 Und dann …
die vegetarische Radikalisierung

Zuerst hatte ja nur Adorno fleischfrei gegessen. Jetzt mal abgesehen von den Maultaschen, die wir ihm untergeschoben hatten. Kein Schnitzel, keine Wurst, kein Fisch, kein nichts. Seit er keine Gläschen mehr kriegte, lebte er komplett fleischfrei. Wieso wusste keiner, aber bei dem weiß ja bis heute keiner, warum er was macht oder nicht macht.

Penelope aß auch kein Fleisch. Nur ab und zu eine Bratwurst. Oder eine Currywurst. Würstchen waren für sie keine Tiere. Das war eigentlich ganz praktisch. Manchmal ging ich mit ihr zu unserem Biomarkt, um eine Biowurst zu essen. Vor allem machte es ihren schwäbischen Großvater glücklich, wenn er sich seine weiße Schürze überzog und ihr auf seinem Terrassengrill ein Würstchen braten konnte. Mein Schwiegervater ist vom Fach. An der Wand im Esszimmer hängt die Urkunde, die ihn als Metzgermeister ausweist. Gleich neben dem Regal mit der Zinnkrug-Sammlung. Und das Metzgern ist bei ihm nicht nur ein Beruf. Das ist eine Lebenseinstellung. Er findet es bedrohlich, wenn Leute kein Fleisch essen.

»Des hab' ich sälber g'macht, Penelobe, des isch guat«, sagte er, wenn er Penelope das Würstchen rüberreichte.

Das wollte sie zwar überhaupt nicht wissen; aber sie aß es. Doch kurz nach der Maultaschenkrise erklärte auch sie sich zur Vollvegetarierin. Sie war elf, Adorno neun. Es war an diesem Tisch hier, an dem ich jetzt auch sitze. Nur, dass damals der *kicker* drauflag.

Adorno und ich diskutierten grade die neuesten Informationen zu einem Thema, das uns sehr am Herzen liegt – die glorreiche Zukunft unserer Wölfe.

»Was denkst du, wie lange es dauert, bis wir wieder Meister werden?«, fragte Adorno.

»Ich bin sicher, das wird zu deinen Lebzeiten passieren«, sagte ich. Ob auch zu meinen, war allerdings eine andere Frage.

Da kam Penelope daher und begann von Chicken McNuggets zu sprechen. Das sind frittierte Stücke aus Industriefleisch, Panade und Stabilisatoren. Gibt es bei der internationalen Restaurantkette McDonald's. Sie wurden speziell bei Kindern populär, weil sie knochenlos sind, putzig daherkommen und nicht nach Fleisch schmecken. Der Themenwechsel kam uns im Moment gar nicht gelegen, aber Penelope redete sich richtig in Rage. Dass manche der Nuggets-Hühner zu Lebzeiten kaum laufen könnten, weil ihnen so große Brüste wachsen würden. Dass sie in ihrem kurzen Leben ständig Schmerzen hätten. Dass sie in elektrisch aufgeladenem Wasser betäubt würden. Wenn sie Glück hätten. Wenn nicht, würde ihnen die Kehle unbetäubt durchgeschnitten. Wenn sie Glück hätten. Wenn nicht, fielen sie lebendig in kochendes Wasser.

Adorno und ich sahen uns an. So kannten wir sie bisher gar nicht. Ich sagte: »Wie kommst du da jetzt drauf, Pelo?«

Es stellte sich heraus: Alle ihre Freundinnen schwärmten offenbar von Chicken McNuggets. Sie redeten ständig davon, wie gern sie die äßen. Wie toll die schmeckten. Penelope konnte sich da nur noch an den Kopf fassen.

Adorno sagte: »Hältst du denen dann auch diesen Vortrag?«

Nein. Das sei nicht mehr erwünscht. Jedenfalls seien Chicken McNuggets widerlich und brächten schlimme Dinge mit sich, von der Tierhaltung über die Ernährung bis hin zur Verschärfung der Klimakrise durch globalen Fleischverzehr.

Meine Tochter! Ich dachte: Super! Dieses Mädchen kannst du unbesorgt allein in die Welt ziehen lassen. Was immer sie tut: Zu McDonald's geht sie auf keinen Fall.

Als Penelope immer aufgeregter die generellen Auswirkungen des massenhaften Fleischkonsums auf das Klima und die dadurch drohende Katastrophe beschrieb, wurde es selbst dem Vegetarier Adorno langsam zu viel.

»Dann mach doch was dagegen«, sagte er mit Konfrontationsstimmlage.

Sie stutzte und sagte: »Was soll ich denn machen?«

Und er: »Ja, mach doch was.«

Und sie: »Was soll ich als Elfjährige da machen?«

Und er: »Mach was, Penelope. Red nicht nur.«

Kurze Stille. Dann sagte sie mit Lehrerinnenstimme: »Es ist wichtig, dass man diese Dinge überhaupt erst mal weiß, Adorno.«

Da sagte er: »Blöde Kuh.«

Und dann wurde sie Vollvegetarierin. »Kein Fleisch, kein Fisch, keine Wurst mehr«, sagte sie. Das Projekt wäre zunächst auf drei Monate befristet.

»Drei Monate?«, sagte Adorno. Wollte sie ihm die Show stehlen?

Ich beglückwünschte sie ausdrücklich. Erstens, weil ich es gut fand. Zweitens, weil ich ihre Entscheidung unterstützen wollte.

Die Macht sagte: »Tolle Entscheidung, Penelope.«

Nur Adorno sagte noch mehrfach: »Drei Monate, na ja.«

Bis ihm die Macht den Blick gab. Dann jaulte er auf und verließ das Zimmer.

Irgendwann sagte ich: »Bist du wirklich sicher, Penelope? Ab und zu ein Würstchen ist doch auch ganz schön.«

Ja, sei sie.

»Grade jetzt, wo wir die Kühltruhe voller Würstchen haben.«

Keine Ahnung, warum ich das sagte. Vermutlich, weil ich bescheuert bin. Und weil uns der Metzgermeister beim letzten Besuch wieder den Kofferraum vollgewurstet hatte. Da war er noch davon ausgegangen, dass sie Wurst isst, immerhin, wenn schon leider nicht die ganzen anderen tollen Teile von toten Tieren.

Vorbei.

Ab da mussten die Macht und ich mit Töpfen und Flaschen einen Sichtschutz um den Teller bauen, wenn wir mal ein Schnitzel essen wollten. Was wir nur noch ausnahmsweise und im Notfall machten. Das war jetzt Penelopes erste Tischregel: Wehe, man sah Fleisch. Über Tiere und wie man sie essen kann, durfte nie, nie, nie geredet werden. Das war ihre zweite Tischregel. Einmal sprachen die Macht und ich darüber, was wir Freunden zum Essen vorsetzen könnten. Dabei benutzte ich den Begriff »Lammbraten«. Penelope schrie auf: »Ein Lämmchen braten??!!« Wie sie mich ansah. Ich fühlte mich so schlecht.

Irgendwann stellte sich heraus, dass sie nicht allein wegen Adornos Provokation zu den Vollvegetariern gewechselt war. Sie war auch bei ihren Freundinnen und in der Schule unter Druck geraten, weil sie diese großen Reden schwang – ich wollte sagen: nachdenklich auf das Problem der Erderwärmung hinwies.

»Ich kann doch nicht den anderen ihr Chicken McNuggets verbieten und selber Würstchen essen.«

Ich muss sagen, das ist eine bemerkenswerte Erkenntnis, die leider manche andere Menschen nicht an den Tag legen. Nachdem sie aber aufgehört hatte mit den Würstchen, verschärfte sich ihr Drang, Aufklärung zu leisten. Manchmal hörte ich, wie sie am Telefon sagte: »Weißt du, Opa, je mehr Fleisch es gibt, desto weniger Menschen können ernährt werden.«

Das schien dem Metzger nicht einzuleuchten, denn Pelo sagte: »Doch, Opa. Für ein Kilo Fleisch braucht man zwei Kilo Getreide. Die Hälfte des Getreides auf der ganzen Welt essen die Tiere, die wir essen.«

Irgendein Einwand am schwäbischen Ende der Leitung.

»Nein, Opa«, sagte Penelope geduldig. »Ich nehme genügend Proteine zu mir.« Wir hatten das Thema dermaßen durchgekaut, dass sie auch die Fachbegriffe draufhatte.

Ich sah das im Grunde wie Penelope, aber eine Restunsicherheit hatte ich doch. Also schnippelte ich Äpfel und Gurken wie ein Weltmeister, kaufte mit tödlicher Verachtung Vollkornbrot, trug immer schön die Joghurt-Becher an den Tisch wegen dem Zeug, das sie brauchen und das halt nur in tierischen Produkten steckt. Gottseidank musste auf die Knusperflakes Milch, sodass sie ihr Kalzium kriegten für den Knochenaufbau. Und stabile Knochen sind speziell für Fußballer wichtig. Deshalb schickte ich Adorno in die Sonne raus, wenn es ging und er es zuließ. Ich war total stolz und nur ein bisschen besorgt, aber die Macht war nur ein bisschen stolz und total besorgt. Nicht wegen der Proteine. Weil Penelope so verbissen sei.

»Die ist doch nicht verbissen«, sagte ich, »die hat eine Überzeugung.«

»Papperlapapp«, sagte die Macht, »die ist verbissen.« Dann kam es: »Also, a bisle schuld bisch du scho.«

Ich hätte sie angeblich agitiert. Wenn ich immer so große Reden schwingen würde, bräuchte ich mich nicht zu wundern.

»Seit wann haben meine großen Reden hier irgendeine Wirkung?«, sagte ich.

Hier lässt es sich nicht mehr vermeiden, den Onkel von Penelope und Adorno etwas ausführlicher zu erwähnen, also meinen Bruder.

»Der sieht ja aus wie du«, sagen die Leute immer.

Was die Leute immer so sagen. Ehrlich gesagt, sieht er nicht ganz so aus wie ich. Vor allem nicht ganz so gut. Er ist auch nicht ganz so stilsicher angezogen. Und sein Humor ist nicht ganz so elegant. Aber das ist jetzt Kritik auf hohem Niveau.

Jedenfalls ist mein Bruder bekannt aus Funk und Fernsehen. Der war sogar schon bei Plasberg. Er ist nämlich der Superöko von Deutschland. Auch wenn er in Holland oder Belgien wohnt. Wenn man bei ihm ist und spazieren geht, was man ja mit zunehmendem Alter leider tun muss, dann sagt er: »Jetzt sind wir in Belgien.« Und fünf Schritte später: »Jetzt sind wir wieder in Holland«. Als ob das für einen überzeugten Europäer wie mich einen Unterschied machte.

Mir ging das Gerede des Superöko zeitweise mächtig auf den Keks.

Einmal war ich so genervt, dass ich auf dem Weg zu ihm am Bahnhof eine Zigarre kaufte. Obwohl ich gar nicht rauche. Die packte ich dann nach dem Essen in seinem Wohnzimmer aus, zündete sie an und paffte sie weg. In seinem Superökohaus wird selbstverständlich nicht geraucht. Bei uns wird auch nicht geraucht, aber das ist etwas anderes.

Er sagte:»Was machst du?«

Ich sagte:»Das siehst du doch.«

Er dachte die ganze Zeit, da käme jetzt noch was und ich machte einen Witz.

Das war auch so. Auf eine Art. Im Grunde sollte es gelebter Widerstand gegen seine Tugend-Diktatur sein.

Es war aber nur hobbylos. Er redete nicht nur, sondern machte. Ich machte auch, ich machte Dinge, die scheiße waren, dabei sollte es Rebellion sein, mindestens. Das wurde mir allerdings erst viel später klar, und warum und wie genau, das überspringe ich jetzt. Jedenfalls: Eins kam zum anderen und irgendwann dachte ich: Der Typi hat recht. Wir müssen uns um den Klimawandel kümmern, denn sonst macht es ja vermutlich keiner. Und wir müssen erst mal bei uns selbst anfangen, denn das macht sonst garantiert keiner.

»Tut das weh?«, fragte ich den Superöko und er sagte mir, dass es nicht wehtäte, im Gegenteil, und was wir hinkriegen sollten: Mobilität, Strom, Wärme und Fleischverzehr, alles um 50 Prozent verbessern.

»Also reduzieren?«, sagte ich.

»Verbessern«, sagte der Superöko.

»Und was hab' ich davon?«

»Dann wird alles viel besser«, sagte der Superöko,»Leben, Gefühle, Körper, alles.« Das garantiere er. Ich dachte erst:»Am Arsch hängt der Hammer.« Aber andererseits ist er der hartnäckigste Bruder, den ich kenne.

Ja, und dann stiegen wir halt ein in die Materie, die Macht war auch dabei. Und seither haben wir Ökostrom und energieeffiziente Geräte, ein Auto, das 3,7 Liter Diesel auf 100 Kilometer braucht, kaufen bio, machen keine Inlandflüge. An einem Windrad sind wir auch beteiligt. Hat uns der Superöko vermittelt. Man soll dauernd Geld nachschießen, aber trotzdem toll.

Jedenfalls fürchtete die Macht offenbar, dass ich Penelope kirre gemacht hätte mit dem Zeug, das der Superöko in meinen Kopf eingespeist hätte.

»Sie liebt ihren Vater und will ihm unbedingt gefallen«, sagte sie.

Hobby-Psychologin, oder was?

Gar nicht. Penelope wollte einfach »etwas tun«, wie sie sagte. Sie hatte gerade ein Buch gelesen, in dem Kinder davon berichteten, dass sie Bäume pflanzen. Um damit Kohlendioxid zu binden. Der Autor hieß Felix Finkbeiner und war schon mit zwölf ein Star gewesen, der Pressekonferenzen gab und Vorträge in China hielt. Sein Plan: eine Million Bäume in jedem Land der Erde pflanzen. Früher hätte ich zu so einem »Streber« gesagt, aber früher war man auch blöd.

Penelope war kein Star. Noch nicht. Sie hielt auch keine Vorträge in China. Aber sie lernte Englisch und fand Felix' Motto – »Stop talking, start planting« – »wirklich toll«. Also entschloss sie sich, auch Bäume zu pflanzen. Sie agitierte dann alle besten Freundinnen. Und Adorno. Irgendwann war sogar der unter gewissen Umständen bereit, einen Baum zu pflanzen. Falls es nicht mit dem Spielplan seines Teams und den Trainingszeiten, den Spielen der Bundesliga, der Champions League, der Nationalmannschaft und aller anderen im Fernsehen übertragenen Fußballspiele kollidierte. Seltsamerweise beginnen ja fast alle Namen seiner Freunde mit dem Buchstaben »L«. Keine Ahnung, warum das so ist. Jedenfalls: Wenn er nur die L-Kumpels überzeugen würde, hätte man praktisch schon einen ganzen Wald.

Weil Adornos Spielplan aber gerade sehr dicht war und ihre Freundinnen die Bäumepflanz-Besprechungen am liebsten bei einer Portion Chicken McNuggets hinter sich bringen wollten, verzögerte sich die Sache auf unbestimmte Zeit. Einen Tag vor Ablauf des dreimonatigen Tests verlängerte Penelope daher ihre Vegetarier-Phase auf ein Jahr.

»Um Gottes willen«, sagte der Metzgermeister.

Dabei konnte er da noch nicht ahnen, dass sie bis heute kein Fitzelchen Fleisch mehr anrühren würde.

Ich fand das letztlich ja gut, dass meine Tochter im Zuge ihrer vegetarischen Ernährung soziales und ökologisches Bewusstsein entwickelte, sich mit Klimawandel beschäftigte und damit, wie Fleisch produziert wird. Dass sie überlegte, wie sie den Metzger dazu bringen könnte, sich eine Solaranlage auf sein Hausdach zu bauen.

Aber nach ihrem letzten Schullandheim in der Montessori-Grundschule wurden wir von Penelopes Klassenlehrer Herr Frick zu einem nicht turnusmäßigen Elterngespräch in die Schule bestellt. Herr Frick existiert aus einem mir nicht bekannten Grund grammatikalisch nur im Nominativ.

»Was sollen wir denn bei Herr Frick?«, fragte die Macht.

»Vermutlich wird Pelo von Herr Frick offiziell gelobt, weil sie so engagiert ist«, sagte ich.

Sie entsandte mich. Offenbar hielt sie das Gespräch für nicht besonders wichtig.

Es fing gut an. Penelope beschäftige sich ja intensiv mit der Problematik der Tierhaltung, sagte Herr Frick.

»Ja«, antwortete ich stolz wie Bolle.

Das sei ja im Grunde auch nicht verwerflich.

Nicht verwerflich?

Nur in letzter Zeit …

Was in letzter Zeit?

Penelope sprach offenbar nur noch davon, wie Hühner in Drahtkäfigbatterien gestapelt, verkrüppelt und gequält wurden, wie Kälbchen in Miniboxen gepfercht und mit Hormonen vollgestopft würden oder wie Schweine zu Kannibalen würden.

Ich sagte, dass sie damit nur die Realität der Tierhaltung wiedergäbe.

Ja, sagte Herr Frick, aber diese ständigen Vorträge hätten im Schullandheim halt auch die anderen Schüler gequält, vor allem während des Mittagessens. Er habe die Fürsorgepflicht, dass die ihm anvertrauten Kinder auch genug äßen. Und das konnten sie nicht mehr, wenn sie schreiend wegrannten. Er habe mehrfach gesagt, dass man es ja nun wisse, aber Penelope habe auf die Teller gezeigt und gerufen: »Alles voller Bakterien und Antibiotika«, sodass selbst die Kinder Angst gekriegt hätten, die gar nicht wussten, was Antibiotika waren.

»Penelope nimmt eben ihre Verantwortung als Schulsprecherin ernst«, sagte ich trotzig.

Das könne sie ja auch weiterhin tun, sagte Herr Frick. Nur vielleicht nicht jedes Mal »Nieder mit der Massentierhaltung!« rufen, wenn jemand ein Salamibrot rausholte. Das sei einfach zu radikal für die Gemeinschaft.

»Was machen wir?«, fragte ich die Macht. Wir beschlossen, erst mal aus ihrer Sicht zu hören, wie es denn so lief. Also Familienrat.

Penelope sagte, ihr falle schon auf, dass viele Leute am liebsten nicht über Klimawandel und Massentierhaltung reden wollten. Immer, wenn sie darüber sprechen würde, wären die anderen schnell verstummt – oder verschwunden.

»Und was war im Schullandheim?«

»Ja, ich muss denen das doch sagen! Die wissen das ja gar nicht.«

»Na, jetzt wissen sie es.«

»Ja, Pu, und weißt du was? Sie essen weiter ihr Salamibrot.«

Wie konnte man mit anderen über solche Dinge sprechen, ohne dass sie davonrannten? Penelope wusste es nicht, ich wusste es auch nicht.

»Was denkst du denn, Adorno?«, sagte ich.

Adorno erwachte aus seinem Standby-Modus.

»Was machen wir denn jetzt mit meiner Hose?«, sagte er.

Er will ja keine lange Hose tragen, wenn er zum Fußballtraining geht. Aber die Macht hatte ihm gesagt, er müsse entweder eine lange Trainingshose oder eine Jacke anziehen. Er hatte sich für die Hose entschieden, aber nun grübelte er, wann er die Hose ausziehen würde. Wenn er auf den Platz ginge? Davor? Und wo würde ich sein, sodass er mir die Hose übergeben könnte?

»Hier geht es um unsere Zukunft, und du hast nur deine blöde Hose im Kopf«, sagte Penelope erschüttert.

»Was verstehst du denn von Fußball?«, sagte Adorno.

»Nichts«, schnippte Penelope, »will ich auch nicht.«

Überhaupt werde hier zu viel über Fußball geredet, ein Thema, dem im Vergleich mit Massentierhaltung keinerlei Wertigkeit einzuräumen sei.

»Lionel Messi hat keine Wertigkeit?«, schnaubte Adorno.

»Ach, ihr redet doch nur noch über Wolfsburg und Barcelona und so was«, sagte Penelope.

Adorno hatte jetzt seine sehr hohe Stimmlage erreicht:

»Und du redest nur noch über Massentierhaltung.«

Sie warf ihm ihren Du-kleiner-Wicht-Blick zu. »Wir müssen etwas tun, Adorno. Und nicht nur Fußball spielen.«

Vollkommen richtig. Aber hatte es mit den Engagierten nicht auch so angefangen, die dann bei der RAF gelandet waren? Und war das jetzt nicht ein völlig bescheuerter Gedanke – Penelope auf dem Weg zur Ökoterroristin? Es war so was von bescheuert, aber eben auch nicht unüblich für jemand, der Kinder hat. Da kann keine Sorge abstrus genug sein, sage ich immer.

Inzwischen ist diese Radikalisierung wieder etwas abgeklungen. Ich weiß jetzt gar nicht, ob das gut ist oder nicht, weil mir ist aufgefallen: je weniger Massentierhaltung, desto mehr Supermodel. Und umgekehrt. In jener Nacht damals träumte ich jedenfalls, wie eine vermummte Gestalt mit langen braunen Haaren und auf Stöckelschuhen in unser Wohnzimmer eindrang und mit der Kalaschnikow alles niedermähte, was ein Salamibrot aß. Also mich.

6   Und dann … Freund Minki

Minki erzählte von einer seiner Untergebenen, deren Kind auf einer Grönlandreise gezeugt worden war, weshalb sie es Anouk nannte. Wir saßen in unserer Stammkneipe neben der Eisenbahnmarkthalle.

»Ah«, sagte ich, »ein Eskimo-Name.«

»Nein«, sagte Minki und nippte von seinem Grauburgunder.

»Was dann?«

»Inuit.«

Ich hatte keine Ahnung, was der Unterschied ist und auch überhaupt keine Lust, es zu googeln. Jedenfalls typisch Minki. Der bestellte nicht einfach Grauburgunder, sondern fragte selbst in der unambitioniertesten Spelunke noch: »Sagen Sie, von welchem Winzer ist Ihr Grauburgunder?«

Diesmal sagte die Bedienung: »Vom Kaiserstuhl.«

Worauf Minki sie anlächelte und sagte: »Das hoffe ich. Aber von welchem Winzer?«

Minki wohnt über uns. Im vierten und fünften Stock. Wenn ich hier am Familientisch sitze, und er ist zu Hause, dann trampelt er auf meinem Kopf rum. Mit seiner schwarzen Werberbrille aus dem Klischeebuch und seinem teuer geschnittenen Kurzhaarseitenscheitel würde man ihn auf den ersten Blick nicht hier bei uns erwarten. Aber Minki wusste damals schon, dass Trendviertel-Wohnen in Berlin heute nicht mehr nötig ist. Als die anderen noch an den Prenzlauer Berg zogen, zog er vom Prenzlauer Berg weg. Das war noch mit Christine, damals. Die Dachgeschosswohnung und die Wohnung darunter hatte er »billig geschossen« und dann zu einer 180 qm-Maisonette umbauen lassen. Als »Wertanlage«. Hatte ihn alles in allem 400 000 Euro gekostet. Ist heute das Doppelte wert. Mindestens.

Obwohl Leo praktisch gleich alt ist wie Adorno, lernten wir Minki eigentlich erst richtig kennen beim allerersten Elternabend von Adorno. Er kam direkt von der Arbeit oder stellte seine seriöse Anzug-Hemd-aber-keine-Krawatte-Manager-Anmutung aus. Und wurde umgehend als Elternsprecher vorgeschlagen. Er zierte sich zunächst kurz, schlug sich dann aber im Lauf des Sprechens selbst breit und führte von da an durch das Programm aller Elternabende.

Anfangs dachte ich noch, dass das gar nicht zu ihm passt. Erst als er es ein Jahr später beim Vorsitz des Schulfördervereins wieder so machte, wurde mir klar, dass er schon damals irgendeinen Adjutanten instruiert hatte, ihn vorzuschlagen. Er wollte einfach die Kontrolle haben und einen engen Draht zu den Lehrerinnen und der Rektorin.

Nachdem Leo und Adorno vom ersten Schultag an nebeneinandersaßen, war klar, dass wir Minki so schnell nicht wieder loswerden würden. Anfangs verabredeten wir uns noch öfter, aber wer nicht kam, war Minki. Weil Leo nicht einschlief, bis er sich dazugelegt hatte.

»Hallo?«, sagte die Macht.

Leo war damals schon lange kein Baby mehr. Aber jeder Pups wurde bei dem analysiert und ernst genommen.

Wenn Adorno richtig schlimm hustet, sage ich: »Aha: Ich glaube, der Schleim löst sich.« Manchmal sage ich das eine Woche lang und dann löst er sich tatsächlich. Minki denkt beim leisesten Schnaufen sofort, Leo hätte Asthma. Oder Tuberkulose. Ein Urgroßvater Minkis mütterlicherseits hatte Asthma. Ich weiß das so genau, weil es doch hin und wieder thematisiert wird.

Die Mail-Kommunikation mit uns Eltern läuft über Minkis Sekretärin. Aber bei jeder Zwei von Leo in einer Arbeit taucht er persönlich in der Schule auf, um darüber zu diskutieren. Und zwar nicht in der

Sprechstunde, sondern kurzer Draht, eigener Termin. Kommt ja selten vor, dass Leo nur eine Zwei hat, aber trotzdem. Ich weiß nicht, wie Minki das alles auf die Reihe kriegt, aber der Typ ist einfach gnadenlos. Weshalb die Macht auch auf ihn steht. Die denkt, ich merke das nicht, aber ich bin ja nicht komplett bescheuert.

»Minki war heute in der Schule.«

»Ach, ja?«

»Hat mit den Lehrerinnen über Leo gesprochen.«

»Ach, ja?«

»Du sprichst ja nie mit den Lehrerinnen über Adorno.«

»Welcher Adorno?«

Sehen Sie, so etwas nenne ich: Qualitätswitz. Aber das mag sie dann gar nicht, wenn sie sich sorgt, dass wir viel zu wenig tun.

»Vielleicht sollten wir Adorno zum Klavierunterricht anmelden?«

»Er spielt doch schon Fußball.«

»Leo spielt auch Klavier.«

Leo hat ein ziemliches Schedule: Klavier, Hockey, Chinesisch.

»Chinesisch? Das ist jetzt aber nicht dein Ernst«, sagte ich zu Minki. Es war sein Ernst.

»Der übertreibt total«, sagte ich zur Macht.

»Gut, dass wir nicht so sind«, sagte sie.

Wir überlegen dann aber doch immer, ob Adorno nicht auch mal was machen sollte, außer Fußball. Aber bis wir uns sortiert haben, ist der Kurs voll. Und Leo schon drin.

»Warum heißt der da eigentlich Adorno?«, fragte Minki mich mal und zeigte auf meinen Sohn.

»Woher soll ich das wissen?«

Was ich definitiv wusste: warum Penelope Penelope hieß.

Und was ich noch definitiver wusste: warum Minkis Sohn Leo Leo hieß.

Wegen der Gymnasialempfehlung.

Minki überließ nichts dem Zufall und wusste, wie wichtig der richtige Name war für eine Produktkarriere. Ein Kevin kriegt ja nicht mal eine Frau heutzutage, geschweige denn die Zulassung zu einer höheren Schule. Nicht mal, wenn er den entsprechenden Notendurchschnitt hätte. Ein Marvin auch nicht. Eine Helene oder Kristina mit K dagegen wird auch mit 2,7 noch durchgewunken. Was aus meiner Sicht eine Sauerei ist, aber aus Minkis Sicht Realität, mit der es umzugehen gilt.

»Jan-Philipp« wäre einen Hauch zu prätentiös gewesen, »Adrian« war veraltet. Bei »Oskar« wiederum hätte er nicht sicher sein können, dass Berliner Lehrerinnen auch wirklich wussten, wie State of the Art das war. »Max« wäre zu handwerkermäßig rübergekommen, bei »Leon« dachte man den Doktortitel nicht automatisch mit. Er entschied sich nach ausgiebigen Studien für Leo. »Dr. Leo Minki.« Ja, das klang gut und natürlich. »Dr. Carl Minki« würde auch gehen oder »Dr. Franz Minki«, die Namen behielt er sich in der Hinterhand. Er selbst hieß Dr. Eberhard Minki. Seine Eltern waren offenbar noch keine solchen Checker gewesen.

Leo ist übrigens ein ganz toller Junge. Obwohl mir Minkis Erziehung mehr als abstrus vorkommt, ist er sensibel und kein Angeber. Er hat so gar nichts von Minki, denke ich manchmal. Er redet selbstverständlich und unangestrengt mit Erwachsenen, bestellt seine Getränke selbst, bedankt sich höflich, sagt Guten Tag und ade. Ganz anders als Adorno, der zu Hause die große Klappe hat, aber in Gegenwart von Menschen ein ganz kleines Würstchen wird. Wie du früher, sagt meine Mutter. Aber da bringt sie eindeutig etwas durcheinander.

Manche Sachen kriegst du auch mit der besten Erziehung nicht in den Griff, sage ich immer zur Macht. Zum Beispiel, Adorno dazu zu bringen, allein die Treppe bis zum dritten Stock hochzugehen. Dauerte Monate und war so öffentlich, dass wir eines Tages im Briefkasten einen Zettel fanden, auf dem uns mit dem Jugendschutz gedroht wurde. Minki hatte Leo damals innerhalb von drei Tagen so weit. Und der musste ganz nach oben.

Ich habe ja von *Jedes Kind kann schlafen lernen* an alle Bücher gelesen beziehungsweise die Macht hat mir gesagt, was drinsteht. Minki sagt: »Bücher über Erziehung von Kindern sind völlig überflüssig und sinnlos.« Man müsse selbst wissen, wo die Reise hingehen soll, um den Koffer individuell richtig packen zu können. Was für eine geniale Metapher. Ich könnte jubeln, wenn der so was sagt.

Als Leo und Adorno auf Klassenfahrt waren, war Leos Koffer komplett vollgepackt mit neuen Klamotten, da hing noch das Preisschild dran. Und Minki hatte ein Allergiespray dazugepackt, ein Asthmaspray, und dann gab Caroline den Lehrerinnen noch eine Liste der für Leo erlaubten Lebensmittel. Caroline ist seine Frau. Seine zweite. Sozusagen die Stiefmutter von Leo. Man schreibt den Namen Caroline. Aber ausgesprochen wird es: Carolin-. Das muss man sich unbedingt merken. Sonst wird sie sauer. Und Minki auch.

Wo hat Minki nur seine Kompetenz und wo hat er seine Autorität her? Es ist mir ein Rätsel. Ihm nicht. »Ich hab' halt eine natürliche Autorität. Deshalb bin ich auch beruflich da, wo ich bin, und mache das, was ich mache.« Was macht er denn? Er kommt oft spät nach Hause und ist eine Art »Projektmanager« im Berliner Büro eines Technologiekonzerns. Was er aber in seinem Büro oder unterwegs genau macht, weiß man nicht. Vermutlich wirft er Leute raus. Genau kann das, glaube ich, nicht mal Carolin- sagen. Obwohl die auch BWL studiert hat und ihn lustigerweise sogar in seinem Büro kennengelernt hat. Als sie, na ja, als sie da ein Praktikum machte. Ein halbes Jahr später zog Christine aus der Maisonette aus. Und Carolin- zog ein.

7 Und dann ...
der Opa

Mein Schwiegervater heißt Oddo. Im Pass steht »Otto«. Aber die Schwaben sagen »Oddo«. Er tötet Tiere. Aus beruflichen Gründen. Und ist nach meinem Eindruck ziemlich stolz auf sein Können, das sich ja längst nicht nur auf die fachgerechte Handhabung des Bolzenschussgerätes beschränkt. Das ist praktisch nur die Voraussetzung für alles andere.

Der Metzgermeister hat wirklich für vieles Verständnis. Kein Verständnis hat er dafür, wenn jemand kein Anhänger des VfB Stuttgart ist. Vor allem, wenn er aus einem schwäbischen Dorf kommt. Aber auch sonst. Und gar kein Verständnis hat er, wenn jemand kein Fleisch isst.

Er war immer VfB-Fan, und er hat immer Fleisch gegessen. Auch damals, nach dem Zweiten Weltkrieg, als die anderen keines hatten. Fleisch war seine Muttermilch. Mehr oder weniger. Weil: Sein Vater war auch Metzger. Großvater auch. Sein Bruder wurde auch Metzger. Eine Metzgerdynastie. Sie hatten auch Tiere. Die wurden aufgezogen und dann geschlachtet. Ganz normal.

Der Metzger war noch die unumstrittene Autorität seiner Kleinfamilie. Entschied, was für ein Auto gekauft wurde. Wo man in Urlaub hinfuhr. Was es zu essen gab. Alles. »Warddet nor, bis der Babba hoimkommt«, rief seine Frau, wenn die spätere Macht und ihre Schwester »unguad« waren, wie das hieß. Dann würde es etwas setzen. Da bibberten die beiden aber gewaltig. Man stelle sich vor, die Macht würde zu Penelope und Adorno sagen, sie sollten nur warten, bis ich heimkäme. Die würden sich doch in die Hose machen – aber vor Lachen.

Damals warteten die Töchter voller Angst, bis der Metzger abends um halb acht kam. Aber nur die ersten beiden Male. Danach hatten sie gemerkt, dass es in Wahrheit nicht weit her war mit dem väterlichen Autoritätsmodell. Ich fürchte ja, das wirkt bei der Macht heute noch nach. Ihr Vater jedenfalls war müde von des Tages Arbeit, der Kundinnenbetreuung an der Fleischtheke und dem ganzen Schlachten. Und dann erzählte ihm seine Frau als Erstes, was die Kinder Schlimmes getan hatten und dass er jetzt das Strafen übernehmen müsse. Aber da konnte er einfach keinen Zorn entwickeln, das kühle Strafen lag ihm sowieso nicht und was sollte er da jetzt machen? Außerdem musste er gleich in die Wirtschaft rüber, denn die hatten sie ja auch noch. So sagte er halt in Gottes Namen schnell einige Worte und fragte dann seine Frau, was es zum Abendessen gäbe. Es gab Fleisch und Wurst. Und das hob dann seine Stimmung wieder.

Kein Fleisch zu essen erscheint ihm im höchsten Maße unnatürlich. So eine neumodische Sache. Von Leuten, mit denen er nichts gemein hat. Auch nichts gemein haben will. Da trifft es sich ganz schlecht, dass seine Enkel solche Leute sind. Wir hatten relativ früh angefangen mit der Landverschickung der Kinder. Schon zu Kitazeiten galt die Regel: Erster Ferientag: ab mit ihnen. Das war hart für die liebende Mutter. Und ich traute dem Landleben ja auch ganz und gar nicht. Aber man musste auch loslassen können. Obwohl man wusste, dass der Metzgermeister und seine Frau die Zeit gnadenlos nutzen würden, um den Enkeln aus der Stadt ihre Werte und Vorstellung von Familie zu vermitteln, ohne dass die mittlere Generation ständig relativierte oder gegensteuerte. Nur so als Beispiel: Man trägt niemals Teller in die Küche. Das macht die Oma. Sagt der Metzger. Überall hängt Jesus am Kreuz. Und die Fliegenklatsche ist ein Kulturgut. Wenn die Kinder nach zwei Wochen nach Hause kamen, dachten sie, es sei normal, dass man alles totschlägt, was so durch die Luft fliegt.

Ein wichtiger Teil des Tagesablaufs auf dem schwäbischen Dorf ist das Essen. Und Essen heißt nun mal Fleisch essen. Morgens isst er Fleisch. Mittags isst er Fleisch. Abends isst er Fleisch. Dazu Spätzle. Das ist kein Klischee, das ist so. In eine Pizzeria kriegst du ihn nicht. Was soll er da? Chinese und so was aber auch nicht. Bleib mir bloß weg. Das ist nicht seine Vorstellung von Fleisch. Das Thema Fleisch nimmt einen großen Raum in seinem Denken und Fühlen ein. Noch vor Fußball. Das Leben kann ja heutzutage ziemlich kompliziert sein. Selbst auf dem Dorf. Aber beim Thema Fleisch macht ihm keiner was vor. Er ist da Liebhaber und Experte.

Er schiebt dir nicht nur irgendein Stück Fleisch rüber. Er berät, erklärt, schneidet nach individueller Ansage mit seinen Spezialmessern kompetent Stücke ab, ich komme nicht umhin, zu sagen: mit Inbrunst und Liebe. Das schmeckt dann auch wirklich gut. Die Tiere hat er meistens selbst geschlachtet. Bei sich im Keller.

Wenn man in den 70ern ein Haus baute, ließ man sich im Keller eine Sauna einbauen. Das war damals so eine Vorstellung von Wohlstand und Luxus. Sogar in Baden-Württemberg. Aber der Metzgermeister ließ sich einen Schlachtraum einbauen. Er definiert sich noch heute über seine Arbeit, auch wenn er längst in Rente ist. Offiziell. Aber das sieht man ihm nicht an. Er ist topfit. Und seine Frau ist noch fitter. Und dann ist es einfach so, dass es jeden Tag genug Arbeit gibt. Und stell dir vor, der Postbote klingelt und man wäre noch im Bett. Da wäre man gesellschaftlich erledigt. Also wird jeden Tag gearbeitet. Und jeden Mittwoch steigt er in seine Metzgerkluft und schlachtet unten in seinem Schlachtraum. Die Tiere werden durch die Garage reingetrieben. Und die Großmutter der Kinder wischt danach das Blut zusammen.

Ich muss sagen: Zwar habe ich nie damit gerechnet, mal einen Metzger als Schwiegervater zu haben. Aber nun kann ich ganz und gar nicht klagen. Das hat schon seine Vorteile. Daher habe ich auch manchmal eine Art Schuldgefühl, dass unsere Kinder sich in dieser Beziehung zivilisatorisch so weiterentwickelt haben, dass sie aus seiner Sicht aus der Art schlagen. Als Penelope noch Würstchen aß, ging es grade noch so.

Da grillten sie dann auf der Terrasse. Eine Lieblingsbeschäftigung von ihm. Der Metzgermeister und seine Frau aßen dann diverse Steaks, Penelope bekam ihr Würstchen und für Adorno machte die Großmutter einen Teller Spätzle, das geht ja schnell. Aber seit Penelope selbst das Würstchen verweigert, ist der Grillabend abgeschafft.

»Du kannst Penelope doch Gemüse grillen«, sagt die Macht, »das mag sie.«

Gemüse grillen?

»Hör auf«, ruft er entsetzt.

Irgendwann ist einfach Schluss.

Seine Enkel: Blut von seinem Metzgerblut. Essen kein Fleisch. Was ist da schiefgelaufen?

Er hat auf sein Haus damals extra noch einen ersten Stock draufgesetzt. Dass der bis heute unausgebaut geblieben ist, ist ganz sicher nicht seine Schuld.

»Adorno?«, sagte er am Anfang mehrfach zu seiner Frau. »I halt's em Kopf net aus.«

Das ist seine Lieblingsredewendung.

War Adorno überhaupt ein Name? Sie wusste es auch nicht.

»So hoißt doch koi Sau!«, sagte er zu ihr. Im christlichen Kalender fand sich auch kein Namenstag.

Erst dachte er, das sei ein Witz, als Adorno und ich Wolfsburg-Fans geworden waren.

Und dann war Adorno ja auch noch für den FC Barcelona.

So was macht doch kein richtiger Schwabe, sagte der Metzger.

Adorno erklärte ihm, dass er kein Schwabe sei.

Er versuchte dann trotzdem tapfer, mit der Jugend im Gespräch zu bleiben. Als sie mal zusammen Barcelona spielen sahen, sagte er plötzlich: »Die senn ja ganz schee kloi.«

»Du kennst dich aus«, brummte Adorno.

Enkel sind dem Metzger jedenfalls sehr wichtig. Das sieht man schon daran, dass er zu seiner Frau nicht mehr »Mama« sagt, wie früher. Sondern »Oma«. Sie nennt ihn »Opa.« Und so viel ist doch klar:

Würden seine Enkel nicht irgendwo aufwachsen, sondern in seinem Obergeschoss, wäre das alles nicht passiert. Dann würden sie auch nicht Penelope und Adorno heißen, sondern Paulina und Karle. Oder so ähnlich.

Immer wieder probiert er es, fuchtelt mit einem Stück Fleisch und sagt fast weinerlich: »Penelobe, Adorno: Do probieret des amol. Des isch guad.« Dann macht Penelope ihr gequältes Gesicht und presst eine höfliche Ablehnung heraus. Und Adorno steckt einen Finger in den Hals.

Irgendwann habe ich kapiert: Für den Metzgermeister ist Fleisch essen nicht nur ein kultureller Wert, sondern ein Teil seiner Lebensgeschichte. Es gehört zu ihm: Was ihn geprägt hat, was ihm etwas bedeutet, was er richtig gut kann, all das kann er nun mit seinen Nachfahren nicht teilen. Ganz überraschend kann das allerdings nicht für ihn kommen. Mit der Mutter seiner Enkel hatte er dasselbe Geschiss. Er schob ihr eine Kindheit lang bei jedem Essen die schönsten Stücke zu, wie es nur ein liebender Metzgervater kann. Und sie schob sie stets angewidert zurück, wenn es nicht ein paniertes Schweineschnitzel war. Das ist das einzige Fleisch, das die Macht bis heute isst. Einmal rief er voll Schmerz über die Zurückweisung: Es werde der Tag kommen, an dem sie bitter bereuen werde, all das schöne Fleisch nicht gegessen zu haben. »Aber dann ist es zu spät!«

Ich habe sie mal gefragt: Bis jetzt hat sie es nicht bereut.

8   Und dann … die Schwaben

Weiß Gott, ich war der schärfste Kritiker des Landlebens. Vor allem, wenn es sich in Baden-Württemberg abspielte. Doppelt schlimm. Diese Enge, diese Leute, diese Sprache.

Wie ich immer zu sagen pflegte: »Ich habe meine Dosis gehabt, und es war eine Überdosis.« Genau deshalb waren wir ja nach Berlin geflohen.

Großstadt gut, Provinz furchtbar, so einfach war das.

Damals.

Ich dachte: Wenn meine Kinder etwas nicht brauchen, dann: Musikkapellen, Saufköpfe, prügelnde Pfarrer, nachbarschaftliches Überwachungsregime, anachronistische Gepflogenheiten. Alles Dinge, die sich auch auf die gutwilligsten Eltern auswirkten. Wenn man von Bescheuerten umgeben ist, wird man irgendwann selbst bescheuert, das ist bei der Arbeit so und erst recht im Lebensumfeld.

Der Metzgermeister sagt ja, dass es auf dem Land noch Anteilnahme und Nähe gebe. Dass ich nicht lache. Diese sogenannte Nähe war doch brutaler als die Anonymität der Großstadt, viel brutaler. Nein, es ging uns darum, den Kindern einen ganz anderen Begriff von Heimat zu vermitteln – weit jenseits von Provinz, in die man sich nur einordnen kann – oder man wird rausgekickt. Auf keinen Fall durften sie eine Schwaben-Deformation abkriegen. Daran hatte ich und daran hatte auch die Macht immer geglaubt. Es war ein Leitmotiv unseres Lebens.

Bitte: Ich hatte nie vor, in einem schwäbischen Kaff aufzuwachsen. Beileibe nicht. Es war der Beruf meines Vaters, der ihn aus der Metropole Schwäbisch Gmünd in ein nordwürttembergisches Dorf brachte. Und dadurch auch mich. Als wir hinkamen, war da noch nicht mal die Hauptstraße geteert. Mehr brauche ich ja wohl nicht zu sagen. Links eine Güllegrube, rechts ein Jauchegrube.

Mischtgrub' hieß das bei denen. Einer aus meiner Klasse ertrank in so einer Mischtgrub'. Jedenfalls fast. Sie sprechen heute noch davon.

Wenn wir beim Metzgermeister am Wohnzimmertisch sitzen und gepflegt reden, der Fernseher läuft schön, der Metzger im Fernsehsessel, der Rest auf dem Sofa, dann kommt unweigerlich der Moment, wo er innehält, sein Hefeweizen anschaut, dann mich und dann sagt:

»Där Riegerschorsch, den kennsch du doch au no?«

»Ha, freilich, der war doch bei mir end'r Klass', Oddo«, sage ich dann.

»War der net zwoi Johr jenger wie du?«

»Ha noi, der war mit mir bei där Fräulein Kälble.«

»Ha, was?«

Er macht eine dramaturgische Pause, dann setzt er neu an.

»Woisch du des iberhaubt, dass där domols fascht en dr Mischtgruab' versoffa wär'?«

»Ha, nadierlich woiß i des.«

»Des war sooo knabb.«

Oddo zeigt mit Daumen und Zeigefinger, wie knapp das damals war.

»Om a Härle Hoar.« Um ein Härchen Haar. Also ziemlich knapp.

Der Riegerschorsch hatte drei Kühe im Stall. Eine alte Kuh, eine Milchkuh und ein Kalb. »Nebenerwerbslandwirtschaft« nannte sich das. Die ehemaligen Fulltime-Bauern im Dorf waren einer nach dem anderen in die Fensterfabrik gegangen, die immer größer wurde. Die Frau molk die Milchkuh, fütterte die Hühner und jagte auf den Feldern mit dem Bulldog die Kartoffelkäfer von den Kartoffeln. Auf den Kühen ritten wir, hauptsächlich auf der alten Kuh. Die war zu schwach, sich zu wehren. Was meine Kindheit und Jugend angeht, war es das dann im

Großen und Ganzen auch schon. Kino, Café oder so war nicht. Eine Flaschenbierhandlung gab es. Gottseidank.

Als ich Penelope mal irgendeine furchtbare Geschichte aus meiner Jugend erzählte, sagte sie: »Na ja, ihr.«

»Wie meinst du das?«

»Ihr hattet auch Vorteile auf dem Land.«

So, welche denn?

»Da gab es ja keine Gefahren, so wie hier in der Großstadt.«

»Doch«, sagte ich, »Jauchegruben. Und wenn man sturzbesoffen war, konnte man auch ins Bächle reinfallen und versaufen.«

»Versaufen?«

»Ertrinken.«

Und als ich mal am Milchhäusle mit der Kanne Milch holte, wurde ich von der Dorfirren geohrfeigt. Einfach so. Brutal. Aber das erzählte ich Penelope lieber nicht.

Baden-Württemberg war auch sonst die Hölle. Das Untertanentum des Kaiserreichs wirkte über das »Dritte Reich« in das Reich des Ministerpräsidenten Hans Filbinger hinein. Diese Schwaben sagten immer »unser Ministerpräsident«. Da kriegte ich Ausschlag. Das war nicht unserer, das war denen ihrer. Filbinger verkörperte für uns, die Guten, alles das, was überhaupt nicht ging. Er war ein furchtbarer Jurist, der sich nicht seiner Verantwortung stellte für die Beteiligung an vier Todesurteilen während der NS-Zeit, sondern sein Vorgehen als formal rechtmäßig rechtfertigen wollte. Er wollte im badischen Wyhl ein Atomkraftwerk mit Polizeigewalt durchsetzen. Er sagte, wenn man das nicht mache, würden in Baden-Württemberg die Lichter ausgehen. Das AKW wurde dann von Bürgern und Bauern verhindert und die Lichter blieben selbstverständlich an.

Dann ließ er auch noch Heino das Deutschlandlied singen und wollte die Platte an den Schulen verteilen lassen. Heino sang dann im Übereifer gleich auch noch die erste Strophe, was uns aber ganz und gar nicht wunderte.

Es passte einfach alles zusammen.

Man muss das im geschichtlichen Zusammenhang verstehen: Meine Großeltern waren in einen imperialistischen Krieg hineingeboren worden (in Schwäbisch Gmünd), der furchtbar endete. Meine Eltern waren in einen faschistischen Krieg hineingeboren worden (in Schwäbisch Gmünd), der furchtbar endete. Ich selbst war auch in Schwäbisch Gmünd geboren worden. Heute mag es seltsam erscheinen: Wir in der Schülermitverwaltung hatten ziemlich eindeutig herausgearbeitet, dass die Nazis immer noch unter uns waren und alles diesmal noch schlimmer enden würde. Da mussten wir nur an den Schaffner im Bummelzug denken, der uns täglich in die sogenannte Stadt und ins Gymnasium brachte. Er trug eine blaue Uniform, eine Himmler-Brille und eine Zwicke. Wenn er das Abteil betrat, brüllte er: »Ruhe!« Er wolle jetzt nichts mehr hören in diesem Abteil. Sonst würde es furchtbar. Alle hatten Angst. Existenzielle Angst. Am meisten ich. Noch tagelang zitterte mein Schulranzen auf dem Rücken.

Es war klar, dass wir uns wehren mussten. Dementsprechend folgten die großen antibürgerlichen Rebellionen der 80er, also Jute-statt-Plastik-Tasche, Kunstlederjacke und Atomkraft-Nein-Danke-Aufnäher. Ich will hier nicht übertreiben, aber meine Verweigerung eines unangekündigten und völlig irregulären Vokabeltests in Französisch trug sicher wesentlich dazu bei, die totalitären, antidemokratischen Führerinnenfantasien der Studienrätin Heidrun Kurz zu entlarven. Und damit die enorme Verkrustung meines antiemanzipatorischen Gymnasiums aufzubrechen. Ich hatte die Kurz nur darauf hingewiesen, dass sie keine Arbeit schreiben durfte, weil sie eine andere noch nicht zurückgegeben hatte. Daraufhin wurde sie erst rot, dann blass, dann sagte sie, wenn das so sei, müsse sie den ausgefallenen Vokabeltest dadurch ersetzen, dass sie in jeder Stunde einen Schüler mündlich abfrage.

»Ich beginne mit …«. Sie tat, als schaue sie sich im Raum um. »… Peter.«

Ich blieb selbstverständlich sitzen.

Die Kurz schrie: »Marsch, an die Tafel!«

Du Nazi.

Ich sagte: »Ich fürchte, ich kann Ihrem Anliegen nicht nachkommen, Frau Studienrätin.«

Sie stöhnte glücklich: »Sechs!«

Was tat man nicht alles für den demokratischen Fortschritt in diesem Land. Außerdem hatte ich nichts gelernt und hätte sowieso eine Sechs bekommen.

Von diesem Moment an war ich jedenfalls knallhart dagegen. Totalitäre Lehrer, Schaffner und Fußballschiedsrichter.

Dagegen.

Strauß, Schmidt, Kohl, Filbinger, Späth, Reagan.

Dagegen.

Papst und Pfarrer.

Dagegen.

Heino, Dschinghis Khan und Nicole.

Dagegen.

Krieg, Kapitalismus, Atomkraftwerke.

Voll dagegen.

Es waren quälende Kämpfe, bis das Poster des »Doors«-Sängers Jim Morrison endlich in meinem Zimmer aufgehängt werden durfte, statt Gotthilf Fischer, wie Eltern, Lehrer und die CDU Baden-Württemberg das gerne gehabt hätten. Na ja, ehrlich gesagt knurrte meine Mutter zwar, dass dies und das nicht ginge, solange ich meine Füße unter ihren Tisch strecke undsoweiter, aber Gotthilf Fischer fand sie auch nicht so prickelnd und ich hatte sie sogar im Verdacht, eine heimliche SPD-Wählerin zu sein.

Aber der Rest war schlimm. Und selbstverständlich war ich auch gegen Deutschland. Denn Deutschland ging gar nicht. Im Sommer flüchtete ich nach Griechenland, was zwar damals eine Diktatur war, aber da konnte man unterscheiden. Auf dem Rückweg schaute ich in Paris am Grab von Jim vorbei. Den Rest des Jahres kämpfte ich unerschrocken im Widerstand und wärmte mich an den zeitgenössischen Projektionen eines anderen Deutschland. Also an Günter Netzer und Nastassja Kinski. Spätestens als unsere Nachbarin Frau Sawatzki – eine Reingeschmeckte – öffentlich machte, dass ich im Vollsuff rituell und konsequent in ihren Garten kotzte, war wohl dem Letzten klar, was ich von diesem Dorf und der dortigen Gesellschaft hielt. Offiziell verstoßen wurde ich, als ich gemeinsam mit dem Riegerschorsch und dem Superöko in einer Anzeige im Mitteilungsblatt des Dorfes zur Wahl einer Partei aufrief, die nicht die CDU war. Zwar hatten die beiden öffentlich bekannten Wähler der SPD mittlerweile sogar schon im Musikverein niedere Funktionen übernehmen dürfen, aber unsere Wahlempfehlung für diese neue Partei der Verrückten war dann doch zu viel. Von da an wurde allgemein bedauert, dass der Riegerschorsch damals nicht in der Mischtgrub' versoffen war – und ich gleich mit.

9 Und dann ... Freiburg

Adorno war anderthalb, als wir ihn das erste Mal an die Westküste schleppten. Mit vier lief er am San Francisco International Airport nach der Immigration schon automatisch Richtung Rental Cars. Ich habe ein Foto hier im Wohnzimmer, 60 mal 40 Zentimeter, es hängt da im Eck, links vom Familientisch, gleich neben unserem kalifornischen Surfboard. Da schaue ich jetzt drauf. Schon lustig. Man sieht Penelope und Adorno, wie sie im International Terminal von SFO in den AirTrain einsteigen, als sei es das Normalste der Welt. War es auch. Wie wir dann zum Rental Car Center rüberschwebten, sah ich in die roten Augen der Macht und sagte: »Schaut auf diese Kinder.«

Nicht dass Sie jetzt denken, wir wären reiche Schnösel. Gar nicht. Die jährliche USA-Reise war einfach eine existenzielle Notwendigkeit, das Gegengift gegen die schwäbische Provinz, die uns auch im schwabenverseuchten Berlin noch verfolgte.

Wir sparten das ganze Jahr wie die Schwaben, um ein paar Wochen schwabenfrei zu sein.

Man muss das im historischen Kontext sehen: Wir hatten uns noch in die Hosen gemacht, wenn wir in Miami gelandet waren, da war ich schon Ende 20. Damals war in Baden-Württemberg der Eindruck verbreitet, dass man in Miami erschossen wird. Aus einem fahrenden Auto heraus. Also dachten wir bei jedem vorbeifahrenden Auto: Jetzt werden wir bestimmt gleich erschossen. Fluch der Provinz. Unsere Kinder dagegen: natürliche Kosmopoliten.

Die Macht und ich lieben Kalifornien. Vor allem unser Unistädtchen am Pazifik. Ich will nicht übertreiben, aber wenn wir mit dem Miet-Prius von SFO über die Interstate 280 auf den Highway Seventeen einbogen und aus dem Silicon Valley über die Santa Cruz Mountains an die Küste fuhren, dann spürten wir, dass wir angekommen waren in der Welt. Diese wichtige Errungenschaft wollten wir von Anfang an auf die Kinder übertragen: in Berlin leben und in der Welt zu Hause sein.

Der Metzgermeister war ja mit der Macht im Urlaub immer an die Adria gefahren. Immer an denselben Küstenort. Im Mercedes-Diesel mit Metzgerkupplung. Die Schnitzel nahm er mit, die Spätzle auch. War sicherer so. Einmal pro Urlaub machte die Familie einen Ausflug nach Venedig. Ich musste immer nach Südtirol. Immer an denselben Ort. Mit dem Käfer über den Fernpass an den Reschensee. Der Ort hieß Grauen. Jedenfalls bei mir. Lage an der Durchfahrtsstraße. Folkloristische Ureinwohner, die alles niederduzten, was daherkam, Italien schlimm und Deutschland toll fanden. Speziell die letzten Jahre vor 1945. Der See taugte auch nichts, denn das Wasser war dermaßen eiskalt, dass man nicht drin baden konnte. Morgens wanderten wir auf irgendeine traurige Alm, nachmittags gingen wir in das mickrige Freibad, abends spielten wir Karten in der piefigen Wirtsstube unseres Gasthofs. »Der Führer wäre stolz auf uns«, sagte ich mal in größter Verzweiflung im Frühstücksraum. Einmal pro Urlaub machten wir einen Ausflug nach Meran. War auch langweilig. Unser schwäbischer Horizont war weiß Gott schon eng. Aber hier wurde er noch enger.

»Unsere Kinder sollen ein Bewusstsein für die Vielfalt der Welt bekommen«, sagte ich zur Macht. Wir wollten, dass sie erst die Welt sahen und sich dann Urteile bildeten. Deshalb fuhren wir in dieses landschaftlich bildschöne und vor allem auch politisch aufgeklärte Collegetown an der Westküste. In der zweiten Amtszeit des republikanischen Präsidenten George W. Bush verkauften sie im unabhängigen Book

Shop Uhren, auf denen seine Zeit rückwärts lief, so kritisch waren sie da. Die Uhr kaufte ich nicht, aber dafür ein politisch linkes Magazin. Die Verkäuferin gratulierte zum Kauf und fragte freundlich: »Sind Sie auch so wütend?«

Ich war aber in Kalifornien-Stimmung und sagte: »Ach nee, eigentlich nicht.«

Darauf sagte sie, freundlich, aber bestimmt: »Es ist okay, wütend zu sein.«

In unserem Collegetown mieteten wir ein Haus. Leider kriegte man nicht jedes Jahr dasselbe. Dafür wohnten wir einmal direkt an einem Canyon, aus dem nachts die Waschbären krochen. Von irgendwoher kamen immer die Töne von »Light my Fire« oder »Heart of Gold« hergeweht. Ach, dachte ich, sicher irgend so ein wunderbarer, nonkonformistischer Dude, der den Kapitalismus Kapitalismus sein lässt, grade vom Strand nach Hause gesurft ist, nun gesellschaftskritische Gedichte schreibt wie Morrison und dabei die goldene Playlist des Rock 'n' Roll durchhört. Und heute Abend geht er auf der Pacific Avenue in den Musikclub Catalyst. Um dabei zu sein, falls Neil Young überraschend vorbeikäme. Das machte der. So alle 25 Jahre einmal. Sofort nach unserer Ankunft besorgten wir uns Surfboards. Na ja, die kleinen Baby-Surfboards aus Styropor. Wir surften nicht, denn das Wasser war den Kindern viel zu kalt. Mir sowieso. Aber morgens gingen wir mit den Surfboards an den Strand. Großartig. Mittags in die Stadt. Am Frühabend in unsere Stammkneipe Caffe Pergolesi. Oder am Frühabend in die Stadt, mittags an den Strand und morgens ins Pergolesi. Oder am Frühabend an den Strand, morgens in die Stadt und mittags ins Pergolesi. Keine Regeln, alles spontan, das war uns wichtig.

Dann saß ich mal im Pergolesi auf der Front Porch, also der Terrasse vor dem Haus. Mit Blick auf die Cedar Street. Am Nebentisch saßen zwei Einheimische.

Der eine sagte: »What's up, Dude?«

Der andere sagte: »Not much.«

Der erste brummte daraufhin anerkennend: »Good.«

In diesem Moment wurde mir klar, was dieses kalifornische »Hängen« wirklich bedeutete, von dem immer alle sprachen, wenn sie auf die Frage, was sie machten, »Just hangin'« antworteten. Das bedeutet nicht: nichts tun. Sondern in Vollendung zu leben, in einem seelischen Nirvana, eins mit sich und seiner Umwelt. Ab da versuchten wir, auch zu hängen.

Den Kindern ging das bedauerlicherweise schnell auf den Keks.

»Was machen wir?«, fragten sie.

»Hängen«, sagte ich.

»Und dann?«

»Hängen.«

Adorno: »Können wir mal aufhören, bitte, mit diesem Scheiß-Hängen!«

Ich sagte ihnen, dass wir noch eine Weile hängen müssten, um dieses Kalifornien wirklich verstehen zu können. Gemotze ohne Ende. Aber kaum machten wir was, war es auch wieder nicht recht. Dabei hatten wir zwei wirklich schöne Ausflüge im Programm. Nummer 1: Golden Gate Bridge. Da gingen sie nur unter heftigstem Protest mit. Es handele sich, ich zitiere Adorno, um eine »scheißneblige Brücke«. Aber da war ich hart. Am Ende der ersten Woche fuhren wir immer über die Brücke Richtung Sausalito in den Aussichtsplatz rein und dann schauten wir vom anderen Ufer aus auf San Francisco.

»Ist das nicht schön?«, sagte die Macht. Die Kinder gähnten. Strategisch, selbstverständlich. Aber ich muss schon auch sagen: ein wahnsinniger Blick. Wenn es nicht immer so neblig gewesen wäre.

Ausflug Nummer 2 führte uns ins River Lane Resort am Russian River. Immer zwei Übernachtungen, Mitte der zweiten Woche. Das hatte sich über die Jahre gut eingespielt. Wir fuhren auf dem Highway One Richtung Norden. Durch San Francisco, über die Golden Gate, nach Sausalito links weg und dann die Küste hoch bis Bodega Bay, wo Hitchcocks *Die Vögel* spielt und immer ein kaltes Windchen weht. Ein paar Meilen nördlich von Bodega Bay biegt man auf die 116 ab. Sofort steigt die Temperatur von 60 auf 80 Grad Fahrenheit. Nach einer Viertelstunde am Fluss entlang kommt man nach Guerneville. Das ist das Zentrum des Russian River: eine Main Street, ein Safeways-Supermarkt, selbstverständlich 24 Stunden geöffnet, ein wunderbarer Coffeeshop und Johnson's Beach, wo man im Russian River baden und Paddelboote ausleihen kann. Übrigens auch ein wahnsinnig liberaler Ort.

Wir waren hier mal zufällig hängen geblieben und kamen seither immer wieder. Selbstverständlich buchten wir von Deutschland aus. Eigentlich würden wir ja lieber einfach irgendwo anhalten, wenn die Sonne untergeht. Aber Kinder brauchen Sicherheit. Sie wollen nur das, was sie kennen. Penelope und Adorno sprachen schon wochenlang über das River Lane Resort. Wie sie stundenlang in dem Pool dort schwimmen würden. Wie sie dann im beheizten Hot Tub abhängen würden. Und dann wieder im Pool. Eigentlich sprachen sie schon die ganze Zeit über nichts anderes. Nur die Cabin, das Häuschen am Fluss, in dem wir immer wohnten, behagte Adorno nicht so ganz. Es war rustikal, wie man so sagt. Was der Amerikaner so unter »Charme« versteht. Es entsprach nicht Adornos Vorstellung von Komfort. Aber bei dem schönen Pool wollte er mal nicht so sein.

Wir bogen also in die River Lane ein, Riesenjubel auf dem Rücksitz, und Adorno sagte. »Was ist denn das für eine riesige Schlange?«

An der Rezeption standen Leute bis vor die Tür.

Ich sagte: »Kein Problem, Kinder. Wir haben reserviert. Das haben wir gleich.«

Es dauerte dann doch ein Stündchen, bis Mike vom River Lane Resort allen in der Schlange ihre Häuschen zugewiesen hatte. Dann waren nur noch wir übrig.

»Sind Sie Peter?«

»Definitiv«, sagte ich.

Er schaute mich ernst an.

»Peter«, sagte er dann, »we need to talk.«

Auch die Kinder wissen längst, dass dieser Satz nichts Gutes verheißt. Sie wurden blass. Die Macht dagegen kriegte rote Flecken am Hals.

Ich schickte Macht und Kinder raus, und Mike holte ein großes, vollgekritzeltes Stück Papier aus dem Nebenzimmer.

»Peter«, sagte er, und dass ich es sicher nicht glauben würde. Dieses Papier sei das »Reservierungssystem«, das ihm seine Vorgänger Ric und Bobbi hinterlassen hätten. Nette Leute, aber … er warf das Teil mit einer dramatischen Geste hinter sich auf den Boden … damit sei Überbuchung praktisch programmiert.

»Gute Nachricht, Kinder«, sagte ich mit meiner fröhlichen Stimme, als ich wieder rauskam. »Wir kriegen was Besseres. Und Mike bezahlt.«

Vernichtende Blicke. Kein Pool, kein Hot Tub, kein Russian River, alles war aus. Drei offizielle Nervenzusammenbrüche. Ich sagte lahm, dass sie sich die neue Cabin erst mal anschauen sollten. Als Vater kannst du dich nicht so einfach gehen lassen. Auch wenn dir danach ist.

Es war der beste Tausch unseres Urlaubslebens. Wir hatten ein Waldhäuschen auf der anderen Flussseite, praktisch in den Bäumen drin. Viel größer und viel mehr Komfort als das andere. Vor allem aber: nachhaltige Architektur, eigene Stromversorgung per Fotovoltaikanlage, Energieeffizienz, spektakulär.

Ich sagte: »Da seht ihr es: Etwas Neues kann auch etwas Besseres sein. Ruhig mal was ausprobieren.«

War ein Trümmerspruch, klar, aber das bot sich da einfach an.

Die Sonnenenergie fand Penelope schon auch gut.

»Aber es ist halt nicht der Russian River«, sagte sie.

Der Pool und das Hot Tub waren auch viel besser.

»Aber es ist halt nicht der Russian River.«

Die Kinder quietschten tagelang vor Glück, so schön war es an dem neuen Ort.

»Aber es ist halt nicht der Russian River«.

Ich sagte zehnmal, dass das auch der Russian River sei. Nur besser.

Aber bei diesen konservativen Leuten war nichts zu machen.

»Wie sollen wir die Veränderung der Welt hinbekommen, wenn selbst Kinder schon dermaßen besessen sind von dem, was sie kennen?«, seufzte ich, als wir abends nach einem vergnüglichen Kartenspiel in unserem Topschlafzimmer lagen. »Sie wollen das Alte behalten, obwohl das Neue eindeutig besser ist. Ist das nicht absurd?«

Fand die Macht auch. »Schlimm«, sagte sie. Wir waren uns absolut einig, dass wir ihnen das auf keinen Fall durchgehen lassen durften und hörten dann noch den Bäumen ein bisschen beim Rauschen zu. Auf der anderen Flussseite hatte man immer die Klimaanlage vom Safeways gehört.

»Hach«, schnurrte die Macht, »ist das schön hier.«

»Unglaublich schön.«

»Aber, Pu …«

»Hm?«

»Nächstes Jahr gehen wir trotzdem wieder ins River Lane Resort zurück – oder?«

»Selbstverständlich«, sagte ich.

Aber dann kamen wir im nächsten Jahr doch nicht zurück ins River Lane Resort. Schlimmer: Wir flogen überhaupt nicht nach Kalifornien. Das Problem begann damit, dass eines Tages der Superöko anrief und sagte, er habe da eine »Super-Idee«.

»Interessant«, brummte ich vorsichtig. »Worum geht's?«

Sehen Sie, das war schon der Fehler. So was sollte man nie fragen, da ist man schon verratzt. Der Superöko sagte, er wolle mir den 50-Prozent-Club für Trendsetter vorstellen.

»Trendsetter?«, sagte ich.

»Menschen wie du und ich«, sagte er.

Ziel des 50-Prozent-Clubs ist es, die individuellen und familiären Kohlendioxidemissionen um 50 Prozent zu verbessern. Also zu senken. Und zwar in den Bereichen Strom, Wärme, Mobilität und Fleischverzehr. Der mit Abstand größte Brocken sind Interkontinentalflüge. Ich versuchte dann noch, ihn mit ein paar schlechten Club-Witzen abzulenken (über Sex, den Nürnberger Fußballverein und so was), aber mein Bruder ist hartnäckig. Das weiß ich seit den Tagen, als er immer mitwollte, wenn ich mit meinen Freunden Indianer spielen ging. »Du bleibst mal schön zu Hause«, sagte ich kategorisch. Irgendwann waren dann meine Freunde seine Freunde und gingen mit ihm spielen. Aber: No hard feelings, der Typ weiß einfach, was er will.

Kurz und gut: Ich wurde Club-Mitglied. Nummer 2.

»Hä, Mobilitätsemissionen verbessern?«, quakte Minki, als ich ihn kurz darauf traf. »Was soll denn das bedeuten?«

»Es bedeutet, dass wir nur noch jedes zweite Jahr nach Kalifornien fliegen«, sagte ich, »das macht 50 Prozent weniger CO_2.«

»So, so«, sagte Minki. »Wart ihr nicht letztes Jahr in Kalifornien?«

»Stimmt«, sagte ich, »waren wir.«

»Dann geht ihr also dieses Mal nicht?«

Na, und damit war klar, dass wir das wirklich durchziehen mussten. Es war auch völlig klar, dass die Kinder jetzt unbedingt nach Kalifornien wollten. Genauer gesagt, nach Los Angeles. Penelope nach Hollywood. Adorno zu David Beckham, der spielte da.

»Los Angeles ist mit mir sowieso nicht zu machen«, sagte ich.

Damals konnte ich mich noch durchsetzen. Manchmal. Danach schlichen sie immer so seltsam um mich rum. Hier ein Stöhnen. Da ein Seufzen. Das war sonst nicht ihre Art.

»Was ist denn los mit euch?«

»Ooch, ni-hichts.«

Na umso besser. Doch eines Tages kam Adorno daher und begann von der »schönen Golden Gate Britsch« zu rhabarbern.

»Schöne Golden Gate?«, sagte ich. »Ich dachte, das sei eine – ich zitiere dich, lieber Adorno – scheißneblige Brücke.«

Er tat empört.

Ich rief sie dann offiziell an unseren Familientisch.

»Kinder, kommt mal her.«

»Gleich.«

Irgendwann war dann auch Adorno da.

»Folgendes: Wir fahren diesmal definitiv nicht nach Kalifornien.«
Entsetzte Blicke.

Ich sagte schnell, wir würden dafür nächstes Jahr wieder hingehen. Aber für Kinder zählt immer nur jetzt.

»Äh, Pu …«. Was das nun wieder solle und ob das überhaupt zulässig sei.

»Schluss, Ende, aus«, sagte ich, »wir fahren dieses Jahr nach Freiburg.«

Das war selbstverständlich mit der Macht abgesprochen. Freiburg lag zwar in Baden-Württemberg, war aber immer der progressive Rand dieses verknöcherten Landes gewesen. »Freiburg wird unser neues Collegetown – nur ohne Interkontinentalflug«, sagte ich entschlossen.

Na, da hätten Sie mal dabei sein sollen. Was dann los war. Hallo? Freiburg? Was für eine himmelschreiende Sauerei und Ungerechtigkeit war das denn, bitte schön? Immer ging es nur um uns. Und nie darum, was sie wollten. Kein Mensch sei jemals nach Freiburg in die Ferien gefahren. Das sei ja schlimmer als Südtirol. Grade ich erzähle doch immer so von schlimmen Urlauben, in denen die Kinder gequält wurden und an Orte gezerrt, an die nur die Erwachsenen wollten. Und nun das. Das Letzte sei das, das Hinterletzte. Ob es eine Kinderschutz-Nummer gäbe, die sie anrufen könnten, um sich abholen zu lassen.

»Was soll ich denn meinen Freundinnen erzählen?«, sagte Penelope.

»Dass du nach Freiburg in Urlaub gehst?«, sagte ich.

Sie schnaubte richtig, jedenfalls für ihre Verhältnisse.

»Das soll ich denen erzählen?«

Offenbar war das wirklich ein Problem für sie.

Adorno fing dann damit an, dass er sich schon das ganze Jahr auf das Surfen freue. Penelope angeblich auch.

»Wir surfen doch gar nicht. Ich dachte, der Pazifik ist euch zu kalt.«

Wie ich darauf käme?

»Habt ihr doch immer gesagt.«

Sie konnten sich nicht erinnern.

»Und habt ihr nicht immer gemurrt wegen des langen Fluges? Ist doch wahnsinnig langweilig.«

Nee, das sei toll. Da könne man Filme schauen. Da hätten sie sich auch schon drauf gefreut. Und überhaupt könne man nicht einfach plötzlich nicht nach Kalifornien gehen. Wahnsinnig konservativ, diese Leute! Überhaupt nicht aufgeschlossen für Neues.

Wir fanden dann ein umgebautes Bauernhaus in Freiburg. Mit einem Hasenstall, in dem vier Zwergkaninchen lebten. Und einer Katze. Keine Katze zu haben war bekanntlich die allergrößte Schweinerei. »Katze« war das Wort, das ich in den letzten Jahren mit Abstand am häufigsten gehört hatte. Weit vor »Angelina Jolie« und »Lionel Messi«. Meines Wissens gab es nichts Wichtigeres als eine Katze. Danach kamen Zwergkaninchen.

Aber mein Wissensstand war offensichtlich überholt.

»Ihr wollt doch bestimmt in ein Haus mit einer Katze und knuffigen Zwergkaninchen?«, fragte ich.

Och, nö. Lieber surfen.

Wir fuhren dann mit dem Auto nach Freiburg in Urlaub. Die Zwergkaninchen interessierten sie nicht. Und die Katze hatte Flöhe. Wir hatten dann auch Flöhe. Ich erspare Ihnen die Details. Freiburg ist jedenfalls für alle Zeiten untendurch bei denen.

Und ich muss schon auch sagen, dass Freiburg einfach nicht Kalifornien ist. Schon auch liberal, weltoffen und voller Vorschriften und Verbote wie unser Collegetown, aber viel größer und entsprechend hektischer. Kein wirkliches Hängen. Das eiskalte Meer zum Nicht-Surfen fehlt komplett. Und wohin soll man seine zwei Ausflüge machen, etwa in den Schwarzwald? Man kennt sich ja gar nicht aus. Und dann kam auch noch der Superöko vorbei, was einem in Kalifornien garantiert nicht passieren kann, denn da kommt der nicht hin.

Das einzig Gute an der ganzen Freiburg-Pleite war, dass die Kinder seither keine Katze mehr wollen.

10 Und dann ... der Tod

»Zieh dir das rein«, sagte ich zu Adorno, »in 7,5 Milliarden Jahren endet die Welt.« Hatte ich grade gelesen. »Die Erde stürzt in das Feuer der Sonne und alles verbrennt.«

Adorno blickte von· seinem Gerät auf und machte ein besorgtes Gesicht.

»Da könnte ich heulen, wenn du so was sagst.«

Tatort, Krimis, kein Problem. Die Macht ruft noch hektisch »Wegschauen«, wenn der Mord passiert. Aber das macht ihm nichts. Auch nicht, wenn dann beim Pathologen die Leichen rumliegen oder aufgeschlitzt werden. Er räumt ja auch selber täglich Unmengen von Gegnern auf seiner PSP aus dem Weg. Sie werden niedergestochen, erschossen, weggebombt und lösen sich in Nichts auf. Kein Thema.

Aber wenn man ein Wörtchen über den Tod sagt, dann wird er nervös.

Die einzige Ausnahme ist schon lange her. Ich erzählte von Adolf Hitlers Ende im Führerbunker, und Adorno sagte: »Ach, Hitler ist tot?«

Da freute er sich richtig.

Einmal versuchte ich ihn behutsam reinzulegen und sagte: »Wenn du 70 wärst und jemand böte dir zehn gesunde Jahre und dann sterben, würdest du das annehmen?«

»Hä?«

»Wenn dir jemand noch 70 gesunde Jahre böte, würdest du das annehmen?«

»Sagen wir 80.«

Adorno will immer handeln. Halb neun ins Bett? »Sagen wir halb zehn«. Chipse oder Schokolade? »Geht nicht auch Chipse und Schokolade?«

Einmal sagte ich: »Adorno, ich habe eine gute Nachricht für dich. Du darfst eine Halbzeit des Fußballspiels anschauen.«

Er antwortete: »Oh, cool, ich nehme die zweite.«

Deshalb hatte er automatisch zehn zusätzliche Lebensjahre raushandeln wollen, aber dann fiel es ihm wieder ein.

»Du sollst da nicht drüber reden, Pu«, sagte er.

»Kann man doch mal drüber sprechen«, sagte ich.

Kann man bisher nicht. Er hatte sicher kein traumatisches Erlebnis. Niemand ist bisher gestorben, den er näher kannte. Nicht mal ein Haustier, weil wir den Kindern ja kein Haustier erlaubt haben. Aber da ist bei ihm einfach Schluss.

Ich war fünf, als ich einige Wochen bei meinem Onkel lebte. Die hatten einen Hund in der Familie. Danach habe ich lange davon geträumt, später auch in so einem Haus zu wohnen. Es hatte eine Pforte mit einem zwei Meter hohen Tor. Man sah nicht dahinter, und an der Pforte musste man klingeln, um eingelassen zu werden, und dann ging man schätzungsweise 100 Meter, bis man an der Haustüre war. Wenn nicht 1 000 Meter. Und drinnen gings so weiter: Nach dem Eingangsbereich musste man nach links abbiegen, dann kam man in ein fünf Meter hohes Wohnzimmer und über eine ungewöhnliche Steintreppe auf eine Art Empore, auf der eine riesige Modelleisenbahn stand. Die Wand zum Garten war komplett gläsern. Man konnte sie wegschieben, und dann saß man im Freien, aber keiner sah einen, weil ja die Außenmauer so hoch war. Ich habe so etwas Grandioses erst wieder in Kalifornien gesehen. Aber das war Baden-Württemberg in den späten 60ern!

Mein Onkel war ein sehr gut aussehender Schwabe und wurde

schnell mein Vorbild, weil er als grandioser Nonkonformist auftrat, der hinreißend ironisch sein konnte, dennoch klare Werte vertrat, aber dabei nicht verkrampfte, sondern pragmatisch blieb. Zum Beispiel: Wenn er geschäftlich auf die Baustelle fuhr, nahm er nie seinen Jaguar, sondern immer seinen Golf. Später wurde er gläubig – und zwar sehr gläubig, es lief umgekehrt proportional zu mir, aber er hatte seine Gründe, über die ich hier nicht sprechen sollte. Aber ehrlich gesagt wüsste ich auch nicht, was ich tun würde, was aus mir und was aus uns werden würde, wenn es eines unserer Kinder treffen sollte. Ich glaube, ich denke da auch am besten gar nicht drüber nach.

Du hast ja dann im Grunde als gläubiger Mensch nur zwei Möglichkeiten: Du wendest dich von deinem Gott ab, weil er das zugelassen hat, aber deiner Meinung nach niemals hätte zulassen dürfen als dein Gott. Oder du wendest dich ihm erst recht zu. Mein Onkel wendete sich Gott zu. Wie es ihm genau damit ging, weiß ich nicht. Aber er verlor seine Leichtigkeit, er setzte seine Ironie nur noch verhalten ein. Ich fand immer, dass er geleuchtet hatte, und nun leuchtete er definitiv weniger.

Ich war mal Boxreporter und da habe ich gesehen, wie dich ein einziger Schlag so umhauen kann, dass alles vorbei ist. Du denkst, du hast es im Griff, du denkst, du stehst stabil, das läuft doch ganz gut und du stehst ja auch stabil und vielleicht hast du es tatsächlich im Griff, aber von irgendwoher kommt dieser Schlag, den du nicht kommen siehst, und es bleibt nur die Frage, die auch in der Ewigkeit keine Antwort kriegt: Warum ist das passiert?

Wenn die Macht verzweifelt ist über diese unmögliche Penelope und den undankbaren Adorno – und dann auch noch ich, dann bin ich auch verzweifelt, aber ich sage zu ihr: »Hauptsache, sie sind gesund. Und wir auch.«

Sagt der Metzgermeister ja auch immer. »D' Hauptsach' isch, dass die Kender gsond sen. On mir au.«

Gott, was habe ich diesen Spruch gehasst, der mich seit der Kindheit begleitet. Was für eine anti-intellektuelle und asoziale Scheiße. Als ob der Sinn eines Menschenlebens darin bestünde, gesund zu sein. Aber heute denke ich manchmal: Metzger, du weißt gar nicht, wie recht du hast. Es klingt vielleicht seltsam und etwas pietätlos, aber in der Erinnerung waren es großartige Wochen damals bei meinem Onkel und es war auch großartig von ihm, dass er den späteren Superöko und mich bei sich aufnahm.

Meine Mutter lag zu der Zeit grade im Krankenhaus, um meine Schwester auf die Welt zu bringen. Und dann stand mein Vater in seinem Büro von seinem Scheiß-Schreibtisch auf und kam nicht mehr bis zur Tür, weil er auf dem Weg dahin umkippte und tot war.

»Väter sind für ihre Söhne unersetzbar«, sagte Minki mal zu mir. Das war, nachdem er grade die Scheidung eingereicht hatte.

Fuck you, dachte ich. Du weißt doch einen Scheißdreck.

Dass sich Eltern trennen, passiert seit der Kita praktisch ständig. Am Anfang kriegte man eine Liste mit den Adressen und Telefonnummern der anderen Paare. Und am Ende war mindestens die Hälfte kein Paar mehr. Leo kennen wir hauptsächlich in seiner Patchwork-Situation. Anfangs wollte ja Christine, seine Mutter und Minkis erste Frau, das alleinige Sorgerecht. Aber Minki hat das verhindert. Wie genau, darüber wird nicht gesprochen. Ich weiß nur, dass er gute Anwälte kennt. Jedenfalls blieb es beim gemeinsamen Sorgerecht, und nun ist Leo vier Tage die Woche bei Minki und Carolin- und drei Tage bei Christine im anderen Teil von Kreuzberg. Die Macht mag das ein bisschen kritischer sehen, aber aus meiner Sicht läuft das für alle Beteiligten doch erstaunlich manierlich. Es ist mühsam, aber im Vergleich ist es Gold. Das fängt schon beim Transportweg zwischen den Wohnungen an. Grade mal fünf Minuten mit dem Fahrrad. Zehn mit Minkis BMW X5.

Christine ist 45. Genau wie Minki. Sie ist schön schlank und hat auch schöne Augen. Neuerdings steht sie zu ihren grauen Haaren und selbstverständlich respektiere ich das. Vielleicht, dass sie etwas leicht Ledriges an sich hat. Meistens erscheint einem das halt eher so, wenn jemand sehr dünn ist. Carolin- ist inzwischen auch schon 33. Sie hat dunkle lange Haare, die sie tagsüber zu einem Zopf zusammengebunden hat. Den Zopf macht sie mindestens einmal in der Stunde auf und lässt dann die Haare so herunterfallen. Dann schüttelt sie sich und steckt sie wieder zusammen. Penelope findet ja, dass sie schön angezogen ist und extrem hübsch. Mich darf man da nicht fragen. Sicher ist Christines Funktionskleidung nicht jedermanns Sache, dass muss ich ganz klar sagen. Aber ich würde niemals zugeben, das Carolin- »gut« aussieht. Falls es so sein sollte. Denn ich habe gelernt, dass das auch in den aufgeklärtesten Zusammenhängen niemals gut ankommt.

Einmal, als ich noch naiv war, hatte ich im Beisein der Macht geäußert, dass jemand »gut« aussehe. Noch heute kann der Name dieser Frau nicht erwähnt werden, ohne dass die Macht sagt: »Die findest du ja gut aussehend«, »die ja gut aussieht«, »die Gutaussehende«, immer mit besonderer Betonung von »du« und »gut aussehend«.

Das braucht echt kein Mensch.

Zwei Regeln für ein glückliches Leben: Du darfst niemals das Aussehen einer Frau gegenüber einer anderen Frau positiv erwähnen, das ist die Regel Nummer 1. Die Regel Nummer 2 ist, niemals die Intelligenz einer Frau gegenüber einer anderen Frau positiv erwähnen. Jedenfalls nicht, wenn sie als potenzielle Konkurrentin eingestuft werden könnte. Das zweite war bei Carolin- nicht das Problem. Jedenfalls aus Frauensicht. »Die Hellste ist sie ja nicht«, heißt es in meinem näheren Umfeld immer. Das deutete schon gewaltig darauf hin, dass sie hinreißend aussieht.

Erschwerend sicher auch, dass Carolin- seit der Hochzeit keiner Erwerbsarbeit nachgeht. Es wird sogar getuschelt, dass sie früher mal etwas mit einem Rockstar hatte, aber ich habe der Macht gesagt, dass ich das für unwahrscheinlich halte. Fest steht aber, dass sie aus Wien kommt und auch so spricht. Jetzt ist die rundüberholte Minki-Kleinfamilie zwischendurch auch mal in Wien. Allerdings darf Leo maximal vier Tage. So toll läuft es dann mit Christine auch wieder nicht.

Christine kommt aus Ravensburg in Oberschwaben und hat dort den Verein »Frauen helfen Frauen Ravensburg« gegründet. Glaube ich, aber da bin ich mir jetzt nicht mehr ganz sicher. Auf jeden Fall war sie im Anti-Establishment, also bei den Grünen. Sie hat auch in der Räu-

berhöhle in Ravensburg gekellnert, wo sich früher die ganze links-
alternative Szene traf. Als die noch Biss hatte und politisch war und etwas verändern wollte. Sagt Christine. Als Renate Künast in Berlin als
Regierende Bürgermeisterin kandidierte, ist sie aus den Grünen ausgetreten. Die scheinen ihr inzwischen viel zu angepasst und abgehoben.
Da kann sie sich immer wieder neu aufregen. Fast noch mehr als über
Minki. Sie arbeitet inzwischen in der sozialen Beratung und da kriegt
sie viel mit. Besserverdienende und Grüne ist für sie heute ein Sack,
auf den man draufschlägt und immer den Richtigen trifft. Was ja eindeutig dafür spräche, dass Minki immer noch grün wählt. Jedenfalls
heute schwer vorstellbar, dass er sie damals tatsächlich in Ravensburg
charmiert hat, vermutlich in der Räuberhöhle. Genaueres weiß man
nicht, denn er spricht nicht über seine oberschwäbische Vergangenheit.
Vermutlich weiß Leo gar nicht, dass Minki aus Ravensburg kommt. Ich
glaube, dass sein Vater Landrat war, also CDU. Meiner war ja auch
CDU.

»Was wählt wohl der Metzger?«, fragte ich Adorno.

Er überlegte. »VfB?«

Vermutlich.

So sehr die Macht Minkis Virilität schätzt und dass er Dinge selbstständig in die Hand nimmt und dann auch umgehend hinkriegt und
alles, so sehr lehnt sie es ab, wenn Männer sich eine deutlich jüngere
Frau »nehmen«, wie sie das nennt. Findet sie unmöglich.

»Ja glaubt denn so ein altes, labbriges Hängebauchschwein, dass eine
gut aussehende, knackige 20-Jährige ihn toll findet?«

»Die muss ja nicht 20 sein«, sagte ich.

»Ich unterstelle den Frauen, dass die das nur wegen des Geldes
machen.«

»Und wenn es Liebe ist?«

»Und wenn. Und dann hat der Alte einen Schlaganfall. Aber,
bitte …«

Vor allem: Je älter der Mann, desto weniger tauge sein Sperma. Die
kann sich da richtig in Rage reden. Und das gibt mir doch manchmal

zu denken, denn es ist ja so, dass die Macht deutlich jünger ist als ich – und auch viel knackiger aussieht.

Jedenfalls hat die Trennung von Minki und Christine damals auch Penelope und Adorno durchgeschüttelt.

»Trennt ihr euch auch?«, fragten sie sofort, nachdem das durchgesickert war.

»Nein, wir trennen uns nicht«, sagten wir. Aber danach waren sie trotzdem ständig in Sorge. Erst war etwas so, dann war etwas nicht mehr so, das behagt ihnen grundsätzlich nicht und schon gar nicht in diesem Zusammenhang.

Einmal eine kleine Verstimmung, weil die Macht ja alles besser kann, aber nicht in der Lage ist, Straßenkarten zu lesen, schon riefen sie vom Rücksitz: »Trennt ihr euch jetzt?« Eine fachliche Diskussion, weil ich die Aufgeräumtheit und Sauberkeit unserer Wohnung als ausreichend einschätzte, sie aber nicht: »Trennt ihr euch?«

Das ging mir schon richtig auf die Nerven, aber ich merkte auch, dass eine Grundangst dahintersteckte. Wir sagten ihnen dann in einem semioffiziellen Gesprächsrahmen am Familientisch, dass sie davon ausgehen könnten, dass uns nichts mehr trennen würde. Sie hörten es wohl. Aber eine Restunsicherheit blieb.

11   Und dann ...
der VfL Wolfsburg

Wir meldeten unseren Adorno so früh wie möglich beim Kreuzberger SC an. Also mit vier bei den Bambini. Sonst hast du heutzutage keine Chance mehr.

»Fußball ist Teil unserer Kultur, Fußball ist schichtübergreifend, egalitär, demokratisch«, hatte ich gesagt. »Fußball gehört zum Kanon, Fußball kann glücklich machen, Fußball schult die soziale Kompetenz.«

Die Macht sagte: »Mag ja alles sein, aber damit das klar ist: Wenigstens das übernimmst du.«

Ich brachte ihn zum Probetraining. Er durfte wiederkommen.

Seither bin ich Fußballvater. Auch noch. Wissen Sie, was das heißt? Es heißt: Zweimal die Woche Training, da muss ich ihn hinbringen und abholen.

Jedes Wochenende ist Spiel, da muss ich selbstverständlich auch mit. Im Winter ist nicht etwa frei, sondern da sind Hallenturniere. Wenn es ganz schlecht läuft, ist eins am Samstag und eins am Sonntag.

Bei uns wäre damals kein Mensch auf die Idee gekommen, seinen Sohn mit dem Auto ins Training zu fahren. »Lauf dei Streck'«, hieß es da. Zu den Spielen fuhren uns besoffene Lehrlinge in ihrem auf Kredit gekauften BMW. War den Eltern völlig egal.

Aber Fußball erfordert heutzutage auch von den Eltern Verbindlichkeit, das ist ja nicht schlecht. Entweder man committet sich oder nicht. Die Eltern, die dachten, sie könnten da so ihr Alt-Kreuzberger Komm-ich-heute-nicht-komm-ich-morgen-Ding durchziehen, waren ganz schnell weg vom Fenster. Ich war zwar auch nicht grade darauf vorbereitet, was da auf mich zukam, aber ich biss mich rein.

Damit jetzt keine Missverständnisse aufkommen: Ich war auch Fußballer. Ich war sogar Fußballreporter. EM, WM, Champions-League-Finale, Wembley, das volle Programm. Aber als Fußballvater ist das schon noch mal eine andere Nummer. Plötzlich findest du dich am Samstagmorgen um kurz nach acht in der Früh auf einem Sportgelände am Rand der Stadt wieder. Zwischen einem Autobahnkreuz und einer Schrebergartenkolonie. Es ist ziemlich laut, weil die einen offenbar alle aus der Stadt fliehen, dafür wehen auf der anderen Seite schön die Deutschlandfahnen.

Es ist schon die halbe Miete, wenn du den Eingang gefunden hast. Und wenn dann in so einem muffigen Korridor einer Art Halle auch noch jemand rumsteht, dessen Gesicht dir bekannt vorkommt, umso besser: Dann ist es zumindest mal das richtige Gelände. Dann musst du nur noch eine Ewigkeit rumbringen, weil der Treffpunkt selbstredend eine Stunde vor Spielbeginn ist. Keine Ahnung, was die dann eine Stunde lang machen. Außer, es wichtig haben.

Manchmal gibt es einen Vereinskiosk, der sogar schon geöffnet hat. Da steht so ein Warmhaltebehälter mit Filterkaffee. Der Klubwart nimmt dann so einen kleinen, beigen Plastikbecher und pumpt Kaffee rein. Na ja, »Kaffee« ist maßlos übertrieben. Wenn du Glück hast, ist die Flüssigkeit heiß und es riecht nicht allzu angebrannt.

Zivilisatorische Prozesse sind in unserem Fußball-Umfeld teilweise noch nicht sehr weit vorangeschritten. Meiner nicht repräsentativen Erfahrung nach neigen Trainer mit Migrationshintergrund und vor allem Trainer mit extremem Kurzhaarschnitt und Oberlippenbärtchen zu unkontrolliertem Rumgebrülle, das meiner Ansicht nach pädagogisch-didaktisch nicht wirklich zielführend ist. So ein Kurzhaar-Trainer ist nicht optimal, das ist schon klar. Aber auch er ist ein Mensch, der ziemlich viel Zeit investiert, damit unsere Jugend Fußball spielen kann. Und er schreit halt, damit er auch was davon hat. Aber auch die höheren Beamten der Mittelschichtteams können ihre jovial-sanften Stimmen völlig überraschend in Brüll-Modus bringen, wenn sie in den Trainingsanzug gestiegen sind.

Ich bin jetzt doch schon einige Jahre dabei und muss sagen: Man lernt auch interessante Menschen kennen. Am verbreitetsten ist sicher der Typus des engagierten Fußballvaters, der seinen Sohn selbst coacht, damit der mal in der Bundesliga spielt.

Ich bin da ja extrem entspannt, schaue mir das schweigend hinter der Barriere an und klatsche brav bei guten Aktionen von uns, wie es zum Väterteam-Spirit gehört. Der engagierte Fußballvater aber steht direkt am Spielfeldrand, meist in der Nähe des Trainerteams, und gibt seinem Spieler dadurch Sicherheit, dass er ihm permanent sagt, dass es falsch war, was er gemacht hat und was er stattdessen hätte machen sollen. Murat ist so einer. Der Vater von Cem. Total engagiert.

Das hilft den Jungs enorm, vor allem, wenn sich die Anweisungen der Trainer und des Vatertrainers ergänzen. Also, wenn Murat kreischt: »Geh nach vorn.« Und der eine Trainer ruft: »Geh nach hinten.« Und der zweite Trainer schreit: »Bleib, wo du bist.« Zeitweise hatten wir drei Trainer und drei engagierte Vatertrainer, die nebeneinander coachten, sodass man sein eigenes Wort nicht mehr verstand.

Dafür lief es eigentlich immer ganz gut.

Einen anderen Typus verkörpert Daniel, der Vater von Henry. Er stand meist im Anzug am Spielfeldrand und sah während des Spiels immer auf die Uhr. Erst nach einer mitreißenden Wutrede beim Fußballväter-Teamabend wurde mir klar, dass er die Einsatzzeiten der Spieler stoppte, um nachweisen zu können, dass sein Sohn im Schnitt eine Minute weniger spielte als meiner. Obwohl er doch viel besser war.

Fußballmütter haben wir praktisch keine. Außer Nadine. Die Mutter von Jerome. Als ich sie zum ersten Mal sah, trug sie ein rosa Jäckchen. Kann sie sich leisten, sie ist deutlich jünger als wir anderen, vermutlich kaum über 30.

»Unser Vierter spielt Fußball«, sagte sie.

»Ach, Jerome ist dein Jüngster?«, sagte ich.

Es war dann aber nur der Viertjüngste. Sie war halt eine junge Mutter, als der Erste kam. »Aber heute bin ich froh, dass wir so viele sind.« Gäbe immer was zu feiern. »Die vielen Geburtstage!«

Sie ist richtig nett. Raucht allerdings wie ein Schlot. Sogar, wenn sie ihren derzeit Jüngsten im Arm hat, der ist vier Monate. Das finde ich ja nicht so gut.

»Weißt du, was komisch ist?«, sagte Adorno nach einem Spiel zu mir.

»Nee, was?«

»Ich bin der einzige Spieler, der Anweisungen gibt.«

Kein Wunder, dachte ich, bei dem Lärm von draußen.

Die anderen seien alle nur still und spielten vor sich hin.

Ich schaute mir das nächste Spiel daraufhin an, und es stimmte tatsächlich. Er schrie die ganze Zeit. »Ran, Cem« oder »Drauf, Henry« oder »Pass auf, Jerome« – und stellte dadurch sicher, dass er selbst nicht ran- oder draufmusste. Eine echte Führungspersönlichkeit, die da heranwuchs.

Nochmal: Ich bin da extrem entspannt und erwarte nicht mal, dass mein Junge in den Förderlehrgang Kreuzberg kommt, geschweige denn eines Tages in die Bundesliga. Das wäre doch auch völlig lächerlich. Außerdem ist Adorno wirklich nicht schlecht. Mannschaftsdienlich, technisch stark, mit Auge für Raum und Mitspieler.

Toll. Sicher besser als Henry, keine Frage.

Aber es ist schon auch Wahnsinn, was dieser Adorno in einem Spiel alles falsch macht. Und manchmal frage ich mich dann doch, ob es ihm nicht helfen würde, wenn ich ihm mit meiner ganzen Erfahrung sage, was er falsch macht und wie er es besser machen kann, weil das ist ja kein Hexenwerk.

Aber nehmen wir jetzt mal an, ich würde so etwas sagen wie: »Unter Druck spielt man Bälle immer ins Aus oder volle Wumme hoch nach vorn. Niemals zur Mitte und schon gar nicht in den eigenen Strafraum.«

Eine goldene Regel, insbesondere bedenkenswert, wenn er gerade zwei Bälle in die Mitte gespielt hat, im Bestreben, den Ballbesitz zu wahren. Ehrenhaft, aber falsch. Dadurch waren zwei Gegentore gefallen.

Dann würde er nicht sagen: »Gut zu wissen, vielen Dank, das mache ich künftig so.«

Er sagt dann: »Aha, Pu, ich weiß schon längst, dass du mich scheiße findest.«

Dann Müffel-Schweigen auf der ganzen Rückfahrt. Etwaige weitere Versuche, über das Spiel zu sprechen, werden brutal abgeblockt. Im nächsten Spiel werden die Bälle wieder zur Mitte gespielt, wieder Gegentor. Er merkt wieder nichts.

Ich sehe das schon, wenn er Richtung Ball eilt, ich sehe den Gegenspieler herankommen und wie er Angst kriegt, wie er dreimal mit dem Kopf hin und her wackelt und dann so ein Bällchen zur Mitte spielt, viel zu wenig Druck hinter dem Ball, und in eine absolute No-Go-Zone. Zwei Mitspieler versuchen noch zu retten, aber Adorno hat sie in eine Situation gebracht, in der nichts mehr zu machen ist. Er ist derweil stehen geblieben, ruft »Ran!« und ärgert sich dann wahnsinnig, dass die anderen dieses Tor bekommen.

Was kann man da machen?

Anders mit ihm sprechen. Aber wie? Oder die Sache auf sich beruhen lassen. Hoffen, dass er es eines Tages kapiert. Hauptsache ist doch, das Kind ist an der frischen Luft und bewegt sich. Es gibt auch wichtigere Dinge als Fußball, finde ich.

Daher war es auch nie ein Problem für mich, dass Minkis Leo besser war als unserer.

Nachdem er bei einem Lehrgang war, fragten sie ihn, ob er nicht zu Hertha wechseln wolle. Aber Minki wiegelte ab. Er wollte nicht, dass Leo zu viel Zeit mit Fußball vergeudet.

»Profifußballer, ja Gott«, sagte er, »lohnt sich das denn?«

»Na ja«, sagte ich, »in der Bundesliga bist du gehaltsmäßig siebenstellig.«

»Ja«, sagte Minki und winkte ab, »im niedrigstelligen Bereich.«

Ich mag ihn einfach.

Inzwischen hat Minki Leo abgemeldet. Er spielt ja jetzt Hockey.

»Hockey?«, sagte die Macht nachdenklich, als ihr das gemeldet wurde. Damit war klar, dass Hockey in gehobenen Maisonette-Kreisen offenbar angesagt war, sonst hätte Minki das nicht gemacht.

Die Macht besorgt: »Müssen wir Adorno vielleicht auch zum Hockey schicken?«

Wenn er schon nicht Klavier spielte? Die Macht war auch ein bisschen besorgt, weil der Fußballanteil in Adornos Leben ziemlich groß war.

Was für den Wechsel sprach, war, dass es da wohl keine rumbrüllenden Kurzhaarschnitt-Trainer beim Gegner gab und dafür sicher hochmoderne Elite-Espresso-Maschinen. Und Daniels ewig vorwurfsvolles Auf-die-Uhr-Geschaue wäre ich auch los.

Aber, äh, Hockey?

»Probiert das doch mal«, sagte die Macht, »da könnt ihr auch eine Fahrgemeinschaft mit Leo und Minki bilden. Das wird bestimmt lustig.«

Bestimmt. Ich rechne es Adorno heute noch hoch an, dass er komplett ausrastete und der Macht mal erklärte, wie hobbylos Hockey war.

Das war auch der Moment, in dem mir klar wurde, wie sehr er Fußball liebte. Und wie sehr ich Fußball wieder liebte. Ich hatte meine Liebe zwischenzeitlich doch etwas verloren. Hatte so ein Gefühl, dass ich mich mehr mit ernsthaften Dingen beschäftigen sollte. Diese Kommerzialisierung, dieser DFB und diese Fifa. Diese ganzen Machenschaften und die Instrumentalisierung des Sports für politische und wirtschaftliche Zwecke. Dieses unerträgliche Geschwätz von Funktionsträgern und Fernsehheinis. Undsoweiter. Dann kam Adorno. Und ich sah Fußball wieder neu. Durch seine Augen. Ich bin immer noch kritisch und alles, aber es war wie eine Befreiung.

Einmal sagte er zu mir: »Weißt du, was ich blöd finde?«

»Nein. Was denn?«

»Dass man sterben muss.«

Ich sagte behutsam: »Warum findest du das blöd?«

»Wenn du tot bist, kann ich nicht mehr mit dir Fußball spielen.«

Denken Sie mal drüber nach, was da alles drinsteckt. Ich kann es auch nur ahnen.

Für Adorno ist Fußball ein elementarer Teil seines Lebens. Adorno stellt Fußball nicht infrage.

Wenn man Fußball spielen kann, spielt man Fußball. Und wenn ein Spiel im Fernsehen kommt, schaut man das Spiel an. Und wenn es ein Testspiel aus dem Vorbereitungslager ist. Alles andere wäre komplett hobbylos. Denn mehr Fußball ist mehr Glück. Und weniger Fußball ist weniger Glück.

Adorno war völlig überrascht, als er erfahren musste, dass es in der Welt bisweilen leider Vorbehalte gegen unseren wunderbaren VfL Wolfsburg gibt. Immer wenn er in Opaland war, versuchte der Metzgermeister ihn zu einem VfB-Fan zu machen. Niemand im Dorf war jemals für Wolfsburg gewesen. Okay, ein paar Leute waren für Bayern München, zugegeben. Und einer der beiden geistig verwirrten SPD-Wähler von früher war auch noch Clubberer.

Aber Wolfsburg? »I halt's em Kopf net aus!«, rief der Metzger.

Irgendwie seltsam. Das sagen alle.

»Für wen bist du?«

»Wolfsburg.«

Irritierter Blick.

»Du kommst aus Wolfsburg?«

»Nö.«

»Aber du hast mal in Wolfsburg gelebt?«

»Nö.«

Ende des Gesprächs und in der Regel auch des sozialen Kontakts.

Minki sieht Wolfsburg selbstverständlich auch kritisch.

»Ich verstehe nicht, wie ein anständiger Mensch Wolfsburg-Anhänger sein kann. Der Fußball wird von einem Konzern instrumentalisiert, um Autos zu verkaufen«.

Ach. Das muss man trennen können. Immer noch besser als Bayern-Fan sein. Wie Minki.

Aber so was kann einen Jungen verunsichern. Einmal, als wir auch noch hinten in der Tabelle standen, sagte Adorno: »Pu?«

»Sohn?«

»Warum sind wir eigentlich für Wolfsburg?«

»Für wen sollten wir denn sonst sein?«, antwortete ich.

Das wusste er auch nicht. Gottseidank.

Einmal saß ich im Stadion. Wir schossen ein Tor. Und ich kriegte eine SMS.

Handy Macht: »Tor!«

Hä?

Ich smste zurück: »Hier auch.«

Und sie: »Das meine ich.«

Ich dachte: Jetzt meldet die mir ins Stadion, dass bei mir ein Tor gefallen ist? Diese Macht ist so was von hobbylos. Es war aber Adorno, der zu Hause war, es nicht mehr ausgehalten hatte vor Glück und dieses Glück mit dem einzigen Wölfe-Fan teilen wollte, den er weltweit kannte – mit mir.

Die Macht sagt ja manchmal, dass ich die emotionale Sachlichkeit des Vaters auch mal überwinden und intensive Gefühle mit den Kindern teilen sollte. Das sei wichtig. Meistens sagt sie das, nachdem sie selbst ausgerastet ist. Aber einmal saßen Adorno und ich zusammen im Stadion und kurz vor Schluss fiel das 1:0 für uns. Gegen den VfB. Wahnsinn! Ich umarmte ihn, er umarmte mich, und ich sah in seinen Augen, dass er so glücklich war wie ich.

12 Und dann ... Angelina Jolie

Zwei Dinge will Adorno auf keinen Fall hören. Erstens, dass Menschen sterben. Und zweitens, dass Messi nicht der beste Spieler der Welt ist. Ich weiß nicht, was er schlimmer findet. Aber beides ist für ihn komplett unerträglich. Um ihn auf Stand zu halten über die Fachdiskurse, erzähle ich ihm alles, was ich über Fußball lese. Er saugt alles auf. Normalerweise. Aber als ich ihm sagte, dass ein aus meiner Sicht weltberühmter Trainer gesagt habe, Iniesta sei womöglich wichtiger für die Mannschaft als Messi, da rastete er aus. Iniesta ist ein spanischer Kollege von Messi, der auch beim FC Barcelona spielt.

»Iniesta?« Volle Verachtung in der Stimme. »Besser als Messi?«

»Na ja, es gibt unterschiedliche Betrachtungsweisen über die Qualität von Spielern.«

»Und wer hat das gesagt?«

»Cesar Luis Menotti.«

»Wer soll das sein?«

»Der legendäre Trainer der argentinischen Weltmeistermannschaft von 1978.«

»Nie gehört.«

»Ein ganz wichtiger Mann, Adorno.«

»Ein hobbyloser Typi. Sonst würde er nicht so etwas komplett Hobbyloses sagen.«

»Andere Leute haben eben andere Ansichten.«

»Ich will das nicht hören, Pu.«

Er sah mich wütend an, als hätte ICH behauptet, dass Iniesta besser als Messi ist. Dabei war ich doch nur der Bote. Aber so ist Adorno. Von dieser Sekunde an war er überzeugt, dass ich Iniesta auch besser als Messi fand.

Messi ist sein Idol, seit er sein erstes Fußballtrikot trägt. Und er trägt ja praktisch nur Fußballtrikots, also Messi-Trikots. Messi ist eine höhere Angelegenheit und spielt sich auch in einer anderen Liga ab, als seine Zuneigung zum VfL Wolfsburg. Die habe ich ihm eingeredet, klar. Aber Messi kam von selbst, damit habe ich nichts zu tun.

Messi ist klein und trickst alle anderen aus und wer nicht hobbylos ist, wird nicht bestreiten, dass er der Größte ist. Also da braucht man kein Psychologe zu sein, um zu wissen, warum er auf den steht und warum er sich das als Pfeiler in sein Leben gerammt hat.

Aus heutiger Sicht absurd, aber ich dachte ja, Günter Netzer sei der beste Spieler der Welt. Bis noch vor ungefähr drei, vier Jahren. Wenn mir jemand mit Beckenbauer kam, konnte ich unangenehm werden. Sehr unangenehm.

Für Barcelona sind wir, weil Messi da spielt. Denke ich mal. Messi geht sogar über Patriotismus, sodass Adorno bei der WM 2010 tatsächlich nicht für uns, sondern für Argentinien war. Dass wir die Argentinier dann abfiedelten, nimmt er mir heute noch übel. Ich nehme ihm übel, dass er mir das übel nimmt. Er ist überhaupt sehr nachtragend, muss ich leider sagen. Keine Ahnung, von wem er das hat.

Penelopes Idol ist seit immer die US-amerikanische Schauspielerin Angelina Jolie gewesen. Erstens, weil sie die schönste Frau der Welt ist. Zweitens, weil sie sechs Kinder geboren und zusammenadoptiert hat. Penelope kennt ihre Namen auswendig und ist dank *Gala.de* auch immer auf dem neuesten Stand, was die so machen, wo sie sind und vor allem, was sie für Klamotten tragen. Neuerdings habe ich den Eindruck, die Angelina-Begeisterung hat nachgelassen, aber früher … Wenn ich etwa dran denke, wie ich Penelope überreden wollte, ein

Referat über den Klimawandel zu halten. Das war noch auf ihrer alten Schule. Ich dachte, sie wäre bestimmt begeistert.

Es begann damit, dass ich Adorno im Treppenhaus traf und er mir beim Raufgehen erzählte, wie Hannibal den Feind zunächst mächtig aufmischte und am Ende doch Karthago zerstört war, wie es ein Herr Cato in jeder Rede gefordert habe. Bei der Gelegenheit erfuhr ich endlich auch mal, dass Karthago im heutigen Tunesien lag.

Ich fragte: »Worum geht es hier eigentlich?«

Er habe »Projektwoche«, sagte Adorno. Thema Römer.

Ich wollte mich gleich mal künstlich aufregen. Römer? Haben diese Montessori-Schüler keine anderen Sorgen?

Der Superöko hatte mir am Abend vorher seinen Vortrag gehalten über das Problem mit den Kohlekraftwerken, und das hallte noch nach. Warum macht diese blöde Schule nicht das Projekt »Klimakultur« statt »Römer«. Wo sie darüber sprechen, warum Kohlekraftwerke ein Problem sind und wie wir alle künftig unseren Strom selbst produzieren? Das sind die entscheidenden Zukunftsfragen, nicht diese trüben Elefanten da von Hannibal.

Musste ich das halt in Gottes Namen mal wieder selbst voranbringen.

Bevor er in sein Zimmer verschwinden konnte, hielt ich Adorno an seinem Messi-Trikot fest und fragte ihn, was er als nächstes Referat plane. Ich hätte da ein Thema.

»Ich plane nie Referate«, brummte er.

War ja eh klar. Er plant auch nie, Teller in die Spülmaschine zu räumen.

Dann musste das halt mal wieder Penelope übernehmen.

Ich ging in ihr Zimmer und fragte sie, ob sie das iPad mal kurz beiseitelegen könne. Sie roch die Gefahr sofort.

»Was willst du?«

»Hm, ähem, was machst du eigentlich als nächstes Referat?«

»Warum?«

Ich sagte ihr, dass ich im Übrigen der Meinung sei, sie könne doch über den Klimawandel referieren und über erneuerbare Energien.

»Das ist wichtig und interessiert deine Mitschüler doch auch.«

»Pu, das wollen die alles gar nicht hören«, seufzte sie.

»Come on«, sagte ich, »das ist doch ein super Thema. Eure Eltern hauen den Planeten auf den Kopf und stehlen euch eure Zukunft.«

So wie sie mich anblickte, stahl ich ihr offenbar gerade die Gegenwart.

»Ich zähle auf dich«, sagte ich tapfer im Rausgehen, aber da hatte sie sich längst wieder dem iPad zugewandt.

Zwei Wochen später hielt sie ihr Referat. Der Titel lautete: »Angelina Jolie – ihr Leben, ihre Karriere, ihr Mann Brad Pitt und ihre Kinder Maddox, Pax, Zahara, Shiloh, Vivienne Marcheline und Knox Leon.«

Dann doch lieber Römer, dachte ich.

Ich weiß bis heute nicht genau, ob sie da grade eine schwache Phase hatte, weil die Mitschüler bei dem Umwelt-Thema eh schon allergisch auf sie reagierten, oder ob ihr Angelina einfach so wichtig war. Jedenfalls kennt sie sich in der Familiengeschichte der Jolie-Pitts eindeutig besser aus als in unserer.

Manchmal sagt sie plötzlich so was wie: »Alle Stars hängen im Coldwater Canyon ab. Nur wir nicht.«

Ich wusste nicht mal, wo der Coldwater Canyon war, ließ mir aber nichts anmerken.

»Welche Stars hängen im Coldwater Canyon ab?«

»Alle.«

»Wer soll das sein?«

»Jessica Alba. Ähm, Pink, Gwen Stefani. Halle Berry hängt da auch immer ab. Und Jennifer Garner mit ihren Zwillis. Und Milla Jovovich. Und Denise Richards. Und David und Victoria Beckham. Und Heidi Klum.«

»Das ist doch kein Star.«

Sondern allenfalls ein ehemaliges Werbemodel, das eine Sendung im Fernsehen gehabt haben wird.

»Du hast keine Ahnung. Natürlich ist Heidi ein Star, Pu.«

»In Bergisch-Gladbach – vielleicht.«

Das ignorierte sie und sagte stattdessen: »Kennst du eigentlich Sharon Stone?«

»Ja, klar, ein Star.«

»Nein, eine Oma.«

Aha.

Einmal waren wir in Hollywood, weil sie unbedingt nach Hollywood wollte. Wegen der Stars. Und um den Stern von Angelina auf dem Walk of Fame zu sehen. Und da sagte ich: »Oh, da ist ja der Stern von Marlon Brando.«

»Wer?«

»Kennst du nicht? Marlon Brando ist einer der berühmtesten Schauspieler der Welt.«

Und Penelope sagte: »Wäre er einer der berühmtesten Schauspieler der Welt, würde ich ihn kennen.«

Adorno nickte beiläufig.

In diesem Moment wurde auch mir klar, dass wir zwar miteinander und gleichzeitig leben. Und dennoch in zwei verschiedenen Welten. Es ist ja nicht nur Brando. Sie kennen auch Joschka Fischer nicht oder Heinz-Rudolf Kunze oder das Fragezeichen von »Am laufenden Band«.

Adorno saß mal auf dem Sofa und sah fern, als ich ins Zimmer kam.

»Oh, schau mal, Pu«, rief er, »da ist ja Harry.«

»Welcher Harry?«

»Der Kumpel von Waldi.«

Der Kumpel von Waldemar Hartmann?

Es war Harald Schmidt.

So ändern sich die Zeiten. Vieles, was für mich noch existiert – oder durch mich –, gibt es in der Welt der Kinder nicht, die erst 1998 und 2000 begonnen hat.

Manchmal denke ich: Sie leben tatsächlich in der Gegenwart. Und ich lebe längst in der Vergangenheit.

Als ich sagte, dass Peymann auch schon über 75 sei, riefen sie: »Peyman ist doch nie im Leben über 75.«

»Selbstverständlich ist Peymann über 75«, sagte ich.

Wir googelten, und es stellte sich raus, dass Peymann über 75 war, sie aber Peyman meinten, der offenbar auch mal so ein Gehilfe von Heidi Klum war.

»Wenn ich daran denke, dass Heidi vier Kinder geboren hat«, seufzte Penelope.

»Und?«

»Manche Frauen sehen nach einem Kind schon abgewrackt aus.«

»Aber echt«, sagte Adorno.

Heidi Klum hat einen unangemessen hohen Einfluss auf meine Kinder. Und zwar nicht nur auf Penelope, sondern auch auf Adorno. Ich verstehe leider, warum sie darauf steht, aber ich verstehe überhaupt nicht, warum sich auch Adorno *Germany's Next Topmodel* reinzieht. Doch wohl nicht, um sich Mädchen anzuschauen – die jungen Frauen werden ja in diesem Kontext offiziell »Mädchen« genannt. Damit hat er es noch nicht so. Glaube ich. Aber als er erstmals die Übertragung eines Fußballspiels sausen ließ, um *GNTM* zu schauen, war klar, dass da etwas passierte und ich nicht wusste, was es war.

Sie sitzen zusammen auf dem Sofa, sie isst Stapelchipse und er Salt & Vinegar. Dann kommt ein Mädchen namens Sarah auf einen Laufsteg gestakst.

Worauf Penelope zu Adorno sagt: »Die Woche von Sarah war nicht so gut.«

»Ich weiß auch nicht, was diese Woche mit ihr los war.«

»Beim Unterwasser-Shoot ist sie total verkrampft. Da waren die anderen Mädchen klar besser.«

»Sie ist einfach auch eher Editorial.«

»So wird sie nie gebucht, Penelope.«

»Ja, sie kann sich vor den Kunden einfach nicht verkaufen.«

Dann rufen sie »Hola, Chicas« und klatschen sich ab.

Ich habe keine Ahnung, worüber sie reden. Aber sie sind totale Experten.

Wenn ich das richtig sehe, dreht sich die Sendung im Grunde

darum, dass Mädchen üben, auf einem Laufsteg zu gehen. Und nach ein paar Wochen können sie es besser als am Anfang. Mehr ist da nicht.

Aber die Macht ist besorgt, weil die »Tugenden«, die von Heidi Klum vertreten würden, im Widerspruch zu unseren stünden.

»Welche Tugenden?«

»Na, dass man sich in dieser Welt so lange verbiegen muss, bis die sogenannten Kunden einen kaufen. Und wenn man das kann, ist das Leben perfekt. Widerlich.«

Sie hat Angst, dass das abfärbt.

Zumindest bei Adorno sehe ich da leider noch gar keine Gefahr.

Außerdem vertritt der schon auch unsere Werte. Als in der Schule mehrfach in den Papierkorb gepisst wurde, sollten die Schüler melden, wer das getan hat.

»Hobbylos«, sagte Adorno.

Richtig so. Mein Sohn denunziert doch nicht denjenigen, der in den Papierkorb pisst. Außerdem wollte ich auch lieber gar nicht wissen, wer das war.

Bei Penelope allerdings nimmt das »Heidi sagt …« und »Heidi macht …« bedenklich zu, das muss ich schon auch sagen. Sie will offenbar nicht mehr nur Angelina bewundern, sie sucht einen Weg, selbst ein »Star« zu sein. Wenn ich das richtig sehe, dann haben die Angelina-Poster in ihrem Zimmer abgenommen und dafür hängen da jede Menge Fotos von ihr selbst.

Wenn die Macht wieder mal sagt, dass Penelope »so eitel ist«, dann kann ich nur sagen: Da kann ich jetzt echt nichts dafür.

Letztens kam sie komplett aufgedreht zur Tür herein.

»Ich bin fame, Pu.«

»Was?«

»Ich bin übelst fame.«

Also so was wie »sehr berühmt«.

»Wieso das denn?«

»Ich bin in *taff*.«

»Wie, taff?«

Offenbar ein Starmagazin im Fernsehsender ProSieben.

»Wie kommst du in *taff*?«

»Luise und ich haben Jimi Blue gestalkt.«

Luise ist ihre Freundin, klar. Und Jimi Blue offenbar ein »Star«.

»Ach, und euer Stalking kommt jetzt im Fernsehen?«

Es kam tatsächlich. Vorn sah man den Herrn Jimi Blue irgendwo rumstehen und in ein Mikro sprechen. Und hinten im Bild sah man Luise und Penelope rumstehen und kichern. Übelst fame.

Minkis Leo kuckt ja kein *Topmodel*. Er sieht praktisch gar nicht fern. Sondern ist meistens damit beschäftigt, Skizzen und Ideen in ein kleines Notizbüchlein zu schreiben. Sagt Minki.

Er hat nämlich wahnsinnig viel Fantasie. Leos Idol ist Gandhi. Sagt Minki.

Gandhi?

»Übelst Klischee«, konnte ich da nur antworten. Das war doch überhaupt nicht mehr angesagt. Andererseits – ich googelte das dann zu Hause nochmal – waren Gandhis Schwerpunkte Selbstbestimmung, ziviler Ungehorsam und abgeschlossenes Studium der Jurisprudenz ja durchaus auch zeitgemäße Tugenden, nicht nur das beidfüßige Dribbling. Und Vegetarier war Adorno ja schon. Im Gegensatz zu Leo, übrigens.

Ich ging dann in Adornos Zimmer und fragte ihn, ob er nicht vielleicht das Poster von Messi durch ein Poster von Gandhi ersetzen wollte.

Er lag auf seinem Bett und hantierte mit dem iPad.

»Äh, Pu?«

Aha, wohl eher nicht.

»Überleg doch mal«, sagte ich, »Gandhi war der jüngste Sohn seiner Familie – und du bist auch der jüngste Sohn.«

»Äh, Pu …«

Jetzt musste mir schnell was Geniales einfallen.

»Wäre es nicht eine großartige Idee, wenn du Gandhi neben Messi hängst, friedliche Koexistenz quasi, ganz im Sinne der beiden erleuchteten Weltstars?«

Offenbar keine großartige Idee, aber ich kam lebend wieder raus, und das ist ja heutzutage auch schon was.

Mein Plan ist, dass ich nicht aufgebe, sondern es mache wie Cato mit Karthago. Ich bleibe dran. Irgendwann klappt's. Wie mir Adorno mitteilte, hat Cato selbst es allerdings nicht mehr erlebt.

13 Und dann ...
die richtige Schule

Die richtige Schule finden kann schnell in einen Fulltime-Job ausarten. Und in einen Horrortrip. Wenn man sich reinsteigert. Machten wir aber nicht. Wir sind die ganze Schulproblematik extrem entspannt angegangen, wie es unsere Art war.

Jedenfalls am Anfang.

Als Penelope in die Schule kommen sollte, hatten wir uns einfach die Grundschule um die Ecke angeschaut. Es war die einzige mögliche Reaktion auf das Tohuwabohu, das die anderen veranstalteten, um ihre wertvollen Bälger auf die richtige Schule zu kriegen. Der arme Leo. Minki war seit Jahren am Disponieren und grübelte bereits über das beste Gymnasium. Dabei kamen erst mal sechs Jahre Grundschule.

»Diese nervösen Mittelschichtler haben alle Angst, dass ihre Kinder abgehängt werden, wenn sie nicht schon in der ersten Klasse Chinesisch-Unterricht durch einen Native Speaker bekommen«, sagte ich.

Es war nur noch lächerlich. Fanden wir beide.

»Was soll man da groß rummachen?«, sagte die Macht, »wir sind jedenfalls keine elitären Wichtig-Eltern.«

»Genau«, antwortete ich, »wir sind alles andere als das. Wir sind ehrliche Leute, die ihre Kinder in die Kreuzberger Kiezschule schicken. Das wäre ja noch schöner.«

Wir gingen dann über die Straße rüber in unsere Kiezschule und ich brummte erst noch fröhlich »aha« und »sehr nett«, aber dann sah ich, wie die Macht immer finsterer schaute. Offenbar war das doch nicht so optimal. Als wir wieder zu Hause waren, startete sie das Unternehmen »Montessori-Schule«.

»Äh, Montessori«, sagte ich vorsichtig, »ist das nicht so ähnlich wie Waldorf?«

Ich bin ja tolerant, aber Eurythmie fand ich als Bauernseckel affig, und finde das auch heute noch, da sind einfach meine kulturellen Grenzen erreicht. Außerdem hatte ich mal beruflich mit einem Waldorf-Sprecher zu tun. Das war sehr, sehr unangenehm und so eine an und für sich nicht verallgemeinerbare Einzelerfahrung prägt einen doch stärker, als man sich das eingestehen will. Jedenfalls stand bei der Montessori-Schule auch »kosmische Erziehung« auf dem Lehrplan.

»Kosmische Erziehung?«, sagte ich zur Macht.

Aber sie meinte, dass ein bisschen kosmische Erziehung vor allem unserem Adorno sicher nicht schaden würde. Dann fand ich das halt auch.

Da die Schule nicht in unserem Einzugsbereich war, hieß das: Wir mussten jemanden in der Nähe der Schule finden, bei dem sich die Macht und Penelope als Untermieterinnen anmelden konnten. So geschah es dann auch. Aber weil das alle anderen Eltern von unserer Sorte auch machten, war die Schule dann trotzdem überlaufen, die Schulsekretärin flippte aus und entlarvte die Macht als Scheinmieterin. Die Macht musste einen Weinkrampf vortäuschen beziehungsweise das musste sie gar nicht, der war echt. Und dann noch den einen oder anderen Blumenstrauß die Besitzerin wechseln lassen, aber am Ende hatte sie es dann mal wieder geschafft.

Die Schule arbeitet nach den Leitlinien der Reformpädagogin Maria Montessori mit Freiarbeit, Projekten und altersgemischten Klassen. 1, 2 und 3 sind zusammen, 4, 5 und 6 auch. Ziele sind Selbstständigkeit, Teamfähigkeit und soziale Kompetenz. Es gibt keine Noten erst mal. Und man bleibt auch nicht sitzen. Ich dachte ja am Anfang, ein Kumpel von Adorno und Leo sei sitzen geblieben. Aber dann erklärte mir unser Elternsprecher Minki, der ja eng an den Lehrerinnen dran war, dass er ganz und gar nicht sitzen geblieben sei.

»Sondern?«

»Er macht drei Jahre in vier Jahren.«

Von der kosmischen Erziehung hörte ich nie wieder etwas, was aber kein Problem sein konnte, sonst hätte die Macht sicher interveniert. Penelope ging ihren Weg zur Schulsprecherin, ohne dass wir ein Wort darüber verlieren mussten. Zum Abschied hielt sie eine Rede, die sich gewaschen hatte, und machte einen Witz über Herr Frick, in den sie gleichzeitig ihre Wertschätzung für ihn eingebaut hatte. Ich hätte weinen können vor Rührung. Wenn ich dazu neigen würde.

Bei Adorno war es schon schwierig, ihn überhaupt irgendwann selbstständig auf den Weg zur Schule zu bringen. Gewaschen war er nur im Ausnahmefall.

»Was machen wir nur mit Adorno?«, seufzte die Macht regelmäßig.

»Was sollen wir denn mit ihm machen?«

»Hast du mal seine Schrift gesehen?«

Klar hatte ich seine Schrift gesehen. Nur entziffern konnte ich sie nicht.

»Und lesen will er auch nicht.«

Penelope dagegen …

»Penelope dagegen liest in der Woche zwei Bücher.«

Aber dein Sohn …

»Aber dein fantasieloser Sohn spielt immer nur Fußball auf diesem blöden Gameboy.«

»Play Station Portable«, sagte ich. Und dass Messi auch PSP spiele und aus dem sei ja auch was geworden.

»Papperlapapp.«

»Die anderen Jungs haben da doch auch Schwierigkeiten«, sagte ich.

»Leo nicht«, sagte die Macht.

Ja, Leo.

»Minkis Sohn ist im Gegensatz zu deinem hochbegabt.«

»Wer sagt das?«

»Minki.«

»Leo Minki ist hochbegabt? Wo soll denn das herkommen?«

Nichts gegen Leo. Der war wirklich gut und alles. Aber neuerdings galt ja jeder bei seinen Eltern als hochbegabt. Vor allem, wenn er es nicht raffte. Je weniger einer raffte, desto hochbegabter war er. Wenn einer nicht 1 und 1 addieren konnte, dann sagten die Eltern einfach: »Das liegt daran, dass er hochbegabt ist.«

Es war so was von hobbylos.

Jedenfalls entschied die Macht, dass Adorno in der sechsten Klasse Klassensprecher werden musste.

»Ich will nicht Klassensprecher werden«, murrte Adorno.

Er ist auch nicht der Typ dazu, das muss man wohl so sagen. Aber darum ging es hier ja nicht.

»Du wirst jetzt erst mal Klassensprecher«, sagte die Macht.

Gottseidank kapierte er nicht, was das »erst mal« hieß.

Bei Penelope war der Soziales-Engagement-Schnickschnack im Grunde strategisch überflüssig. Sie hatte einen Schnitt von 1,2. Da brauchte es das gar nicht, um sich die weiterführende Schule aussuchen zu können. Aber Adorno hatte bisher immer eine Zwei vor dem Komma gehabt. Der Plan der Macht war daher, dass auch er in der sechsten Klasse Schulsprecher werden müsse. Weil wenn das im Zeugnis stand, erhöhte es seine Chancen bei den Bewerbungen.

Um Schulsprecher zu werden, musste man aber erst mal Klassensprecher sein.

Ich hätte ja der Macht gern gesagt, dass ich das für komplett übertrieben halte und aus dem Jungen auch so was wird. Erstens wegen der demografischen Lage. Die Prognose lautete, dass es so wenige Kinder in Deutschland gab, dass ab 2020 alle einen Arbeitsplatz bekämen. Zweitens, weil ich nicht fixiert darauf sein will, dass meine Kinder »berufliche Karriere« machen. Drittens, weil ich Adorno dann doch nicht für so blöd halte, wie ich manchmal tue. Aber sicher bin ich mir auch nicht, deshalb hielt ich meinen Mund und war froh, dass die Macht ihre quälende Sorge um die Jobzukunft unserer Kinder in Aktion umwandelte.

Adorno allerdings dankte es ihr selbstverständlich nicht. Also erst mal Geschrei, Türenknallen. Aber nach kaum zwei Wochen war der Wahlkampf strategisch vorbereitet.

Grundsätzlich war es übrigens selbstverständlich völlig richtig, dass die zwei Klassensprecherposten in unserer Schule quotiert waren; ein Mädchen, ein Junge. Aber in dem speziellen Fall traf sich das ungeschickt, denn am besten wäre es – jetzt mal objektiv und im Sinne der Gemeinschaft gesprochen –, wenn Adorno und Leo das übernehmen würden. Nun mussten sie vermutlich gegeneinander um die Jungenposition antreten. Was sollte man von diesem Minki auch anderes erwarten? In Minkis verspanntem Karriereplan war das Klassensprecheramt für seinen Sohn zwingend vorgesehen.

Übrigens, nochmal: Leo ist ein wirklich tolles Kind.

Aber doch wohl sicher nicht besser als unseres.

Die Frage war nur, ob das die Mitschüler auch so sahen. Die Macht grübelte zwei Tage, dann hatte sie es: Adorno sollte vor der Wahl zu jedem in der Klasse hingehen, sagen, dass er als Klassensprecher kandidiere und dann dem potenziellen Wähler ein Maoam in die Hand drücken.

»Ich geb' diesen Schwachmaten doch kein Maoam«, sagte Adorno. »Außerdem hab' ich gar keine.«

Da hatte er aber schon 23 in die Hand gedrückt bekommen und die Anweisung, die Schwachmaten auf gar keinen Fall »Schwachmaten« zu nennen, sondern »Mitschülerinnen und Mitschüler« oder »Klassenkameradinnen und Klassenkameraden«.

»Klassenkameradinnen und Klassenkameraden?«, jaulte Adorno. »Das ist doch komplett hobbylos. Nicht mit mir.«

Gegen das Versprechen, zwei Wochen nicht duschen zu müssen, und eine größere Geldprämie, die ihm in Aussicht gestellt wurde, zog er los. Danach konnte man nur noch hoffen. Dass er sich auf dem Weg in die Schule die Maoams nicht alle selbst in den Mund schob.

Wer hatte sich denn für unsere Schullaufbahn dermaßen den Arsch aufgerissen? Keiner. War auch völlig unnötig. Ich ging aufs Gymnasium, weil mein Vater Bürgermeister war. Er selbst hatte mittlere Reife.

Das reichte damals für die gehobene Beamtenlaufbahn. Ich war einer von zweien aus meiner Klasse, die Abitur machten. Die anderen blieben in der Dorfschule und gingen dann in die Fensterfabrik. Mit 18 fuhren sie alle BMW, nicht ganz so groß wie der von Minki, aber immerhin. Der Kredit kam von der Raiffeisenbank.

Kein Mensch wäre auf den Gedanken gekommen, Hausaufgaben mit uns zu machen. Eltern, die sich nachmittags an den Esstisch setzten, um Brüche zu rechnen? Get a life. Waren die Noten gut, war es in Ordnung. Waren die Noten nicht gut, wurde man angeschissen, dass das nicht mehr vorkommen sollte. Komm mir nicht mehr mit einer Fünf nach Hause. Oder so.

Und dann? Konnte man sehen, wie man das hinkriegte. Die Verantwortung dafür trug man schön selbst. Nie wären Eltern auf die Idee gekommen, einfach so in die Schule zu gehen und den Lehrer zusammenzuschreien, was für ein Versager er sei.

Ich finde das ja nicht in Ordnung – und schon gar nicht für einen Elternsprecher und Vorsitzenden des Schulfördervereins. Was einerseits zeigt, dass früher nicht alles schlecht war. Und andererseits, unter was für einem Druck diese Eltern zu stehen glauben. Weil sie ein eventuelles Defizit ihres Kindes doppelt und eben auch als eigenes verspüren.

Nie wäre der Metzger auf die Idee gekommen, dass der Fünfer der Macht sein Fünfer war. Entsprechend weniger Sorgen hatte er. Die Macht ins Gymnasium zu schicken, geschweige denn mit aller Gewalt reinzudrücken – wozu sollte das gut sein?

Er tat vielen Menschen einen Gefallen und kannte immer einen, der auch ihm einen Gefallen tun würde. Selbstverständlich hatte er auch jemanden an der Hand, der seine Tochter einstellen würde. Erst Lehre, dann irgendwas im Büro. Und der erste Stock stand ja bereit zum Ausbauen.

»Und?«, japste die Macht. Sie war extra früher nach Hause gekommen und stand schon an der Tür, als Adorno an diesem Nachmittag nach Hause kam.

»Stellvertreter«, sagte Adorno.

»Wie viele Stimmen?«

»Fünf.«

»Wer hat gewonnen?«

»Leo.«

»Wie viele Stimmen?«

»19.«

Oho. Eine klare Niederlage für die Macht.

»Was war mit den Maoam?«

»Hab' ich verteilt«, brummte Adorno.

»Trotzdem nur fünf Stimmen?«

Na ja, sagte Adorno, Leo habe jedem ein ganzes Maoam-Päckchen gegeben, ihm auch.

»Und?«

»Ich hab' ihn gewählt.«

Dieser nichtsnutzige Adorno. Diese dilettantische Macht. Ein winziges Kaubonbon? Das hätte ihr doch klar sein müssen, dass man damit diese Nike-Desigual-Brut nicht mehr bestechen konnte. Und dieser verdammte Minki! Ganze Päckchen! Dass er immer so unangenehm übertreiben musste.

Aber das Schlimmste: Ich konnte mich des Eindrucks nicht erwehren, dass er dadurch im Ansehen der Macht sogar noch gestiegen war.

Danach verstärkte die Macht ihre schulischen Anstrengungen. Das Halbjahreszeugnis in der sechsten Klasse entscheidet über die Gymnasialempfehlung und darüber, ob man es auf das Gymnasium schafft, das man im Bewerbungsbogen als erste Wahl angekreuzt hatte. Da war jede Stelle hinter dem Komma lebenswichtig. Als die alles entscheidenden Halbjahreszeugnisse näher rückten, kam die Macht kaum noch zum Verschnaufen.

»Wie sieht es in Mathe aus?«

Adorno sagte, es sähe gut aus, und wenn er sein Heft tipptopp geführt habe, würde er vielleicht eine Eins bekommen.

»Und, hast du dein Heft tipptopp geführt?«, fragte die Macht.

»Natürlich nicht«, antwortete Adorno.

»Dann führe es gefälligst tipptopp!«

Wie sie sich das denn vorstelle, die Frau Penis stelle ungeheure Ansprüche, der könne man es sowieso nicht recht machen, die streiche immer überall rum. Und selbst wenn er alles richtig gemacht habe, komme sie dann mit ihrem Lieblingsspruch: »Gratuliere für Dummheit.«

Gratuliere für Dummheit? War das nicht zumindest grammatikalisch problematisch?

Frau Tönis wurde auch in Elternkreisen etwas skeptisch beäugt, weil sie bei jedem Elternabend extra eingeladen wurde, damit man mal über Mathe sprechen könne. Doch dann sagte sie jedes Mal, sie könne diesmal leider nur zehn Minuten bleiben wegen eines »dringenden anderen Termines«. Bevor sich die Eltern dann sortiert hatten, war sie nach exakt zehn Minuten verschwunden. Ohne dass über Mathe geredet worden war.

»Wir brauchen diese Eins, Adorno«, zischte die Macht, »und deshalb machst du es dieser Frau Penis jetzt ausnahmsweise mal recht.«

Jetzt sagte die auch schon »Frau Penis«!

Das fand ich sehr bedenklich, denn so etwas färbt auf die Kinder ab. Und wer weiß denn, ob Adorno nicht eines Tages in einem seiner Wutanfälle der Frau Tönis sagte, dass seine Mutter sie auch Frau Penis nannte. Dann war aber Schluss mit der Eins, da konnte die Macht Gift drauf nehmen.

Um die Heftführung voranzubringen, übernahm die Macht dann komplett die Mathe-Hausaufgaben. Und ärgerte sich maßlos, wenn sie das Heft zurückkriegte und alles rot angestrichen war.

»Diese hobbylose Penis«, rief sie. Das gäbe es doch gar nicht, und sie habe das doch alles richtig gemacht und sauber hingeschrieben und nun streiche die überall drin rum. Der könne man es wohl überhaupt nicht recht machen und der werde sie jetzt aber mal die Meinung geigen.

Ich wies sie dann in aller Ruhe auf kleinere Missinterpretationen ihrerseits beim Rechnen mit Brüchen hin, worauf sie sagte, dann solle ich halt die Hausaufgaben übernehmen und überhaupt: Für wen mache sie denn alles und das sei nun der Dank. Dass ich die Penis auch noch in Schutz nähme, das schlage ja dem Fass den Boden aus.

Danach brachte sie mir immer ihre Mathehausaufgaben zur Überprüfung.

Und dann wackelte plötzlich auch noch Adornos Eins in Sport.

Es begann damit, dass das Telefon klingelte.

»Hallo?« Ich melde mich seit einiger Zeit nicht mehr mit Namen am Telefon – zum Schutz meiner Privatsphäre. Eigentlich gehe ich gar nicht ans Telefon zum Schutz meiner Privatsphäre. Aber manchmal halt doch. Es ist fast immer falsch.

Die Sportlehrerin von Adorno war dran.

»Und wer sind Sie?«

»Ich bin hier nur der Vater«, sagte ich. Worum es gehe, ob ich trotzdem helfen könne?

Nun, die Klassenlehrerin habe ihr gesagt, dass die Macht sie sprechen wolle.

Abends sagte ich der Macht, dass die Sportlehrerin angerufen, sich aber nicht näher ausgelassen habe, worum es gehe. Daraufhin sagte man mir, dass Adornos Eins wackle.

»Wie, seine Eins wackelt?«

Ja, die Macht hatte aus informierten Kreisen erfahren, dass die Sportlehrerin darüber nachdenke, ihm diesmal keine Eins zu geben.

»Also, das geht ja jetzt überhaupt nicht«, sagte sie. »wir brauchen diese Eins.«

»Finde ich auch«, sagte ich, »aber wie begründen wir das am besten?«

»Adorno hatte jedes Mal eine Eins in Sport«, rief die Macht aufgebracht. »Da kann sie doch nicht ausgerechnet jetzt kommen und ihm eine Zwei geben, wo das Zeugnis wirklich wichtig ist.«

Was war da los?

»Adorno, herkommen!«, rief ich.

»Gleich.«

Zehn Minuten später war er da und ich fragte ihn, ob er in Sport eine Eins kriege.

»Na ja, na ja«, brummte er und sah an die Decke.

»Hä, du bist doch fast Profifußballer«, sagte ich, »wozu fahren wir dich denn jede Woche fünfmal durch Berlin?«

Die Sache verhielt sich aber offenbar so, dass es nicht am Fußball lag, sondern am Turnen. Das erzählte aber nicht Adorno, das recherchierte die Macht bei Herr Frick, der zeitgleich mit Adornos Klasse Sport hatte. Nach dessen Beobachtung war das Problem, dass Adorno seine Turnübungen nicht konnte. Oder genauer gesagt: nicht können wollte.

Die Sportlehrerin hatte zu Adorno gesagt: Wenn er die Turnübungen nicht könne, dann müsse er sie halt üben, bis er sie könne.

Na, da kam sie bei Adorno selbstverständlich an den Falschen. Wenn Adorno etwas nicht kann, dann übt er es nicht. Dann lässt er es einfach bleiben.

Und das, fand die Sportlehrerin, sei kein Exzellenzverhalten im Sinne des Lehrplans und damit einfach nicht »sehr gut«.

»Dein Sohn!«, maulte die Macht.

Am nächsten Tag fuhr sie zur Turnhalle, um ein klärendes Gespräch zu führen. Ich kann jetzt nicht sagen, was genau da wie geklärt wurde. Jedenfalls: Danach stand die Eins wieder.

Am Ende des Halbjahres kam Adorno mit einem Superzeugnis von 1,4 nach Hause. Die Macht im siebten Himmel. Gottseidank. Vielleicht konnte nun aus dem doch noch was werden. Ich war auch erleichtert: Ihre harte Arbeit hatte sich also tatsächlich gelohnt.

Nur Adorno war komplett unbeeindruckt. Tat so, als sei das selbstverständlich.

Knallte mir das Zeugnis auf den Tisch und sagte knapp, ich möge ihm als Belohnung eine Kiste Cola bitte direkt in sein Zimmer liefern.

Ich lobte ihn ausgiebig, wie sich das gehört. Gab dann aber doch zu bedenken, ob er sich den Kasten nicht vielleicht mit der Macht teilen wolle.

Er: »Wieso das denn?«

»Na ja, weil die Macht sich ganz schön reingehängt hat für dich.«

Er konnte sich nicht erinnern.

»Typisch«, maunzte er erschüttert. Das sei doch wieder total ungerecht. »Bei Penelope hättest du so was nie gesagt.«

Das stimmte, aber da waren die Umstände auch anders.

Er war überzeugt, dass im Grunde alles sein hart erarbeiteter Verdienst war, der nun von missgünstigen Elementen mal wieder kleingeredet werden sollte.

Leider reicht ja so ein Zeugnis heutzutage noch längst nicht für eine weiterführende Schule. Da muss man schon noch mehr zu bieten haben. Zunächst mal Eltern-Engagement, was wir durch langjährige Gremienarbeit der Macht belegen konnten.

»Was hast du sonst so zu bieten, Adorno?«, fragte ich.

Er war sofort angepisst: »Äh …«

»Du musst schon noch was anbieten, mein Lieber«, sagte ich. »Rettest du den Regenwald? Kannst du vielleicht Schultheaterregisseur werden? Spielst du wenigstens ein Instrument?«

Ich wusste, dass er kein Instrument spielte. Im Gegensatz zu Minki hatte ich die Energie nicht aufgebracht, meinen Sohn zum Klavierunterricht zu prügeln.

Was im Grund eine Lebensqualitätsverbesserung für unsere Familie war. Aber jetzt war es etwas ungeschickt.

Was tun? Ich schrieb in das Anschreiben, dass er stellvertretender Klassensprecher sei, um Verantwortung für die Gruppe zu übernehmen. Und Vegetarier, um zur globalen Gerechtigkeit beizutragen. Und Rocksänger, um seine kulturelle Dimension klar zu machen. Ich schrieb, er wolle unbedingt eigeninitiativ eine AG »Fleischfrei« gründen und Sänger in der Schulband werden.

Adorno war sofort alarmiert: »Äh, Pu, ich gründe auf keinen Fall irgendeine AG und Sänger werde ich schon gar nicht.«

»Du übernimmst einfach Verantwortung und bringst dich ein, das ist doch kein Ding.«

»Hast du mich jemals singen hören?«

Selbstverständlich nicht. Aber darum ging es ja auch nicht.

»Das ist eine Bewerbung. Das muss man so machen. Leider, aber das ist der Lauf dieser Welt.«

»Du streichst das jetzt sofort wieder.«

»Bitte, aber was hast du sonst anzubieten?«

»Nichts.«

»Dann muss ich das lassen. Ich kann ja wohl schlecht schreiben, dass du linker Verteidiger bist.«

»Wieso denn nicht?«

Wieso? Man kann die Direktorin einer humanistischen Bildungsanstalt wohl kaum mit Fußballengagement beeindrucken. Selbst für den unwahrscheinlichen Fall, dass sie auf Fußball stehen sollte, dann sicher nicht auf einen linken Verteidiger. Aber das sagte ich ihm nicht, irgendwo ist man ja doch einfühlsam.

Er stand dann noch zehn Minuten vor meinem Schreibtisch und fuchtelte mit den Händen Richtung Delete-Taste. Aber diesmal blieb ich wirklich hart.

Der Tag war aber selbstverständlich gelaufen.

Auf dem Weg zum Bewerbungsgespräch versuchte ich ihm nahezubringen, wie man sich als sensibler, interessierter, sozial kompetenter, Verantwortung übernehmender stellvertretender Klassensprecher zu verhalten hat.

»Ich bin kein sensibler Interessierter«, sagte er.

»Ach, was?«

Aber jetzt war nicht der Moment für meine feine Ironie.

»Ich weiß, dass du weder sensibel noch sozial kompetent bist, Adorno. Aber die Direktorin weiß es nicht. Noch nicht. Und das ist unsere Chance.«

Jetzt schaute er zwar ziemlich sensibilisiert, aber überhaupt nicht kompetent.

»Lass mich in Ruhe, Pu.«

»Das Wichtigste ist, dass du der Direktorin bei der Begrüßung lächelnd in die Augen schaust. Und dann sagst du: ›Guten Tag, Frau Krielinger-Schmid‹.«

»Heißt die so?«

»Ja, Gudrun Krielinger-Schmid.«

»Gudrun Krielinger-Schmid?«

»Ihr Problem. Aber das braucht dich nicht zu interessieren. Du sagst: ›Guten Tag, Frau Krielinger-Schmid‹.«

»Reicht nicht ›hallo‹?«

»Nein, du sagst ›Guten Tag, Frau Krielinger-Schmid‹.«

»Dann sage ich ›Guten Tag‹.«

»Nein, du sagst ›Guten Tag, Frau Krielinger-Schmid‹.«

»Ich sage nicht: ›Guten Tag, Frau Krielinger-Schmid‹.«

»Mann, du sprichst die Frau mit ihrem Namen an, das wird ja wohl noch drin sein.«

»Mach' ich nicht.«

Jetzt wurde sogar ich langsam sauer. »Das ist das Mindeste, was ein sensibler, interessierter, sozial kompetenter, Verantwortung übernehmender stellvertretender Klassensprecher draufhaben muss. Dass er seine künftige Direktorin mit ihrem verdammten Namen anspricht.«

»Ich bin nicht interessiert.«

»Das weiß ich, du sollst ja auch nur so tun.«

»Ich will auch nicht Sänger werden.«

O Gott. Das Schlimme war: Er hatte jetzt wirklich Angst.

»Mann, jetzt vergiss das doch mal, konzentrier' dich auf den Namen«, sagte ich.

Wie war der gleich noch? Gottseidank hatte ich ihn auf einen Zettel geschrieben und den Zettel sogar in die Hosentasche gesteckt. Manchmal war ich echt genial.

»Sie heißt Krielinger-Schmid.«

Adorno kriegte jetzt seine pampige Stimme, mit der er seine Angst in Wut verwandelt.

»Ja, du kannst gut reden, du wirst ja nicht gefragt, aber ich bin kein

Sänger in einer Band und ich will auch kein Sänger in einer Band sein, und wenn sie mich fragt, dann sage ich ihr das auch.«

»Bist du verrückt? Das sagst du ihr nicht.«

»Doch.«

»Niemals.«

»Du bist so was von hobbylos.«

»Und du so was von schwer von Begriff.«

»Ach, ich bin schwer von Begriff?«

Er wechselte vom pampigen in den weinerlich-wütenden Sound.

»Hast du dir ihren Namen gemerkt? Krielinger-Schmid. Du sagst: ›Guten Tag, Frau Krielinger-Schmid‹. Und zwar mit fester Stimme, aber ganz locker. ›Guten Tag, Frau Krielinger-Schmid‹. Und du schaust nicht an die Wand, sondern ihr frontal ins Gesicht.«

Schweigen.

Als wir ins Zimmer reingingen, sagte ich: »Guten Tag, Frau Krielinger-Schmid.«

Adorno murmelte: »Hmhmhmhm.«

Als seine Karriere als Sänger nicht zur Sprache kam, entspannte er sich etwas. Er wirkte vielleicht nicht zu 100 Prozent wie ein sensibler, interessierter, sozial kompetenter stellvertretender Klassensprecher. Aber immerhin auch nicht so halb debil wie grade noch im Auto. Im Grunde lief es den Umständen entsprechend einigermaßen.

Jedenfalls bis zu dem Moment, als wir aufgestanden waren und schon Richtung Tür gingen. Wir waren schon fast raus, da sagte Frau Krielinger-Schmid: »Ach, übrigens, Adorno?«

Wir drehten uns nochmal um, und er piepste alarmiert: »Ja?«

Gudrun Krielinger-Schmid lächelte und sagte: »Die Band zählt auf dich.«

Er schaute mich an. Ich schob ihn schnell zur Tür raus. Ich wusste: Die nächsten Wochen würden die Hölle. Noch mehr die Hölle als ohnehin schon.

Penelope und Adorno entschieden sich am Ende beide für dieselbe weiterführende Schule. Na ja, was heißt: Sie entschieden sich? Wir zwangen sie nicht, wir übten keinen offensiven Druck aus, aber es war ihnen schon klar, dass wir diese Entscheidung sehr unterstützten.

Es ist eine Privatschule.

Und es ist eine Gemeinschaftsschule. Mit zweizügiger gymnasialer Oberstufe.

Am Anfang hatte ich echt Angst. Meine Kinder gehen nicht ins Gymnasium? Ich war doch auf dem Gymnasium, die Macht hat Fachabitur gemacht. War das womöglich ein Rückschritt? Wo doch heutzutage jeder aufs Gymnasium geht.

Und dann hatte ich Skrupel. Privatschule? Trug das nicht entscheidend zur Spaltung der Gesellschaft bei, dass so Aufsteiger wie Minki es mit allen Tricks hinbekommen, die Karrierechancen ihrer Brut zu erhöhen? Während anderen Geld und Möglichkeiten fehlen, um ihren Kindern eine gute Ausbildung zukommen zu lassen?

Nicht, dass ich jetzt plötzlich Minki loben würde. Aber Minki sagt: »Es ist nicht Aufgabe meines Kindes, die sozialpolitischen Defizite auszubaden. Damit ist keinem geholfen.«

Da hat der Arsch ausnahmsweise recht. Das echte Leben ist einfach kein Leitartikel. Nehmen Sie einen Bekannten von mir, den wir ehrfurchtsvoll den »Heiligen Linken« nennen. Als ich ihn mal nach der Privatschule fragte, auf die er sein Kind gebracht hatte, sagte er: »Sehr gute Schule, wirklich. Es ist nur bedauerlich, dass es da so wenig Migranten gibt.«

Irgendwann war für uns klar: Es ging nicht darum, was man in unseren Kreisen macht oder nicht macht. Es ging nicht um Repräsentation. Das hier war jetzt wirklich wichtig.

Und so saßen die Macht und ich an unserem Familientisch hier und überlegten: Was wollen wir für unsere Kinder, was brauchen sie und was haben wir ihnen zu geben?

»Wir haben kein Schloss und keine Ländereien zu vererben«, sagte ich. Auch unsere Festanstellungen sind nicht auf die Kinder übertragbar.

Gut, Adorno könnte das Dorfwirtshaus des Metzgermeisters übernehmen, das die Macht und ihre Schwester schnöde ausgeschlagen haben. Der Metzger würde sich sicher freuen. Aber was war mit Penelope? Und dann hat der Metzger ja noch zwei andere Enkel. Für vier reicht das nicht.

Irgendwann wurde uns klar, dass das Abitur auf jeden Fall erstrebenswert ist, aber nicht das Nonplusultra. Es geht um ein neues Lernen, darum, was man während seiner Schulzeit macht, was man grundsätzlich lernt, jenseits von Vokabeln: soziale Verantwortung, ökologische Verantwortung und vor allem um Eigenverantwortung.

Ich meine: Ich schlief sechs Stunden Frontalunterricht in der Schule meistens durch und dachte, das sei cool. Vor jeder Arbeit lernte ich allein für mich wie blöd irgendein Zeug. Einige Freunde blieben auf der Strecke. »Geh zurück in die Hauptschule«, hieß es lapidar. In meinem Fall klappte es, aber es war eine wahnsinnige Lebenszeitvergeudung.

Penelope ist von Klasse 7 bis 9 in jahrgangs- und leistungsgemischten Gruppen. Sie bringt sich ihren Stoff im Lernbüro selbst bei beziehungsweise in Teams. Und wenn sie so weit ist, meldet sie sich eigenständig zur Arbeit an. Im Sommer fährt sie drei Wochen im Team mit drei anderen Mädchen irgendwo hin und kann sehen, wie sie sich durchschlägt. Das heißt »Herausforderung«. Und einmal die Woche übernimmt sie in ihrer alten Kita eine Gruppe Vierjähriger. Das heißt »Verantwortung«. Jeden Freitag ist zum Abschluss der Woche eine Schulversammlung, bei der möglichst viele Schüler frei sprechen sollen. Potenzialentfaltung statt Wissensvermittlung nennen die Lehrer das Konzept.

Die Schule ist so großartig, dass die Schüler weinen, wenn Ferien sind, weil sie dann zu Hause bleiben müssen. Das steht jedenfalls in einem Buch, das über unsere Schule erschienen ist.

Penelope war völlig entsetzt, als sie das hörte: »Hier weint niemand, wenn keine Schule ist«, sagte sie unwirsch. Alles übertrieben.

Das selbstständige Lernen im Lernbüro sei gar nicht so einfach und oft könnten die Lehrerinnen auch nicht helfen. Zum Beispiel sei Linus gekommen und habe der Lehrerin gesagt, dass er ein Problem habe.

Sagte sie: »Ja, was für eines denn?«

Sagte er: »Mein Schwanz ist zu groß.«

Sagte sie: »Da kann ich dir auch nicht helfen.«

Die Schüler sähen die Schule weitaus kritischer als die offizielle Propaganda.

Na, sehr gut, kann ich da nur sagen. Die Förderung des kritischen Denkens erwarte ich schon auch von dieser Schule. Übrigens erzählte Minki ja die ganze Zeit, wie wichtig das »kanonische Wissenspaket« auch in Zukunft sein werde und wie wichtig die Tradition einer renommierten gymnasialen Bildungsanstalt sei. Und dass man allein mit diesem neumodischen Zeug nicht dahin kommen könne, wo er sei. Bei der Besichtigung von Schulen konzentrierte er sich darauf, auf den Klassenfotos die Migranten zu zählen.

Und nun? Ist das Ding offenbar so angesagt, dass der Herr Dr. Minki seinen Leo auch bei uns reingedrückt hat. Hätte ich ihm ja gar nicht zugetraut. Aber der Hund hat einfach ein Gespür für Entwicklungen.

Penelope fährt ja selbstverständlich mit dem Fahrrad zur Schule. Kein großes Ding, es sind etwa zehn Minuten von zu Hause und relativ ruhige Straßen. Das Problem ist, dass wir noch nicht wissen, wie wir Adorno da künftig hinbekommen. Die Macht sagt, dass er auch mit dem Fahrrad fährt. Adorno sagt, dass er auf keinen Fall mit dem Fahrrad fährt. Er fahre weiterhin mit der U-Bahn. Die Macht sagt, dass er auf keinen Fall mehr eine Monatskarte bekomme, weil das überhaupt keinen Sinn ergäbe. Adorno sagt, dass er dann halt seine Fahrkarten selbst bezahle. Penelope sagt, Adorno solle sich nicht so anstellen. Er könne ja hinter ihr herfahren. Adorno sagt, Penelope solle bloß die Schnauze halten, er werde auf keinen Fall hinter ihr herfahren und das Thema sei damit für ihn erledigt. Die Macht brummt so vor sich hin, dass sie dem kleinen Sack am liebsten einen Arschtritt geben würde. Adorno sagt, das habe er gehört. Die Macht brummt, dass sie diesen

Typi auf sein Fahrrad setzen werde, und wenn es das Letzte sei, was sie tue. Adorno sagt, das habe er auch gehört und dass sie das vergessen könne. Niemals.

Jedenfalls haben wir sie jetzt beide durch Kita und Grundschule in die weiterführende Schule gebracht, die wir wollten.

»Weißt du was?«, sagte die Macht gegen Ende des Schuljahres, nachdem sie Adornos Matheheft seufzend geschlossen hatte. Unsere Backsteinkirche leuchtete fantastisch rot in der Abendsonne, was sie immer etwas emotional stimmt.

»Nee, was?«, sagte ich.

»Ich glaube, jetzt sind wir aus dem Gröbsten raus.«

Aber das hatten wir schon oft gedacht. Das erste Mal, nachdem Adorno abgestillt war.

14   Und dann ... dieser Materialismus

Nachdem die Macht mir ein schwarzes Hemd von Esprit gekauft hatte, sagte Penelope bewundernd zu mir: »Wie rich bist du denn?« Das ist offenbar eine gebräuchliche Redewendung bei den jungen Leuten. Es gilt als Kompliment, wenn jemand mit einem teuren, neuen Prestigeprodukt in die Schule kommt. Laut Penelope wird das Wort »reich« gar nicht benutzt, man sagt immer »rich.« Das Rich-Sein ist rundum gut und erstrebenswert, das Nicht-rich-Sein gilt als uncool. Eltern tun daher gut daran, rich zu sein, wenn ihnen an ihren Kindern auch nur das Geringste liegt.

»Money is better than poverty, if only for financial reasons«, hat schon Woody Allen gesagt. Völlig richtig, kein Thema. Aber als ich im Alter dieser Kinder war, lebte ich in einer Ein-Rädchen-Wurst-Familie. Bei uns durfte auf eine Brothälfte maximal eine Scheibe Salami. Wenn jemand zwei nehmen wollte, hieß es: »Wir sind doch hier nicht bei Rockefellers.« Wir waren nicht arm, ich denke, da wirkten eher die Nachkriegserfahrungen nach. Später wurde es lockerer, aber da nahm auch keiner mehr zwei, weil wir das drauf und drin hatten, dass wir hier nicht bei Rockefellers waren. Die Macht war auch nicht bei Rockefellers. Aber bei Metzgers. Bei denen nahm man drei Rädchen Salami. Zur Not auch ohne Brot.

Heute könnte ich mir zwei Scheiben leisten, locker sogar. Aber ich bleib' bei einer. Ich fände es auch völlig in Ordnung, wenn die Kinder zwei Scheiben nehmen würden. Drei selbstverständlich nicht, das wäre obszön. Aber zwei könnten sie von mir aus nehmen. Wenn sie Wurst essen würden. Tun sie ja nun nicht, was aber nicht heißt, dass wir da etwas sparen würden, im Gegenteil. Was allein so ein Bioei kostet, das steht doch in keinem Verhältnis. Sagt der Metzgermeister.

Alles eine Frage der Gewöhnung und der Übung. Am Anfang hat es mich auch geschüttelt und ich dachte: Hallo? 9 Euro und 43 Cent für zwei mikroskopisch kleine Stückchen Biokäse! Das geht doch überhaupt nicht.

Und schon gar nicht geht dieses idiotische ›Hallo‹ mit dem gesprochenen Fragezeichen, das mittlerweile praktisch jeder benutzt.

Halloooo? Und die Redewendung, dass etwas überhaupt nicht geht, geht auch überhaupt nicht. Aber wenn die Leute um dich herum etwas nur oft genug tun, dann tust du es irgendwann auch. Das sollte man mal auf positive Dinge anwenden.

»Leg' diese Käsezwerge sofort zurück«, flüsterte ich anfangs der Macht zu.

Sie ignorierte mich, und so ging es dann irgendwann doch.

Vor allem, wenn man weiß, dass der Deutsche im Verhältnis zu zivilisierten Europäern am wenigsten für seine Lebensmittel ausgibt. Da denkt man sofort: Dir zeige ich es, Deutscher! Außerdem funktioniert der Markt derzeit noch so, dass wer weniger ethisch wirtschaftet, mehr Erfolg hat. Aber was gar nicht geht, ist ein absurd niedriger Preis auf Kosten anderer. Das hat mir der Superöko eindringlich erklärt: dass ich in einer Kultur aufgewachsen bin, die den niedrigen Preis anbetet, aber nicht fragt, wer daran eigentlich verdient und auf wessen Kosten. Das wollten wir ändern. Na gut, daneben spielt vielleicht eine Rolle, dass Herr Adorno eben nur diesen Käse isst und keinen anderen und schon gar keinen billigeren.

Wenn ich mir allein vorstelle, wie unterschiedlich die Wünsche ans Leben innerhalb einer Familie sind. Wie soll man das jemals in eine Fortschrittsrichtung bringen? Der Metzgermeister fährt mit seinem SUV 20 Kilometer zum Discounter, statt seine Lebensmittel beim Bauern nebenan zu holen. Andererseits gibt es halt auch auf dem Land keine Bauern mehr und Läden in einem Dorf sowieso nicht. Und schon gleich gar nicht könnte er es über sich bringen, 59 Cent für ein Ei zu bezahlen. Das täte ihm weh. 59 Cent für eine Tafel Schokolade dagegen, das kann ihn richtig glücklich machen. Obwohl er Schokolade so gut wie nie isst. Ich würde den Metzger jetzt auch nicht mehr ändern wollen, ich habe genug mit mir selbst zu tun und emotional damit klarzukommen, dass wir inzwischen ziemlich viel Geld für Biolebensmittel ausgeben. Genauer gesagt: Die Macht macht das. Wie viel genau, weiß ich nicht. Ich frag da lieber nicht nach.

Mein Job ist es, den Supermarkt-Anteil an unseren Einkäufen zu besorgen. Aber manchmal muss ich auch in den Bioladen. Und wenn ich weiß, dass die Biogurke 1,69 Euro gekostet hat, dann nervt es mich wirklich, wenn diese Luxuskinder das nicht zu würdigen wissen und sogar noch mäkelig sind. Einmal bin ich wirklich ausgerastet.

Ich saß am Tisch und zwar genau am selben Platz wie jetzt, mit dem Rücken zum Plattenspieler, Penelope saß mir gegenüber. Adorno am oberen Tischende. Liebevoll wie stets hatte ich Penne zubereitet, außerdem Joghurt mit Gurken. Dazu Bioapfelsaft mit dem preisgekrönten Berliner Leitungswasser. Dessen Qualität und Sauberkeit hatten wir uns durch eine Probe bestätigen lassen, das heißt, die Macht hatte das getan.

Die Kinder mümmelten die Nudeln. Den Gurkenteller ignorierten sie.

»Äh, was ist mit der guten Biogurke?«, sagte ich.

»Biogurken schmecken einfach immer ranzig«, sagte Penelope.

»Total abgeranzt«, sagte Adorno.

»Ranzig« war eindeutig das Wort jener Saison, »abgeranzt« kam gleich dahinter. Alles war ranzig oder abgeranzt, vor allem Biogurken, wobei ich bis heute nicht sagen kann, was der qualitative Unterschied ist.

»Kein Unterschied, ranzig ist alles, was uns nicht gefällt«, sagte Penelope.

»Und abgeranzt?«

»Abgeranzt heißt eben abgeranzt, verstehst du?«

Verstand ich nicht. Ich verstand auch nicht, weshalb die sich im Gegensatz zu mir supermodern und ohne Fleisch ernährten, ihre Freunde und Mitschüler ebenfalls zu Vegetariern machen wollten – aber die gute Biogurke nicht aßen.

Ich verstand nicht, weshalb ich in den Bioladen rannte und eine Supergurke für knapp zwei Euro kaufte, wenn die jedes Mal als ranzig und abgeranzt runtergemacht wurde. Vor allem verstand ich nicht, wie es überhaupt dazu kommen konnte, dass ich fast vier Mark für eine Gurke bezahlte, die ich hinterher wegschmeißen musste.

Vier Mark! So viel kostete doch früher ein Abend in der Pizzeria. Zu zweit.

Jetzt schrien die auch noch nach einer »Nicht-Bio-Gurke«. Und ich musste mir von so einem Vollpfosten sagen lassen, dass er mir doch schon hundertmal gesagt habe, dass die Gurken aus dem Supermarkt besser schmeckten.

»Du willst doch sonst immer das Teuerste, Adorno«, sagte ich, »du bist doch kein Typi für eine 39-Cent-Gurke.«

Er dachte tatsächlich nach.

»Tja«, sagte er dann, »wirklich blöd, Pu, dass die Biogurke für 1,69 Euro so ranzig schmeckt und die für 39 Cent so gut.«

Dann tat er auch noch so, als bekümmerte ihn das wirklich.

Und da erhob ich doch tatsächlich meine Stimme. »Esst jetzt die verdammte Gurke«, schrie ich, »oder es kracht.« Komplett hobbylos, keine Frage.

Penelope schaute mich erst fast besorgt an. Dann murmelte sie etwas von Herr Frick, der heute in der Schule leider auch ausgeflippt sei. Und Adorno blickte mich herausfordernd an und sagte: »Aus Spaß wurde Ernst.«

Während ich um Contenance rang, sagte Penelope: »Nein, Adorno, das passt nicht. In dem Witz ist Ernst doch ein Junge.«

»Wie Junge?«

»Verstehst du nicht? Aus Spaß beim Sex wird ein Kind namens Ernst.«

»Aha«, sagte Adorno, »der heißt Ernst!«

»Nach all den Jahren – er hat es kapiert!«, schrie Pelo.

Diesen Witz hatte ich bestimmt seit fünf Jahren regelmäßig gemacht.

»Schon wieder ein Fickwitz«, brummte Adorno.

Während ich nach einer Gurkenscheibe griff, standen sie auf. Geschirr und Gurken blieben zurück.

Es ist bitter, dachte ich und biss in die Gurke. Fast so bitter wie diese Biogurke.

Seither kaufe ich die gute 39-Cent-Gurke aus dem Supermarkt. 99 Prozent holländisches Wasser. Biochipse sind auch verboten. Schweineteuer, aber schmecken angeblich auch nicht. Die mussten wir auch wegschmeißen. Aber, wie meine Mutter immer sagte: »Wer net will, hot scho khet.« Wer nicht will, hat schon gehabt. Ist gar kein so Trümmerspruch, wie ich früher immer dachte. Im Gegenteil: Völlig richtig. Gespart ist damit aber nichts, weder Chipse, noch Geld. Adorno mampft nur »Salt & Vinegar«, das aber packungsweise. Andere oder preiswertere Chipse lehnt er ab. Nicht mit ihm. Einmal rief die Macht an und sagte aufgeregt: »Hier gibt es Salt & Vinegar für einen Euro. Soll ich gleich zehn Packungen kaufen?«

Ich sagte: »Kannst du machen, aber die sind dann auch in einer Woche weg.«

Sie nahm dann vier. Und die hielten zwei Tage.

Penelope isst auf keinen Fall Salt & Vinegar. Normale Chipse auch nicht. Nur Stapelchipse. Sie nimmt sich einen Chip einzeln aus der Packung, betrachtet ihn ausgiebig und beißt dann fünfmal darauf herum. Aber am Ende des Abends ist die Packung auch leer. Und das ist interessant: Wenn sie nicht selbst bezahlen muss, akzeptiert auch sie selbstverständlich ausschließlich Markenprodukte.

Ich sage immer: »Kinder, brauchen wir das überhaupt?«

Dann sagen die: »Ja, das brauchen wir.«

Dann seufzt die Macht: »Ich hasse einkaufen.«

Aber irgendetwas in ihr lässt sie diesen Hass immer wieder genießen. Ich sage noch: »Überlegt doch, ob wir das wirklich brau...« Da knallt schon die Tür hinter ihr ins Schloss. Überhaupt: Ständig wird der Konsum angestachelt. Man denkt an nichts Böses, da sagt sie: »Du brauchst jetzt auch endlich mal neue T-Shirts.«

Ich war nicht immer so. Früher hätte ich gedacht: Klar, warum nicht? Die Wirtschaft muss brummen und was soll man im Leben groß machen außer Zeug zu kaufen?

Aber dann kam der Superöko zu Besuch. Mit dem Zug.

Ich sagte: »Ich hol' dich dann vom Bahnhof ab. Mit dem ganzen Gepäck und so.«

Und er: »Och, nö, lass mal, ich hab' mein Klapprad dabei.«

Da kam er dann damit angeradelt, zeigte mir, wie man es zusammenfaltet und sagte mir dann, dass Konsum nicht glücklich macht und Besitz auch nicht und ich solle nur kaufen, wenn ich wirklich was bräuchte. Und dann ein gutes Produkt – wie dieses Klappfahrrad. Am besten nur Produkte, die ein Leben lang halten.

Ich sagte: »Dir haben sie doch ins Hirn geschissen.«

Ich überspringe den Prozess im Detail. In dessen erster Phase redete er einfach jahrelang weiter, weil so was lässt er an sich abtropfen. Und in dessen zweiter Phase begann ich nachzudenken.

Mit dem Ergebnis, dass der Superöko zufrieden mit mir ist, aber die Macht keineswegs, wenn ich sage: »Wozu neue T-Shirts? Ich hab' doch ein T-Shirt.«

Sie gibt mir dann den Blick. Ich habe ihr schon hundertmal gesagt, dass sie das nicht machen soll. Jedenfalls nicht vor den Kindern. Denn das signalisiert ihnen, dass meine Haltung nicht dem dringend nötigen gesellschaftlichen Wandel, der kulturellen Wende zu einem nachahmenswerten, neuen Konsumverständnis geschuldet ist, sondern dass es ein Zeichen von Anomalität oder gar Krankheit ist, wenn jemand sich weigert, ein T-Shirt zu kaufen, bloß weil er schon welche hat.

Wenn ich den Konsum verweigerte, kriegten Penelope und Adorno besorgte Blicke und sagten: »Sind wir arm wie Kirchenmäuse?«

»Hm, nö.«

»Rich wie Minki?«

»Wie rich ist Minki denn?«

Adorno sagte mir, was Minki laut Leo angeblich im Jahr verdiente. Doch so viel? Hätte ich jetzt nicht gehofft.

»So rich sind wir nicht.«

»Was dann?«

»So weit alles okay.«

Können sie nichts mit anfangen. Was heißt das? Ich weiß es ja selbst nicht so genau. Ich weiß aber noch genau, dass es mich ein bisschen traf, als Penelope sich bei mir zum ersten Mal über fehlenden Reichtum meinerseits beklagte.

Wir waren bei Peek & Cloppenburg, warum, weiß ich jetzt gar nicht mehr, jedenfalls sicher nicht wegen mir. Ich hatte Penelope und Adorno im zweiten Stock zwischengelagert, um weiter oben in den runtergesetzten Boss-Anzügen zu wühlen. Selbstverständlich ohne zu kaufen. Als ich zurückkam, lungerten die Kinder neben der Kasse herum.

»Duhu«, sagte Penelope, »weißt du was?«

»Nee. Was?«

»Schade, dass wir nicht rich sind.«

O Gott. »Wie kommst du drauf?«

Jemand, eine Frau, habe gerade 500 Euro bezahlt. Für ein ziemlich kleines Kleidungsstück. Praktisch nichts.

Das gefiel ihr. Das könnten wir ja wohl nicht. Unter uns: Manchmal finde ich es auch schade, dass wir nicht auch materiell richtig rich geworden sind. Sondern nur spirituell.

Ich riss mich zusammen und sagte: »Ich fühle mich total rich, Pelo.«

»Soso«, murmelte Penelope.

»Also, ich habe euch und die Macht, und außerdem war das Haarshampoo, das du gerade ausgesucht hast, schweineteuer, du hast sogar noch einen Conditioner extra, und wir fahren dauernd in Urlaub.«

»Nach Freiburg?«, sagte Penelope und dass das ja wohl nicht rich sei.

Ich sagte ihr, dass sie so viele Rädchen Salami auf ihr Brot tun könnte, wie sie wollte, wenn sie keine Vegetarierin wäre. Und dass die Menschen, die in den wohlhabenden Ländern lebten, die Reichsten und

Gesündesten von allen Menschen seien, die jemals auf diesem Planeten gelebt hätten.

»Eben«, sagte Penelope. In der Schule habe sie erfahren, dass elf Millionen Menschen Millionäre seien.

Nur wir nicht.

Ich sagte lahm, dass ich so oder so keine 500 Euro für ein sehr kleines Kleidungsstück ausgeben wollte, selbst wenn ich sie haben sollte.

»Pffff«, machte Penelope und drehte Richtung Rolltreppe ab.

»Kauf dir dein Kleid doch selbst«, rief ich ihr hinterher.

Ich wusste genau, dass sie das nicht will. Sie sitzt auf ihrem Geld. Dabei hat sie nach Einschätzung aller anderen Familienmitglieder ein Vermögen in einer rosa Kassette gehortet, deren Schlüssel an einem geheimen Platz liegt. Ihr Plan ist, ihr Geld erst auszugeben, wenn sie mal so viel hat wie Angelina Jolie. Bis dahin will sie unser Geld ausgeben.

»Was willst du denn mit deinem ganzen Geld in der Kassette?«

»Ich will das Geld behalten, weil ich sonst keins mehr habe«, rief sie mir von der Mitte der Rolltreppe aus zu. Dann war sie weg, sodass ich sie leider nicht mehr darauf hinweisen konnte, dass das letzte Hemd keine Taschen hat.

Ich probierte es mit Adorno. Sagte ihm, dass Reichtum allein nichts wert sei und erst zähle, wenn sein Einsatz konstruktive Auswirkungen auf die Gemeinschaft habe.

»Du weißt ja, was Aristoteles sagt«, sagte ich.

Er wusste es nicht, der Ignorant.

Aber ich hatte es grade zufällig irgendwo gelesen.

»Aristoteles sagt: ›Vermögen besitzt nur, wer es in Gebrauch nimmt.‹«

Adorno horchte auf. »Dann kauf mir den neuen Ball, den jetzt alle haben«, sagte er.

Ich weiß jetzt nicht, ob ich damit im vollen aristotelischen Sinne Verantwortung für die Gesellschaft übernommen habe. Was ich aber sicher weiß: dass ich mir wochenlang Ärger eingehandelt hätte, wenn ich ihm den blöden Ball nicht endlich gekauft hätte, damit er nicht nur sieben Lederbälle hat, sondern acht.

Penelope und Adorno wären beide gern reich. Sie, um das Geld zu horten, er um es auszugeben. Adorno hat sich zwar einen Tresor gekauft, dessen Geheimnummer nur er kennt. Aber der Tresor piepst dauernd und das heißt, dass er ihn öffnet, um Geld rauszuholen. Adorno hat sein Geld nämlich immer am Start, wie die Macht zu sagen pflegt. Penelope hat ihr Geld nie dabei. Sie fürchtet, es zu verlieren. Er fürchtet, es nicht schnell genug rausschmeißen zu können.

Warum? Keine Ahnung.

Manchmal kommt er daher und fragt, ob er mir vielleicht eine Cola kaufen soll.

»Wie kommst du denn da jetzt drauf?«

»Einfach so.«

Das heißt, dass er Konsumdrang hat. Ich sage dann: »Nee, lass mal, aber vielen Dank für das Angebot.« Doch die Macht unterstützt ihn beim Geldausgeben, wo sie kann. Adornos Verhalten gilt in dieser Familie als normal. Penelopes Verhalten gilt als bedenklich und krankhaft. Ich denke also, sie kommt da nach mir.

Daher war die Macht auch ganz erleichtert, als Penelope anfing, zum »Shoppen« zu gehen. Sie und ihre Freundin Luise fuhren mit der U1 zum Ku'damm. Wusste gar nicht, dass man da heutzutage wieder hingeht.

Als Penelope zurückkam, fing die Macht sie an der Tür ab.

»Wo sind denn deine Einkaufstüten?«, rief sie. »Werden die noch angeliefert?«

Penelope brummelte irgendetwas.

»Oder hast du nur kleine Sachen gekauft? Zeig' mal her.«

Es stellte sich heraus, dass Penelope nichts gekauft hatte. Gar nichts. Die Macht war erschüttert.

»Drei Stunden am Ku'damm – für nichts?«

»Doch für was! Es hat mich inspiriert!«

»Inspiriert?«

Wo es denn so was gäbe und was das jetzt wieder solle.

Es war das erste Anzeichen, dass die sensible Mutter-Tochter-Beziehung dabei war, in eine neue Phase überzugehen.

Wenn es gegen seine Schwester geht, ist Adorno nie weit. Schon kam er aus seinem Zimmer gerannt und fragte freudig erregt: »Was hat Penelope gemacht?«

»Sie war drei Stunden am Ku'damm – und hat nichts gekauft«, höhnte die Macht.

Dann schüttelten die beiden die Köpfe über so viel konsumistische Enthaltsamkeit.

Die Sache erinnerte mich verdächtig an den Dauerärger wegen meiner Turnschuhe. Es waren eigentlich ganz normale Turnschuhe eines ganz normalen Herzogenauracher Herstellers. Nur, dass ich sie 29 ½ Jahre trug. Dank des Metzgermeisters. Man kann ja gegen das Dorfleben sagen, was man will, aber in einem gewissen Rahmen werden dort noch heute Handwerksleistungen getauscht. Oddo schlachtete einmal im Jahr die Sau vom Willi. Und der, ein gelernter Schuster, hatte dafür vor etwa 15 Jahren meine Turnschuhe so sorgfältig grundüberholt, dass sie einfach nicht kaputtgingen.

Speziell in den letzten zehn Jährchen war das der Macht gegen den Strich gegangen – und zunehmend auch Adorno, der am liebsten bei jedem Tor von Messi neue Fußballschuhe kaufen würde. Ständig wurde ich bedrängt. 30 Jahre dieselben Schuhe: Das sei ja absurd.

Minki war auch außer sich. »Unsoziale Leute wie du, die scheinheiligen Prestigekonsumverzicht üben, schädigen damit die Nachfrage, das Steueraufkommen und also die Umverteilung«, sagte er.

Während er mit seinem BMW X5 die Auto- und die Ölindustrie ankurbelte, schon klar.

Aber ich ging unbeirrt meinen Weg. Bis ich dann im Fußballkäfig vor unserer Wohnung mit einem meiner angeschnittenen Flugbälle Adorno traf – und mein linker Turnschuh auseinanderfiel.

Als Adorno und die Macht die Fetzen an meinem Fuß sahen, gerieten sie völlig außer sich. Sie schrien »Gimme five« und »yeah, yeah, yeah«.

Adorno wollte die Schuhe sofort in den Mülleimer werfen.

»Moment«, sagte ich. »Die brauche ich noch.«

»Wozu das denn?«

»Ich möchte diese Turnschuhe ins Museum geben«, sagte ich.

»In was für ein Museum?«

»Es ist das Peter-Unfried-Museum des nachhaltigen Konsums.«

»Aha. Und was kommt da sonst noch rein?«

»Nichts. Nur diese Schuhe, die 30 Jahre gehalten haben.«

»Bisschen wenig für ein Museum.«

»Das ist doch der Witz am modernen Konsum langlebiger Produkte. Dass man nur wenige braucht.«

Ich sah, dass er jetzt wirklich ratlos war.

»Du bist ja hobbylos«, sagte er dann.

»Wenn du weniger Zeug hast, aber dafür richtig gute Sachen, dann hast du mehr Zeit, dich darauf zu konzentrieren und dadurch wirst du glücklicher«, sagte ich.

Hatte ich gelesen.

»Komplett hobbylos.«

»Jetzt ist hier aber mal Schluss«, sagte die Macht. »Morgen gehst du mit Adorno zu Karstadt und dann kauft ihr euch neue Fußballschuhe.«

Sie dachte, nun hätte ich keine andere Wahl, als mir neue Turnschuhe zu kaufen. Aber erstens neige ich nicht zu Schnellschüssen. Und zweitens …

»Ach, lass mal«, sagte ich, »die paar Jahre bringe ich auch noch ohne Sport rum.«

Die Macht blickte auf meinen Bauch und sagte dann: »Aber Adorno braucht auf jeden Fall neue Fußballschuhe.«

Hä? Adornos Schuhe heißen »Messi Superdingsbums«, waren sauteuer und hundertprozentig nicht älter als drei Monate.

Ja, aber nun hätte sich eben die Farbe geändert.

»Wie, die Farbe hat sich geändert?«

Die Schuhe unseres obersten Fußballgotts hatten jetzt offenbar grellgelb zu sein und nicht mehr grellorange. Oder umgekehrt. Und deshalb brauchte er neue.

Das kam ja überhaupt nicht infrage.

»Nike will dich verarschen«, sagte ich zu Adorno. »Deine Schuhe sind doch neu, und die Farbe ist auch toll.«

Adorno wendete seinen Spezialblick an, mit dem er dem anderen klarmachen will, dass der eine Vollnase ist. Ich war auch in diesem Fall offenbar »hobbylos« beziehungsweise »komplett hobbylos«. Es gehe nicht um Nike, sondern darum, dass man die richtige Farbe habe. Ob ich das denn wirklich nicht kapierte, dass er unmöglich mit orange daherkommen könne, wenn Messi jetzt gelbe Schuhe habe.

»Als ich in deinem Alter war …«

Adorno sofort dazwischen: »Bitte nicht wieder so eine Schnarchgeschichte aus der Steinzeit.«

Steinzeit? 70er-Jahre halt. Und da hatte ich ganz am Anfang Günter-Netzer-Schuhe von Puma, das wird man doch wohl noch sagen dürfen in diesem Land. Schraubstollen. Gebraucht gekauft. Im Lauf meiner langen und unerfolgreichen Karriere hatte ich schätzungsweise sieben Paar Fußballschuhe. Adorno brauchte schon in der D-Jugend sieben in einem Jahr. Das kann es doch wohl auch heute nicht sein. Ich musste dem Wahnsinn Einhalt gebieten.

Wir variierten dann ein, zwei Minuten unsere Sätze bei leicht steigender Lautstärke.

Dann sagte Adorno: »Das hat hier ja keinen Sinn.« Er zog kopfschüttelnd ab.

Ich wusste genau, was er jetzt vorhatte. Allianzen schmieden mit seiner Konsum-Mutter. Oder noch Schlimmeres.

Es war dann Schlimmeres. Zehn Minuten später klingelte das Telefon und der Metzgermeister war dran.

»Oddo, das ist aber schön, dass du anrufst.« Ich war im Hochdeutschmodus.

»Ha, jetzt kaufat dem Bua halt seine Kickschuh.«

Er gehört einfach nicht zu den Leuten, die Zeit mit Floskeln vergeuden. Alte Telefonschule: Fasse dich kurz. Vor allem bei Ferngesprächen. Und am besten nie selber anrufen. Selbst wenn er wissen sollte, dass »Ferngespräche« kein Kostenfaktor mehr sind, es steckt einfach in ihm drin. Ich wusste also: Das war ein ganz wichtiger Anruf. Und ich wusste auch genau, wie es laufen würde. Aber ich verteidigte unerschrocken meinen Erziehungsauftrag: »Adorno hat grade erst neue gekriegt.«

»Aber wenn er se sich doch winscht.«

Ich winsch' mir auch ab und zu Sachen, die ich dann nicht kriege.

»Ha, no kauf' ich se halt.«

War ja klar. Ich sagte, dass es nicht um das Geld gehe, sondern um das Prinzip. Dass wir Schuhe wollten, die zumindest so lange getragen würden, wie sie passten, und dass grade er, Oddo, doch alles andere als ein Konsumheini sei.

»Aber wenn er se si doch winscht.«

Als er das zum vierten Mal daherbruddelte, sagte ich: »Oddo, es geht auch um den Rückbau des globalen Produktionswahnsinns. Wir müssen als Konsumgesellschaft umdenken!«

Stille am anderen Ende der Leitung. Dann Seufzen.

Wer wisse denn, wie viel Zeit ihm überhaupt noch bliebe.

»Ich bitte dich, du bist noch nicht mal 70.«

Er wollte dem Bua halt jetzt eine Freude machen. Solange er es noch könne. Wer wisse denn, wie lange er es noch könne. Genau das sagte er dann auch seiner Tochter und eine Minute später standen Adorno und die Macht angezogen in der Türe. Er grinste fies. Sie hatte vor Rührung noch feuchte Augen.

Und mir kamen auch gleich die Tränen.

15 Und dann ...
der Tugendterror

Jetzt muss ich nochmal auf die Sache mit dem Essen zurückkommen. Ich sitze hier am Esstisch und weit und breit keine Wurst. Normal, denn es wird ja grade nicht gegessen. Aber das war auch meistens so, wenn wir aßen, denn es kam nur noch selten Fleisch auf den Tisch. Es ist eben nicht nur wichtig, wie wir die Seelen unserer Kinder nähren, sondern auch, was wir in ihre Körper tun. Und beides hängt zusammen. Vor allem ist entscheidend, was sie wollen.

Das sagte ich auch genauso dem Metzgermeister, wenn er mal wieder mit dem Schicksal haderte. Wenn Penelope und Adorno in Opaland sind, kann man drauf gehen, dass sich irgendwann der Metzger meldete. Normalerweise ruft selbstverständlich nur die Oma an. Wenn er anruft, dann heißt das, dass es ernst ist. Sehr ernst.

»Jetzt gebat doch eire Kender ab ond zua mol a Wirschtle«, sagt er, ohne sich mit Begrüßung oder gar Smalltalk aufzuhalten.

»Oddo«, sage ich, »schön, dass du anrufst. Läuft alles gut?«

Gebruddel in der Leitung. Irgendwas in der Richtung, dass Fleisch auch in Berlin nicht verboten sei.

»Das sind nicht wir, Oddo«, sage ich, »und an Berlin liegt es auch nicht: Die Kinder selbst wollen keine Würstle.«

»Mer kann's au ibertreiben mit dem Ekofimml«, brummt er.

Penelope hat mir mal erzählt, wie es läuft. Punkt sieben wird zusammen gevespert.

Er normal, also das übrig gebliebene Fleisch vom Mittag, heiß gemachte Saitenwurst, Sortiment sonstiger Wurst, Sülze undsoweiter. Sie und Adorno ihre Nudeln oder Spätzle.

Nach fünf Minuten sagt er: »Ha, jetzt ässet doch wenigschtens so a klois Wirschtle.«

Worauf Penelope höflich zurückfragt: »Wie, bitte?«

»So a klois da«, er fuchtelt dann mit dem Würschtle vor ihrem Gesicht rum. »Des isch guad. Des hab' i selber gmacht.«

»Ich esse kein Würschtle, Opa, ich bin Vegetarierin«, antwortet Penelope dann sanft.

Brummel, brummel, es sei schon recht, das wisse er ja. Am nächsten Abend dasselbe.

Wenn die Kinder zurück sind, frage ich Penelope: »Und, wie lief es mit den Würschtle?«

»Opa wollte unbedingt, dass wir sie essen.«

»Und wie hat er es verkraftet, dass ihr keine esst?«

»Gut.«

»Echt?«

»Na ja, einmal hat er sich richtig aufgeregt. Ich glaube, weil Adorno dann auch noch gemeint hat, dass der VfB scheiße ist.«

Um Gottes willen. Aus Erfahrung weiß ich: Dann isch' er wirklich beleidigt.

Aber grundsätzlich fand ich die Entwicklung gut. Sehr gut. Aus Penelopes Vorhaben, drei Monate fleischfrei zu leben, war irgendwann Normalität geworden und inzwischen ist keine Rede mehr davon, dass das temporär sein könnte. Penelopes Freundinnen kriegen regelmäßig das Zittern und schreien hysterisch: »Ich ess' doch gar keine Chicken McNuggets mehr!«

Bei Adorno ist es praktisch unvorstellbar, dass er in diesem Leben noch eine Wurst anfasst. Sein Freund Leo ist nach meinem Eindruck auch schon fast mürbe. Minki verfolgt die Sache extrem misstrauisch.

»Warum essen eure Kinder kein Fleisch?«

»Keine Ahnung. Die stehen einfach nicht drauf.«

»Das hast du ihnen doch eingeredet.«

»Niemals.«

Einerseits hat er Angst, dass ihm eines Tages das Fleisch verboten werden könnte. Anderseits will er selbstverständlich auch nichts verpassen.

Lange Zeit lobten wir die Kinder und sagten ihnen, wie modern sie seien. Aber irgendwann fiel es ihnen verstärkt auf, dass wir mit ihrer Umorientierung immer noch nicht Schritt halten konnten.

Eines Tages kam Penelope an und erzählte mir, dass die Macht ganz seltsam reagiere, wenn sie Saitenwürstchen mache und Penelope ihr dann sage, dass das einmal Tiere waren.

»Das will sie überhaupt nicht hören«, sagte sie.

»Sie findet es nicht gut, Tiere zu essen, aber sie mag Saitenwürstchen«, sagte ich. »Und deshalb will sie nicht wissen, dass das ein Tier ist und will lieber denken, es sei ein Würstchen.«

»Es ist auch schwierig, einen toll riechenden Schinken mit einem Tier in Verbindung zu bringen, trotzdem ist es ein Tier«, sagte Penelope. »Die Tiere unterstützen uns ja schon, indem sie uns Eier und Milch geben. Aber sie zu essen, das geht zu weit. Es gibt auf YouTube einen ganz schlimmen Film über Massentierhaltung. Den musst du dir mal ansehen.« Sie rannte los, um ihr Notebook zu holen, und zeigte mir den Film. Wirklich schlimm.

Später und beim Abendessen fragte mich die Macht, was ein alter Freund so mache, mit dem ich gerade telefoniert hatte. Hatte sie so mit einem Ohr mitgehört. Sie hört immer so mit einem Ohr mit.

Also antwortete ich wahrheitsgemäß: »Der plant einen Wettbewerb, welcher Metzger live die beste Blutwurst von Hohenlohe machen kann.« Er ist Regionalbeauftragter von Slow Food. Da macht man offenbar so etwas.

Sofort finstere Blicke am Tisch. Bei der Macht, Tochter eines Metzgers, denn die Zusammensetzung der Worte »Blut« und »Wurst« behagt ihr nicht. Vor allem aber finstere Blicke in der Vegetarierecke.

»Blutwurstwettbewerb?«

Penelopes Stimme kam leicht von oben herab.

»Ist das überhaupt erlaubt?«

Adorno wedelte mit der Hand einmal um den Tisch, zeigte auf die Teller der Erwachsenen und sagte verächtlich: »Na ja, Penelope, ich sehe hier auch jemanden, der totes Tier isst.«

Es klang wie: Was willst du von denen erwarten?

Ich wollte ihnen erklären, dass es sich bei der Hohenloher Blutwurst um artgerechte Haltung von Schweinen auf Stroh handele, ausschließlich pflanzlich, dabei natürlich gentechnik- und antibiotikafrei gefüttert, und dass die Transformation von Tier in Wurst ohne Geschmacksverstärker und Mischgewürze erfolge. Doch als ich grade ein zweites Mal das Wort »Blutwurst« ausgesprochen hatte, sagte Adorno: »Das interessiert hier nun wirklich niemanden.«

»Jetzt seid halt nicht so dogmatisch«, sagte ich. Immer dieser Tugendterror.

»Gleich erzählt er uns noch, dass Fisch kein Fleisch ist, Penelope«, sagte Adorno.

Jetzt kam das wieder! Einmal hatte ich einen Fehler gemacht, als ich behauptet hatte, mein Wochenende sei komplett fleischfrei gewesen.

»Was?«, schrien sie empört. »Du hast am Freitag Fisch gegessen.«

Na, und da rief ich: »Fisch ist kein Fleisch.«

Das Geschrei hätten Sie hören sollen.

»Fische haben Augen«, riefen sie.

Dann wiesen sie mir mit zwei, drei Klicks nach, dass Fleisch im Sinne des Fleischbeschaugesetzes tierisches Muskelfleisch mit Fett, Bindegewebe, Knochen und Knorpeln ist. Da der Fischkörper ebenfalls Knorpel beziehungsweise Knochen, Muskeln, Nerven, Blutgefäße und eine Außenhaut hat, sind die Fleisch-Kriterien eindeutig erfüllt. Ich habe das damals dann geprüft und fand heraus, dass außer mir weltweit offenbar nur noch eine Institution zwischen Fisch und Fleisch unterschied, und die hatte ihren Sitz im Vatikanstaat.

Ich schwor umgehend ab, aber das interessiert dann ja keinen mehr.

Sie steigerten sich jetzt immer mehr rein in ihr moralisches Geschwätz. »Warum esst ihr immer noch Fleisch?« Sie verstünden das gar nicht. Das sei nicht nachzuvollziehen. Man müsse seinen Worten schon auch Taten folgen lassen. Wir würden unserer Vorbildfunktion nicht annähernd gerecht. Blablabla. Irgendwann langte es mir und ich stand auf und holte vom Fernsehtisch das iPad rüber. »Hier steht es doch«, sagte ich nach kurzem Googeln, »die beste Ernährung haben inkonsequente Vegetarier.«

»Was erzählst du ihnen denn da?«, fragte die Macht.

»Weil sie auf einfache Art immer bestimmte Nährstoffe über Fleisch aufnehmen, die sie brauchen«, las ich weiter.

»Was erzählst du ihnen denn da?«, rief die Macht, jetzt schon eine Oktave höher.

»Da habt ihr's«, sagte ich, »inkonsequente Vegetarier oder Flexitarier sind State of the Art.«

Die Macht gab mir den Ja-bist-du-denn-völlig-bescheuert-Blick.

»Was sind Flexitarier?«, fragte Adorno.

»Leute wie ich«, sagte ich.

»Aha«, sagte er.

»Leute, die nur gelegentlich Fleisch essen.«

Die Kinder blickten sich an. Und Adorno rief: »Alter! Ein Flexitarier.«

Beim ihm klang das, als würde ich jemanden »Heino« nennen. Oder »Alfred Dregger«.

Das war das vorläufige Ende unserer gepflegten Unterhaltung an der Familientafel.

Wir beide aßen schweigend und möglichst schnell unser klitzekleines Biowürstchen auf. Und waren froh, dass wir nicht noch schlimmer geschimpft wurden.

Als die Kinder sich die iPads gegriffen hatten und wir das Geschirr in die Küche raustrugen, flüsterte die Macht mir zu: »Gut, dass wir nicht so sind.«

Sie war noch nicht fertig, da quakte Adorno vom Sofa aus: »Was flüstert ihr da? Ihr sollt nicht flüstern.«

Ich sah die Macht an und sagte: »Aber wirklich.«

Tja. Normalerweise sind Kinder doch schnell genervt, wenn man sie mit neuen Werten und Normen bekannt macht und von ihnen deren Übernahme verlangt. Dann sagen sie: Leck mich. Und gehen ihrer Wege. Ein Problem. Aber in diesem Fall ignorieren die Kinder die neuen Werte nicht, sondern leben sie – konsequenter als wir. Damit sind nicht wir, sondern sie im rechtmäßigen Besitz der Moral.

»Das kann ja wohl nicht angehen, dass sich die Rollenverteilung zwischen ausgewachsenen Eltern und ihren Kindern so verkehrt«, sagte die Macht.

Offenbar war ihr grade entfallen, wie sie den Metzgermeister geschimpft hatte, als er sich seinen SUV gekauft hatte. Hui! Sie hatte in jeder Beziehung die besseren Argumente und deshalb war er am Ende richtig bockig. Ich bin mir fast sicher, dass er nach unserem Besuch erst mal mit quietschenden Reifen fünf Runden durchs Dorf gedreht hat. Einfach, um mal richtig Dampf und Kohlendioxid abzulassen.

Ich sagte: »Sieh es doch mal so: Irgendwann verkehrt sich die Rollenverteilung zwischen ihnen und uns ja eh. So können wir uns nicht erst im Altersheim an den gelebten Werten unserer Kinder orientieren, sondern schon jetzt.«

Sie: »Spinnst du?«

Im Gegensatz zu mir esse sie ja praktisch fast kein Fleisch und da sei es unfair, sich von diesen Nasen Vorträge anhören zu müssen.

»Du sollst doch die Kinder nicht ›Nasen‹ nennen«, sagte ich.

»Wenn sie aber doch welche sind.«

Jetzt war die wieder so drauf.

»Schau dir den Superöko an«, sagte ich. »Der isst auch kein Fleisch mehr, nur weil seine Kinder das verlangen.«

»Ja, der Superöko«, höhnte sie.

»He, nichts gegen meinen Bruder«, sagte ich.

Der Superöko hatte mir gesagt, das sei der große Fortschritt unserer Generation. Dass es uns möglich sei, unser Verhalten zu ändern, weil die Kinder das vorlebten. Das wäre unseren Eltern noch nicht möglich gewesen.

»Der Metzger hätte doch nie seinen Fleischkonsum reduziert, nur weil du überzeugt bist, dass das wichtig ist«, sagte ich. »Und du? Kein Ding. Das ist Fortschritt. Eindeutig.«

»Glaubst du?«, sagte sie.

»Es ist sogar noch ganz anders.« Ich merkte, wie ich langsam in Fahrt kam. »Wären wir Obervegetarier, dann wäre das fleischfreie Leben für die Kinder langweilig. Sie würden nur brav den elterlichen Vorgaben folgen. Weil wir es aber nicht perfekt draufhaben, geben wir ihnen den Raum, um sich durch ihr Vegetariertum positiv von uns zu distanzieren. Es ist also im Grunde unsere heilige Pflicht, weiter ein bisschen Fleisch zu essen.«

Sie sah mich nachdenklich an.

»Reden kannst du«, seufzte sie.

Also, wenn das keine Liebeserklärung war, dann weiß ich auch nicht.

16 Und dann ... das Spießertum

Wenn bestimmte Arten, die Welt zu sehen, im Fernsehen und bei *Gala.de* dauernd vorkommen und auch noch als normal präsentiert werden, hast du als progressiver Mensch praktisch keine Chance mehr. Es ist hobbylos. Zum Beispiel: Verlobung. Niemand hätte sich zu unserer Zeit verlobt. Jedenfalls niemand, der auch nur entfernt auf der Höhe war.

Penelope und Adorno denken, Verlobung sei normal. Macht man halt so. Hochzeit sowieso. Das muss eine große Show sein, in einer Kapelle auf dem Land, Party dann im Schloss nebenan. Die denken auch, es sei normal, dass wenn ein Mann einer Frau einen teuren Ring schenkt, sie ihm einen bläst und die beiden dann heiraten.

Die Macht total indigniert. »Das hast doch bestimmt wieder du ihnen eingeredet.«

Diesmal wirklich nicht.

»Keine Ahnung, wo sie das herhaben.«

Sie bestehen vehement darauf: Nein, nein, das wüssten sie genau. Erst Ring, dann blasen, dann Heirat. Das mit dem Blasen passt nur auf den ersten Blick da nicht rein. Ich glaube ja, das machen die Konservativen in Amerika so.

Oder Haare. Penelope las ihr Hausblatt *Gala* und deutete auf das Foto einer Schauspielerin mit kurzen, braunen Haaren.

»Wäre besser, wenn sie lange Haare hätte.«

»Wieso das denn?«

»Frauen mit langen Haaren sind gefragter.«

Ich sagte, dass dieser Frau die kurzen Haare doch sehr gut stünden und dass sich wirklich gut aussehende Frauen auch kurze Haare leisten könnten. Im Gegensatz zu den meisten langmähnigen Blondinen.

Hm, konnte man das so sagen und stehen lassen? Ich sagte ihr, dass das jetzt einerseits eine unakzeptable Diskriminierung und Stereotypisierung gewesen sei und blondinenverachtender Rassismus. Aber eben auch mein Eindruck nach langjährigen Beobachtungen.

Sie sagte, dass im Fernsehen jedenfalls Frauen mit langen Haaren bessere Chancen hätten und es daher klüger wäre, die Haare lang zu tragen.

Sie hat selbstverständlich recht und das ist nicht nur im Fernsehen so. Aber was mich irritiert, ist diese pragmatische Art vorauseilenden Gehorsams, eigentlich: Bereitschaft zur Unterwerfung. Wenn man das und das will, dann muss man es halt so und so machen. Wir haben das nicht gemacht. Aber wir wollten das auch nicht. Oder irgendwie schon. Aber nicht so. Und keinesfalls nach den Regeln unserer Eltern, die ja – bei allem Respekt – schon teilweise schlimme Spießer waren. Ich sage nur: Urlaub in Südtirol.

Der Superöko fährt ja neuerdings auch wieder nach Südtirol.

»Bist du bescheuert?«, sagte ich zu ihm.

»Wieso? Südtirol ist einfach toll.«

»Seit wann?«

»Ab jetzt. Ist einfach eine Wahnsinnslandschaft.«

»Eine Wahnsinnslandschaft?«

»Ja, unglaublich.«

Man entwickle sich eben. »Bergwandern und Radfahren waren ja früher nicht meine Hobbys. Jetzt find ich's toll.«

Er schwärmte mir doch tatsächlich ein paar Strophen davon vor, wie er auf dem Radfernweg durch das Etschtal von Meran nach Bozen gefahren sei.

»Man kann da sogar über den Reschenpass zu unserem alten Urlaubsort fahren.«

»I halt's em Kopf net aus«, sagte ich. Unfassbar. Da sieht man mal wieder, wie unterschiedlich Geschwister sich entwickeln können, obwohl sie im selben Zimmer aufgewachsen sind. Der eine wird ein immer aufgeklärterer Mensch – und der andere regrediert.

»Ich steh' da morgens um acht auf und fahre zwei Stunden allein durch die Berge«, sagte der Superöko. Sie hätten da außerdem ein richtig tolles Hotel inmitten von Apfelplantagen gehabt.

Bio-Apfelanbau, nahm ich an?

»Selbstverständlich.«

Die Südtiroler hätten überhaupt gute ökologische Projekte laufen.

»Das mag ja alles so sein, aber die Frage ist doch, ob das nicht Kinderquälerei ist.«

Der Superöko würde mit seinen Kindern selbstverständlich nie nach Disneyland fahren. Und wenn sie ihn noch so anflehen würden. Nicht wegen des Bullshit-Faktors, sondern tatsächlich wegen der Emissionen eines Interkontinentalfluges. Macht er nicht. Da ist er hart.

»Der Deal war, dass das Hotel einen Pool haben musste. Das hatte es. Und damit waren die Kinder zufrieden.« Außerdem musste er sich verpflichten, an einem bestimmten Nachmittag mit ihnen im Zimmer zu bleiben und irgendeine Adelshochzeit oder so was anzuschauen. Junge Menschen! Unglaublich!

Aber ich hatte diesen Werteschlamassel ja in der eigenen Kleinfamilie. Ich war erst mal leicht geschockt, als mir klar wurde, dass Adorno Heiraten unausweichlich und sogar total erstrebenswert findet. Ich meine: Was haben diese jungen Leute heutzutage im Kopf? Ich erwischte ihn, wie er seinen iPad laufen hatte und bei »I wanna marry you« von Bruno Mars mitsang.

»I wanna marry you«, sagte ich, »ich will dich heiraten? Was soll denn diese Scheiße?«

»Wieso?«, fragte Adorno. Das sei sein Lieblingslied, ich solle bloß vorsichtig sein.

Ich wollte aber nicht vorsichtig sein.

»Na, ich meine, was ist das für ein Popsong? Ich lasse mir ›I wanna make dirty love to you‹ gefallen. Oder ›I wanna destroy my hotelroom‹ oder ›Rock you like a hurricane‹. Das ›rock‹ ist in diesem Fall übrigens ein Euphemismus und steht für ›fuck‹.«

Er: »Hä?«

Ich: »›I wanna marry you‹ – das geht gar nicht.«

Wir tauschten noch ein, zwei Argumente aus und danach war klar, dass es für Adorno trotz seiner lockeren Bums-und-Blas-Sprache offenbar das Selbstverständlichste der Welt war, dass ein Mittzwanziger eine Angebetete umgehend heiraten will.

Mein Sohn, ein Vertreter des Neobiedermeiertums? Dafür hatte ich ihn damals nicht gezeugt.

»Äh, Pu …«

»Mein Sohn?«

»Du bist doch selbst verheiratet.«

Das war nun aber wirklich komplett etwas anderes.

»Wir haben doch damals nicht aus Liebe geheiratet«, sagte ich lässig.

Adorno weiß zwar, dass ich ein schneidiger Nonkonformist sein kann, aber nun schaute er doch etwas verunsichert: »Warum denn dann?«

Ehrlich gesagt: Wegen Oberhoheit über das Abschalten von lebenserhaltenden Apparaten im Falle eines hoffnungslosen Falles. Damit die Macht das Recht hat, meine Beerdigung zu regeln. Und ich ihre. Damit wir nicht plötzlich für alle Ewigkeiten auf dem Friedhof in unserem schwäbischen Kaff begraben waren und nichts dagegen machen konnten. Sehr gute Gründe also, sodass wir uns eines Tages in einer Arbeitspause schnell in der zuständigen Behörde trafen. Aber der Sinn einer Hochzeit hatte mir nie eingeleuchtet und das Ritual mit Familienfeier fürchtete ich wie der Teufel das Weihwasser. »Falsche Rituale töten echte Gefühle«, das hatte ich mal irgendwo gelesen und da hielt ich mich dran.

Penelope liebt Hochzeiten: »Warum werden wir nie auf Hochzeiten eingeladen?«

Weil die Leute in unserem Freundes- und Bekanntenkreis alle schon verheiratet sind beziehungsweise nicht mehr, wie Christine. Immerhin waren wir bei Minkis zweiter Heirat. Er hatte so eine Art Landschloss draußen in Brandenburg gemietet und einen Standesbeamten dazu gebracht, die Trauung auf einer Blumenwiese zu vollziehen. Sehr schön, muss ich zugeben. Hochzeitsnacht-Suite mit Blick auf den See undsoweiter. Eine idyllische Kirche aus dem 16. Jahrhundert gab es auch, aber die konnte Minki ja nicht in Anspruch nehmen. Penelope war jedenfalls begeistert. Vor allem auch von Carolin-s Kleid.

»Hast du das Kleid gesehen?«, flüsterte die Macht mir während der Trauung zu. Die war nicht so begeistert. »Wer's tragen kann«, sagte ich.

Immerhin waren Minki und Carolin- jetzt in den Augen der Kinder offiziell legitimiert, Sex zu haben oder wie man das jetzt nennen soll. Kaum hat aber jemand Sex mit jemandem, der nicht sein offizieller Partner ist, sagen sie, der eine habe die andere »betrogen«. Oder die eine den anderen.

Sage ich: »Leute, ihr wisst doch gar nicht, unter welchen Voraussetzungen die zusammen sind. Es gibt Beziehungen, in denen Exklusivität vereinbart ist. Und es gibt Partnerschaften, in denen keine sexuelle oder emotionale Exklusivität vereinbart ist.«

Dann schauen die mich an wie einen Eisenbahnzug und sagen: »Wie hobbylos bist du denn?«

Mit so aufgeklärten Positionen können sie überhaupt nichts anfangen. Vielleicht suchen sie Halt in seltsamen Traditionalismen, weil die Welt eh schon so unsicher geworden ist? Oder sie geben einfach das wieder, was ihnen links und rechts begegnet.

»Wie kann das sein, dass ich so progressiv bin und unsere Kinder manchmal so verbohrt konservativ sind?«, fragte ich die Macht.

Sie sagte, ich solle die Wäsche aus der Waschmaschine holen und aufhängen, das sei jetzt viel wichtiger.

In dieser Hinsicht finde ich Fernsehen für Kinder wirklich schädlich, weil es eine bestimmte Sicht auf die Dinge feiert und für normal erklärt. Eine Zeit lang waren sie ganz verrückt nach einer US-Sitcom namens »How I Met Your Mother«.

Adorno hatte mich mit einem ganz fiesen Trick da reingezogen.

»Pu«, sagte er eines Tages und klang dabei so, als sei er mein bester Freund.

»Hm?«

»Du interessierst dich doch auch für Sex, oder?«

Klar, sagte ich.

Und er, dass er dann eine tolle Serie für mich hätte. Es war dann aber alles – außer Sex. Scheinbar 21. Jahrhundert, aber in Wahrheit wahnsinnig konservativ. Verlogene Werte der 50er in eine schicke und pseudomoderne Hülle verpackt. Männer so, Frauen so. Lebensziel Hochzeitsfeier, Doppelbett, Monogamie, Konsum, Doppelgrab.

Nach dem klassischem Muster gab es darin zwei Frauentypen: die »Gutaussehende« und die »Komische«.

»Wer ist die Gutaussehende?«, fragte Adorno, als ich mal zwischen zwei Folgen versuchte, ihnen das Prinzip näherzubringen. Penelope und ich saßen in der Fernsehecke auf dem Sofa, Adorno lag vor uns auf dem Boden.

»Na, Robin«, sagte Penelope.

Adorno fachmännisch-skeptisch: »Das soll die Gutaussehende sein?«.

Robin war eindeutig für die Rolle des hübschen Mädchens von nebenan besetzt.

Lange braune Haare, braune Augen undsoweiter.

»Lieber Adorno«, sagte ich, »es freut mich, wenn du dir eigene Einschätzungen jenseits des Mainstreams leisten willst, aber nach konventionellem Mehrheitsgeschmack ist Robin eindeutig die ›Hübsche‹.«

»Ach, und was ist denn Lilly?«

Lilly ist die Grottig-Aussehende. Alles voller Sommersprossen undsoweiter.

»Lilly ist die Geht-so-Aussehende«, sagte ich, »weshalb sie komisch sein muss.«

»Ach«, sagte Adorno nachdenklich, »wer nicht gut aussieht, muss also komisch sein?«

»Tja«, sagte ich, »nicht jeder hat das Glück und ist beides. So wie ich.«

»Soll das komisch sein?«, fragte Adorno.

»Vorsicht jetzt, bevor du auf das Aussehen zu sprechen kommst. Immerhin bist du mein Sohn.«

»Bist du dir da sicher?«

Die Nummer wieder.

»So was von.«

»Ganz sicher?«

»Schau dich doch an, du Nase.«

»Wie soll ich mich anschauen? Hier ist kein Spiegel.«

»Du weißt doch, wie du aussiehst.«

»Eben.«

Das hatte ja mal wieder gar keinen Sinn.

»Mädchen treten ja meist zu zweit auf«, sagte ich. »In der Regel hast du dann eine Gutaussehende und eine Geht-so-Aussehende«.

»Geht-so?«

»Ja, sie heißt Geht-so, weil sie geht so. Geht-so ist die Dienerin von Gutaussehend. Geht-so unterhält Gutaussehend, erledigt die unangenehmen Dinge für sie und hält ihr den Rücken frei. Dafür darf sie an dem Liebesleben von Gutaussehend emotional teilhaben.«

Adorno wirkte verwirrt. »Wie jetzt?«

»Ist doch ganz einfach: Wenn Gutaussehend einem Jungen sagen will, dass er ihr Freund werden kann oder muss, dann schickt sie Geht-so los, um die Verhandlungen zu führen.«

»Echt?«

»Ja, Geht-so überbringt dann ein Zettelchen von Gutaussehend oder sagt dem Jungen mündlich, was er zu tun hat.«

Jetzt waren beide elektrisiert.

Ich auch. Endlich konnte ich ihnen mal was richtig Substanzielles aus meinem breiten Erfahrungsschatz weitergeben.

»Und Geht-so kriegt keinen Freund?«

»Nur wenn sie Glück hat. Dann kriegt sie den Freund des ausgesuchten Jungen.«

»Wie ist der dann so?«, fragte Penelope.

»Natürlich Geht-so«, sagte ich.

Woher ich das alles wisse.

»Na, weil ich das genauso erlebt habe.« Damals in den 70ern.

Adorno sah mich bewundernd an, jedenfalls denke ich, dass es ein bewundernder Blick war. Dann wurde er nachdenklich und sagte: »Und wer warst du, Pu?«

Und ich: »Das fragst du doch jetzt nicht im Ernst?«

Und er: »Du warst Gutaussehend.«

Ganz blöd ist er halt doch auch nicht.

»Du sagst es, mein Sohn«, sagte ich. »Ich stand da also lässig rum. Und Geht-so kam rüber und sagte mir, dass Gutaussehend bereit sei. Ich schaute rüber und sah, dass Gutaussehend wirklich gut aussehend war. Und der Rest war dann Formsache.«

»Und Geht-so?«

»Ich hatte da noch so einen Typen dabei. Der übernahm dann Geht-so.«

»Ja, wie lief das dann?«

»Er sagte: Was soll's? Dann übernehm' ich halt Geht-so.«

»War der auch Geht-so?«

»Nein, der war Geht-gar-nicht.«

Wirklich schlimm. Aber Geht-so war in Wahrheit halt auch nicht Geht-so. Klar war aber, dass ich die Nummer 1 war.

Adorno überlegte: »Hattest du nicht damals so eine komische Brille?«

Ja, hatte ich. Und als Geht-so zum ersten Mal zu mir gekommen war mit diesem Zettelchen in der Hand, schiss ich mir fast in die Hosen. Aber Erinnerung muss man schon auch filtern dürfen, wo kommen wir denn da sonst hin.

»Es gibt da noch eine Sache, auf die man aufpassen muss«, sagte ich.

»Ja, was denn?«, fragte Penelope.

»Wenn Geht-so kommt, und du denkst, sie ist im Auftrag von Gutaussehend unterwegs. Dabei kommt sie im eigenen.«

Adorno wirkte jetzt doch sehr nachdenklich. Offensichtlich sah er eine Geht-so vor sich.

»Äh, Pu …«, sagte er.

»Was'n?«

»Heißt ›Geht-so‹ in Wahrheit ›hässlich‹?«

»Es gibt keine hässlichen Mädchen«, sagte ich. Das sage ich immer, und das ist ja auch so. Im Grunde. Ich überlegte, was ich sonst noch Feinfühliges antworten sollte, da kam die Macht ins Wohnzimmer gepoltert.

»Was erzählst du denn hier wieder für Geschichten?«, sagte sie.

»Wieso? Ich erkläre den Kindern, wie es da draußen wirklich läuft zwischen Mädchen und Jungen.«

»Ach? Wie läuft es denn deiner Meinung nach?«

»Es kommt halt vor allem auf die inneren Werte an.«

Glücklicherweise klingelte in diesem Moment ihr Telefon, sodass sie es dabei bewenden ließ und sich bis auf Weiteres in ihr Zimmer zurückzog.

»Äh, Pu …« Adorno.

»Was'n?«

»War Gutaussehend die Macht?«

»Äh, nein. In diesem Fall nicht.«

»Wie viele Frauen hattest du denn?«

»Viele.«

Entsetzen.

»Zu wenige.«

Fragezeichenblicke.

»Na ja, einige.«

»Mehr als zehn?«

Das wurde mir dann doch langsam zu riskant. Womöglich posteten sie das umgehend bei Facebook.

»Ich bitte um Verständnis, wenn ich diese Frage zum Schutz meiner Privatsphäre nicht beantworte.«

»Aha«, sagte Adorno, »also mehr als zehn.«

Und das ist jetzt ein echter Dissens zwischen denen und mir, und ich finde, da sind sie wirklich rückständig. Muss man Fragen beantworten, weil man sie sonst beantwortet, indem man nichts sagt?

Ich sage: Nein.

Penelope und Adorno sagen: Auf jeden Fall.

»Wenn du sagst, dass du nichts sagst, ist alles klar«, sagt Penelope.

»Quatsch.«

»O doch.«

Wir hatten das schon mal, als ich die Geschichte von Christine erzählt hatte, die eines Tages doch tatsächlich eine Kollegin von Minki anrief und sie fragte, ob Minki eigentlich noch eine andere Frau am Start hätte.

»Was passierte dann?« Penelope sofort elektrisiert. Adorno zumindest interessiert.

»Die Kollegin sagte, sie sei grade auf der Autobahn und legte auf.«

»Und?«

»Es war ein Anruf auf dem Festnetzanschluss.«

»Hä?«

Worauf ich hinauswollte: Lügen war in diesem Fall nicht akzeptabel.

Christine rief dann eine andere Kollegin an. Und die sagte ihr, dass man in der Firma tatsächlich den Eindruck habe, eine bestimmte Praktikantin sei auch eine Art Partnerin von Minki.

Zwei Partnerinnen? Penelope und Adorno waren sich sofort einig, dass das ein Skandal war.

Ich sagte wie immer brav, dass es 1968 und in den Jahren darauf Kommunen gab, in denen diverse Frauen und Männer zusammen lebten und beim Sex durchwechselten.

Oder alle zusammen.

»Rainer!«, rief Adorno.

»Ja, Rainer ging damals voll ab.«

»Rainer aus dem Dschungelcamp?«, fragte Penelope.

»Richtig«, sagte ich, »Rainer Langhans war der Körper der sexuellen Revolution.«

Den Satz hatten die verklemmten Medien damals erfunden. In

Wahrheit waren die meisten Kommunarden auch ziemlich verklemmt, aber das passte mir jetzt nicht in den Kram.

»Aber Rainer hatte doch seit 1973 keinen Samenerguss mehr«, sagte Penelope.

»Seit 1973?«, fragte Adorno. Das war für ihn so weit weg wie die Steinzeit.

»Tja, Adorno«, sagte sie. »Wenn du die große Liebe willst, dann musst du aus dem Körper raus.«

Sie hatte damals zur Begleitung der Fernsehsendung »Ich bin ein Star – holt mich hier raus« die komplette Rainer-Literatur durchgearbeitet. Und dieser Satz war hängen geblieben.

Ich sagte, dass Rainer sich eben weiterentwickelt habe und zwar mehr so in die geistige Richtung. Dass er aber mit vielen Frauen zusammen lebe, zwar samenergussfrei, aber spirituell sehr intensiv. Dass es nicht nur einen Weg zum Glück und eine Kultur für soziales Zusammenleben und Liebe gebe undsoweiter. Es sei eine Frage der gesellschaftlichen Kultur und der individuellen Vereinbarung.

Aber speziell Penelope hat eben viel Sekundärliteratur in Frauenzeitschriften gelesen. Demnach gehen mehrere Frauen einfach nicht.

Zwei Partnerinnen, das gehe auch gar nicht, sondern die zweite sei Betrug an der ersten. Und der Rest sei Geschwätz.

Gott, wie engstirnig. Wie zurückgebeamt in die 70er und aufs Dorf. Wozu hatten wir uns denn jahrzehntelang mühsam entprovinzialisiert, wenn diese Kinder unsere Familie geistig-kulturell auf Musikantenstadl- und Degeto-Komödien-Niveau zurückkatapultierten?

»Jetzt sage ich euch mal, was der wirkliche Skandal ist und gar nicht geht«, rief ich.

Dass einen jemand anruft und fragt, ob ein Kollege noch eine andere Frau am Start hat. Und dass man derjenigen dann sagt: Ja, klar, der hat noch eine andere Frau am Start, gern geschehen. Das geht überhaupt nicht. Selbst wenn es sich nur um Minki dreht.

»Vor allem geht es schon mal gar nicht, dass jemand anruft und einen so etwas fragt«, sagte ich.

Adorno meinte, man solle halt sagen, dass er keine zweite Frau am Start habe.

»Nein, das geht auch nicht«, sagte ich, »und zwar nicht einmal, wenn es stimmt.«

»Hä?«

»So eine Frage darf man nicht beantworten.«

Die Kinder verwirrt.

»Was soll man dann sagen?«, fragte Penelope.

»Man sagt: Ich kann und werde dir diese Frage nicht beantworten, gute Frau.«

»Aber dann ist doch alles klar: Er hat eine zweite Frau am Start.«

»Nein«, sagte ich. »Dann ist die Sache so offen wie zuvor.«

Penelope schüttelt den Kopf.

»Wenn die sagt: ›Hat er noch eine Frau am Start?‹ und du sagst: ›Das sage ich dir nicht‹, dann ist alles klar. Dann hat er eine.«

»Nein, es ist nicht alles klar«, sagte ich. Hier ging es um etwas Grundsätzliches. Ich wollte, dass sie größer dachten, freier wurden und nicht in dieser piefigen Kleinbürgerwelt stecken blieben.

»Die Frage ist nicht zulässig, das ist alles, was ich sage. Die Antwort lasse ich offen.«

»Aber die Frau denkt dann, er hat eine.«

»Ihr Problem.«

»Aber dann sag' doch einfach, dass er keine hat.«

»Falls er eine hat, würde ich dann lügen«, sagte ich, »aber das ist für mich nur der zweitwichtigste Grund. Der wichtigste ist, dass ich eine solche Frage nicht beantworten will.«

Jetzt wurden sie langsam ungeduldig: Hä, was hat er denn jetzt wieder? Ich sollte nicht so störrisch sein, sondern daran denken, dass ich dem Kollegen und seiner Frau etwas Gutes tun könne. Wenn er wirklich keine zweite Frau am Start habe, sei ich geradezu verpflichtet, es der ersten zu sagen. Wenn ich aber sagte, dass ich dazu nichts sagen wolle, dann sei alles klar. Dann habe er eine weitere Frau am Start.

»Nein, nein, nein!«, rief ich. »Wenn ich sage, dass ich zur Frage einer zweiten Frau nicht Stellung nehme, dann ist gar nichts klar. Vielleicht hat er eine, vielleicht hat er keine, jedenfalls wird sie es nicht von mir erfahren.«

»Doch, doch, doch!«, riefen die Kinder, »Dann hat er eine. Auf jeden Fall hat er dann eine.«

Ich versuchte nochmal, ihnen zu erklären, dass es nicht sein kann, dass jemand irgendwo anruft, um die Frage einer Zweitfrau zu klären, und der Angerufene damit in der Falle sitzt. »Wir brauchen in diesem Land eine Kultur, in der man sich der Zumutung widersetzen kann, bestimmte Fragen zu beantworten, ohne dass damit alles klar ist.«

Adorno sah mich nachdenklich an. Hatte er es etwa doch noch kapiert, wie wichtig das war?

»Als ich damals ins Schlafzimmer kam und die Macht so komisch auf dir rumrubbelte, hattet ihr da eigentlich Sex?«, fragte er.

Du kleiner Wicht. Aber nicht mit mir.

»Ich bitte um Verständnis, mein lieber Adorno, wenn ich diese Frage aus Gründen des Schutzes meiner Privatsphäre und der deiner Macht weder mit ja noch mit nein beantworte«, sagte ich kühl.

»Wusste ich's doch, Penelope«, sagte Adorno, und Triumph lag in seiner Stimme. »Sie haben es getrieben.«

17 Und dann …
die Schuldfrage

Jetzt hat dieser Adorno sich jahrelang geweigert, eine lange Unterhose anzuziehen. Weil: Lange Unterhosen sind hobbylos. Ewiges Hin und Her, viel Blut, Schweiß und Tränen, nix zu machen. Auch bei der größten Kälte nicht.

Und dann kommt er eines Tages an und sagt, er braucht jetzt eine lange Unterhose. Und zwar pronto. Sofort hottet die Macht los, um ihm eine lange Unterhose zu kaufen. Sie kommt mit der langen Unterhose zurück, und er nimmt sie wortlos und zieht sie an, als sei das das Normalste der Welt. Von da an nie mehr ein Wort gegen lange Unterhosen. Allerdings zieht er sie dann auch nicht mehr aus.

Das war jetzt nur ein Beispiel, ich könnte da viel erzählen. Danach ist die Macht jedenfalls immer total erledigt, man sieht richtig, wie sie das mitnimmt, dass sie nicht versteht, was das alles soll.

»Ist das denn noch normal?«, seufzte sie, als er mal wieder mit seinen langen Unterhosen abgezogen war. Draußen 20 Grad. »Das kann doch nicht normal sein.«

»Das ist völlig normal«, sagte ich.

Nicht dass ich da sicher wäre, aber ich wollte sie auf keinen Fall in ihrer Sorge bestärken, dass unser Sohn nicht ganz normal sein könnte.

Ich sagte: »Weißt du, Macht: Der eine wählt jahrzehntelang die SPD. Und eines Tages: Zack. Nicht mehr.«

»Ich hab' nie die SPD gewählt«, sagte sie.

»Dann nimm den anderen. Der denkt jahrelang, dass Harald Schmidt der Größte ist. Und eines Tages: Zack. Denkt er das Gegenteil.«

»Ich hab' nie gedacht, dass Harald Schmidt der Größte ist. Und jetzt denke ich auch nicht das Gegenteil.«

Ja, gut, manchmal reden auch die glücklichsten Paare aneinander vorbei, das passiert schon mal. Da muss man durch.

»Und der Dritte trägt keine langen Unterhosen, und eines Tages: Zack. Trägt er lange Unterhosen. Das nennt man Umorientierung oder Weiterentwicklung.«

Die Macht sah richtig unglücklich aus. Ich wusste schon, was sie umtrieb. Sie dachte: Warum ist dieser Adorno so seltsam? War sie schuld, dass er so seltsam ist? Dann dachte sie: Oder war nicht vielmehr sein Vater schuld? Und dann sagte sie: »Also, ich weiß gar nicht, wo er das herhat.«

Das heißt übersetzt: Das hat er doch hundertprozentig von dir.

Zum Beispiel kann Adorno keine Fehler zugeben. Um's Verrecken nicht. Das ist wirklich schlimm bei dem.

Sagt die Macht: »Ich weiß gar nicht, wo er das herhat.«

Also von mir? Niemals. Was für ein absurder Vorwurf. Ich mache nichts falsch.

Oder: »Tut immer so groß, dieser Adorno, aber kann sich nicht mal in der Kneipe selbst eine Cola bestellen. Das muss alles ich machen.«

Was hat das mit mir zu tun, bitte? Ich bestelle selbstverständlich mein Getränk in der Kneipe selbst. Wenn die Bedienung mich nicht ignoriert. In dem Fall macht die Macht das, okay. Aber wirklich nur dann.

Wenn ich so drüber nachdenke, muss ich allerdings zugeben, dass ich mich jahrelang geweigert habe, lange Unterhosen zu tragen. Keine Ahnung, warum. Eines Winters kam die Macht daher und sagte: »Draußen ist es heute richtig kalt. Zieh' deine langen Unterhosen an.«

Daraufhin zog ich meine langen Unterhosen nicht an. Und fror mir dann fast einen ab, aber egal. Mir war einfach nicht nach langen Unterhosen. Nächstes Jahr die gleiche Chose. Sie sagte: »Zieh' die langen Unterhosen an.« Ich zog sie nicht an.

So ging das viele Jahre, ja Jahrzehnte. Eines Tages sagte sie wieder: »Zieh' die langen Unterhosen an.« Und da zog ich sie an. Einfach so. Seitdem friert es mich nicht mehr an den Beinen, wenn ich im Winter draußen in der Kälte bin. Ich muss sagen: Das ist eine wahnsinnige Verbesserung der Lebensqualität. Und wenn ich das Ganze positiv sehen soll, dann hat Adorno immerhin viel schneller kapiert als ich, dass es einen mit langen Unterhosen im Winter nicht mehr an den Beinen friert. Ich hoffe, diese geistig-kulturelle Entwicklung lässt sich auf viele andere Bereiche übertragen. Eines Tages. Wichtig wäre vor allem mal das Duschen. Und das Fahrradfahren.

Ich erinnere mich an den Tag, als Adorno in mein Arbeitszimmer kam und sagte: »Pu, das ist mein glücklichster Tag.«

»Ach, warum?«

»Heute Abend gehst du mit mir nach Wolfsburg ins Stadion. Und jetzt kommt gleich die Macht und geht mit mir zum Karstadt.«

Ich sagte: »Ja, du hast schon ein gutes Leben.«

Und da nickte er sogar! Er war wirklich glücklich.

Dann kam die Macht nach Hause und sagte: »Also, Adorno, wir gehen.«

Da stand er auch schon an der Tür. Fix und fertig angezogen. Und dann sagte sie: »Und zwar mit dem Fahrrad.«

Ich dachte noch: Um Gottes willen. Jetzt fordert sie das Schicksal aber wirklich heraus. Vielleicht hatte sie einen Emo-Flush, weil ein Autofahrer sie in der verkehrsberuhigten Zone nicht über die Straße gelassen hatte. Oder ein Fußgänger ihr fast ins Auto gelaufen war, als sie da mit dem Auto durchschoss. Oder ihr war jemand in der Apotheke im Weg rumgestanden. Oder die Apothekerin war begriffsstutzig gewesen. Jedenfalls wollte sie es wissen.

Da zischte Adorno schon: »Das ist jetzt ein Witz.«

Es war aber keiner. »Du wirst doch wohl bei Sonnenschein mit dem Fahrrad zu Karstadt fahren können.«

»Nur über meine Leiche.«

»Das machen wir jetzt.«

»Dann fahr ich mit der U-Bahn.«

»Mit der U-Bahn zu Karstadt? Du spinnst wohl.«

»Ich fahr' mit der U-Bahn.«

»Du kommst jetzt sofort mit und setzt dich auf dein Fahrrad.«

Und dann sagte Adorno: »Was für ein Scheißtag.«

Wie wahr. Und zwar für alle.

Er ließ sich dann selbstverständlich nicht zum Fahrradfahren herab. Immerhin rief er auch nicht nach der Polizei. »Das ist ja schon mal was«, sagte ich zur Macht.

Sie schaute mich doch eher kritisch an. Dann sagte sie: »Also, ich weiß gar nicht, wo er das herhat.«

Ich sagte, dass ich es auch nicht wüsste. Aber es war doch auffällig, wie vehement er das Fahrrad ablehnte, diese wunderbare und progressive Art der Mobilität. Und das Schlimmste: Im Urlaub wurde die Phobie noch größer. Einmal waren wir auf einer großartigen Nordsee-Insel. Ohne Flugzeug erreichbar. Wahnsinnig schöner Kniepsandstrand für Spaziergänge, die Spätherbstsonne schien. Und wirklich alles mit dem Fahrrad zu erreichen. Wir waren alle glücklich.

Sagte ich alle?

Wir anderen drei saßen morgens am Wohnzimmertisch des Ferienhauses und lasen. Da kam dieser Adorno im Schlafanzug dahergeschlurft. Und das Erste, was er sagte: »Wir laufen doch bestimmt an den doofen Strand?«

»Unbedingt.«

»Und was wollen wir da?«

»Die Gezeiten erleben, den Wind spüren. So Zeug.«

»Aha.«

Nach dem »Aha« kam die obligatorische kurze Pause. Danach schaltete er auf die nächste Quengelstufe hoch.

»Was soll das bringen, am Strand rumzulaufen?«

»Den Nutzen kann man nicht verallgemeinern, lieber Adorno«, sagte ich. Ich war wild entschlossen, mich auf dieser wunderbaren Insel ausschließlich in einem seelischen Nirwana zu bewegen. »Das musst du für dich selbst entscheiden, was es dir bringt.«

»Aha«, knurrte Adorno, »also nichts.«

Jetzt blickte Penelope von ihrem Buch auf und sagte mit ihrer Schulsprecherinnenstimme: »Dann sag doch mal, was du willst, Adorno.«

Er gab ihr den Gleich-fress-ich-dich-Blick und knurrte dann in meine Richtung: »Sag ihr, dass sie die Klappe halten soll.«

Penelope (um Eskalation bemüht): »Würde mich nicht wundern, wenn der später mal in U-Haft sitzt, weil er jemanden zusammengeschlagen hat.«

Adorno (als sei er erschüttert): »Das ist ja eine schöne große Schwester, die ihrem Bruder prophezeit, dass er später mal in U-Haft sitzt.«

Ich überlegte, ob eine geschwisterliche Schlägerei konstruktiv oder befreiend sein könnte, entschied mich aber dagegen und sagte mild-väterlich: »Jetzt sag' halt, was du willst, Adorno.«

»Ich will, dass wir die Fahrräder zurückgeben.«

»Wir haben doch noch gar keine Fahrräder ausgeliehen.«

»Eben.«

Aber irgendwann ist einfach Schluss und deshalb liehen wir dann umgehend Fahrräder aus. Drei waren so weit in Ordnung, aber das von Adorno war aus seiner Sicht eine Katastrophe. Damit konnte man praktisch nicht fahren.

Wir fuhren trotzdem los.

Nach fünf Sekunden rief Adorno: »Wie lange fahren wir noch?« Vor allem habe er ein Recht zu erfahren, wie weit denn gefahren werden solle. Er fahre auf keinen Fall weiter als zehn Kilometer.

»Wir fahren genau zehn Kilometer«, sagte ich. »Größer ist die Insel auch gar nicht.«

»Aha.«

Nach 200 Metern quäkte er: »Wie weit ist es noch?«

Nach 500 Metern: »Wie weit sind wir schon gefahren?«

Nach 700 Metern: »Sind das jetzt schon zehn Kilometer?«

Nach 800 Metern: »Jetzt sind es aber zehn Kilometer.«

Undsoweiter. Als wir am anderen Ende der Insel ankamen, rief er: »Und, Pu, wie viel haben wir schon?«

Ich sagte: »Sieben Kilometer.«

»Aha.« Dann schwieg er nachdenklich, aber nach fünf Sekunden hatte er es kapiert.

Es wurde dann kein schöner Rückweg, selbst im Vergleich zum Hinweg nicht. Er sei betrogen worden, brutal betrogen. Er werde nach zehn Kilometern aufhören zu radeln. Man müsse ihn mit dem Auto abholen, das sei nur recht und billig. Wo käme man denn da hin, wenn man sich auf das Wort eines Vaters nicht mehr verlassen könne. Irgendwann stellte er dann tatsächlich das Fahrradfahren ein. Ich argumentierte dann in aller Rationalität mit ihm. Und es ging dann auch tatsächlich weiter. Allerdings erst, als die Macht mich wegwinkte und offenbar sämtliche ihr zur Verfügung stehenden Drohszenarien auffahren ließ. Adorno fuhr dann aber 100 Meter hinter uns, um klarzumachen, dass er mit einem solchen Pack nichts zu tun haben wollte.

»Dem haben wir es gezeigt«, sagte ich zur Macht, »das wäre ja nochmal schöner, wenn wir uns von so einem kleinen Sack auf der Nase herumtanzen ließen.«

Ich weiß gar nicht, wie ich plötzlich auf die Redewendung »auf der Nase herumtanzen« kam. Die hatte ich völlig vergessen gehabt. Meine Mutter hatte das früher immer gesagt. Aber irgendwie war mir danach.

»Na, dem haben wir es gezeigt«, sagte ich noch mindestens viermal zur Macht.

Gut, der kleine Nachteil an unserem Triumph war, dass wir die Fahrräder schon am ersten Tag wieder zurückgeben mussten. Das war Teil des Deals gewesen, den die Macht mit Adorno ausgehandelt hatte. Strandspaziergänge kamen laut diesem Agreement auch nicht infrage.

Wir spielten dann in unserem Ferienhaus tagelang Uno. Bis Adorno endlich auch mal gewann. Die Kinder fragten jede halbe Stunde, ob jeder von ihnen ein eigenes iPad kriegte. Oder eigentlich fragten sie nur: Wann. Es war so unsagbar langweilig, dass wir in der Verzweiflung beschlossen, ins Kino zu fahren. Keine Sorge: Mit dem Auto.

»Aha. Und welcher Film?«

»Ein toller Film, natürlich.«

Es lief aber auf der ganzen Insel nur ein Film. Über Goethe.

Penelope tat, als sei sie begeistert. Außerdem war alles besser, als weiter Uno spielen.

Aber Adorno sagte: »Ich gehe auf keinen Fall in einen Goethe-Film.«

Ich sagte: »Warum denn nicht? Goethe ist cool.«

»Goethe ist nicht cool«, sagte er.

Ich versuchte es dann noch mit einem kurzen Abriss über die Wichtigkeit und die historische Leistung Goethes für Deutschland und seine Literatur, aber das war ganz verkehrt.

»Aha«, sagte Adorno, »wusste ich es doch: Das ist ein voller Streberfilm.«

Bei dem Wort »Streberfilm« schaute er demonstrativ zu seiner Schwester.

»Aaaah«, stöhnte er dann während der Vorstellung. »Ooooh.«

»Tut dir was weh?«

Warum Goethe sich nicht endlich umbringe, damit es ein Ende habe. Was das alles solle. Wann wir wieder zu Hause seien.

Wie sich später rausstellte, war Penelope ziemlich angefixt von dem Film, in dem sich Goethes Freund – wie Goethes Werther – aus unglücklicher Liebe zu einer verheirateten Frau umbringt.

»Ich glaube, ich würde gern *Die Leiden des jungen Werthers* lesen«, sagte sie.

Meine Tochter. Will Goethe lesen.

So was muss man unterstützen. Nicht, dass ich es übertreiben will, im Gegenteil. Dieses Bildungsgehabe von Minki geht mir ziemlich auf den Senkel. Immer wieder hat er mir erzählt, wie er seinem Leo Saint-Exupéry vorlas, *Der kleine Prinz*. Da war der grade mal eins.

»Das zahlt sich heute einfach aus«, sagt Minki.

»Saint-Exupéry bei einem Einjährigen?«, sagte ich.

»Was hast du denn Adorno vorgelesen?«

»*Asterix*, bis er zehn war.«

»Tja«, sagte Minki.

Nicht, dass wir uns jetzt missverstehen: Ich habe schon auch Ansprüche und finde sogar, dass man den *Werther* und *Faust I* bis 14 gelesen haben sollte. *Faust II* selbstverständlich nur in ganz besonderen Fällen.

Manchmal argwöhnte ich ja, dass Penelope so ein Fall war. Deshalb schlug ich ihr vor, in den Inselbuchladen zu laufen und zu schauen, ob sie das Buch hatten. Um Adorno nicht unnötig aufzuregen mit der mutmaßlich tödlichen Mischung von Spazierengehen und Goethe, sagte ich generös: »Du kannst hierbleiben und Cola trinken, Django. Das ist ja nichts für dich.«

Ich dachte, er würde mich glücklich umarmen. In Wahrheit lief ich voll in ein »Aha.«

»Was aha?«

»Ja, toll. Das ist wieder typisch.«

»Was ist typisch?«

»Alle gehen weg und ich soll hierbleiben.«

Im Buchladen haute er mich dann von der Seite an und sagte: »Du bist doch schon ganz schön alt – oder?«

»Mhm, klar.«

»Wann, glaubst du, brauchst du einen Rollator?«

Auf dem Rückweg vom Buchladen fing es zu regnen an und hörte nicht mehr auf. Von da an war Adorno still und zufrieden, denn nun war sichergestellt, dass wir das Haus nur noch im äußersten Notfall verließen. Genau genommen, hörten wir erst wieder etwas von ihm, als die Fähre angelegt hatte. In dem Moment, als wir auf die Landstraße Richtung Husum einbogen, ertönte ein Adorno-Schrei. Früher hätte ich gedacht: Da muss ja was Schlimmes passiert sein, bei so einem Schrei. Aber man lernt dazu und für seine Verhältnisse war das maximal mittlerer Erregungsgrad. Es passte jetzt auch ganz schlecht, weil im Radio lief gerade »A Horse With No Name«. Also ignorieren.

Intensivierter Schrei. Als ob der sich ignorieren ließe.

»Was ist denn los?«

»Bei mir ist schon wieder die Scheiß-Sonne.«

»Was heißt: Schon wieder? Sei froh, dass sie endlich mal wieder scheint.«

War er aber nicht.

»Duuuu«, also ich, »hast mir versprochen, dass bei der Rückfahrt die Sonne auf Penelopes Seite ist.«

Hatte ich. Ich hatte ihm gesagt, dass die Sonne beim Hinweg links und beim Rückweg rechts reinscheine. Was man halt so verspricht, wenn man seine Ruhe haben will.

»Immer ist die Sonne bei mir«, maulte Adorno. Das sei ungerecht.

Penelope hatte interessiert ihren iPod abgenommen. Sie hatte die ganzen Tage relativ heroisch zurückgesteckt. Aber nun war klar, dass sie die Chance einer Eskalation nicht noch einmal mutwillig verpassen konnte.

»Du solltest der Sonne sehr dankbar sein, Adorno«, sagte sie im Sound der älteren Schwester. »Die Sonne schenkt uns Licht und Leben.«

Er zischte: »Die Sonne ist trotzdem scheiße und zwar so was von Affenscheiße.«

Sie zischte: »Adorno, glaub mir einfach, dass die Sonne nicht so was von Affenscheiße ist.«

Ich fand es ja wichtig, dass sie lernten, sich in Diskussionen argumentativ zu behaupten und sich von der Position des anderen klar abzugrenzen, ohne dabei an Respekt vor der Person zu verlieren.

Doch nun waren sie kurz vor Handgreiflichkeiten. Zeit für eine antiautoritär-patriarchalische Moderation.

Ich räusperte mich. »Was Penelope sagen will, lieber Adorno: Es ist wichtig, dass wir – im übertragenen Sinne – die Sonne auf unserer Seite haben. Denn wir brauchen sie beim energetischen Aufbruch ins 21. Jahrhundert.«

Ich ging davon aus, dass ihm die Bedeutung der Sonnenenergie für die Menschheit klar war. Wozu schenkte der Superöko den Kindern sonst zu jedem Geburtstag ein Exemplar von Hermann Scheers »Solare Weltwirtschaft«?

»Ich weiß, dass ich die Sonne im übertragenen Sinne auf meiner Seite brauche«, brummte Adorno. Bei »im übertragenem Sinne« hob er die Stimme so verächtlich an, dass man die Anführungszeichen hörte. »Aber jetzt kann ich sie überhaupt nicht brauchen.«

»Ohne die Sonne wärst du tot, Adorno«, hauchte Penelope.

»An der nächsten Tankstelle wechseln wir die Plätze«, keuchte er.

»Pfff«, schnippte sie und stellte ihren iPod wieder an.

»Anhalten«, schrie er, »sofort!«

Er schrie noch, als die Sonne längst nicht mehr schien.

»Ich weiß gar nicht, wo er das herhat«, seufzte die Macht.

Nach unserer Rückkehr verschlimmerte sich Adornos Fahrrad-phobie.

Als er ausnahmsweise wegen Terminüberschneidungen mit dem Fahrrad zum Training fahren musste – leider in meiner Begleitung – schrie er die ganze Zeit, dass er sich zur Adoption freigebe. Wenn ein Polizeiauto vorbeifuhr, winkte er aufgeregt um Hilfe. Dann hatte er irgendwie in Erfahrung gebracht, dass es eine andere Nordsee-Insel gibt, auf der nur die Einheimischen Fahrrad fahren dürfen, Urlauber aber nicht. Der kleine Nachteil ist, dass sie auch noch autofrei ist. Trotzdem quakte er jetzt die ganze Zeit, dass er nur noch auf diese Insel mitgehen würde. Wenn überhaupt. Irgendwann war die Fahrradphobie sogar schlimmer als seine Duschphobie.

»Also, a bisle schuld bisch du scho«, sagte die Macht zu mir.

Das war wieder diese nur vordergründig weiblich-weiche Variante der Anklage, die aber für jeden im Familientotalitarismus geübten Untertanen das darin enthaltene Todesurteil nicht verbrämen kann. Es lief darauf hinaus, dass ich angeblich selbst jahrelang eine Fahrradphobie gehabt haben soll. Und weil ich nie mit dem Fahrrad fahren wollte, habe der frühkindliche Adorno das Fahrrad als etwas Negatives rezipiert, statt die Kultur des selbstverständlichen Fahrradfahrens einüben zu können.

Richtig war sicher, dass ich zwar vom Superöko die euphorische Bereitschaft für die globale Energiewende übernommen hatte, nicht aber dessen Fahrradspleen. Der fuhr ja nur noch mit dem Fahrrad. Im Urlaub Südtiroler Berge rauf und zur Arbeit sowieso. Die Kinder hatte er früher auch mit dem Fahrrad zur Schule gefahren, ich hatte ihnen die U-Bahn-Station gezeigt. Und, na gut, zum Training hatte ich ihn mit dem Auto gefahren, weil es immer geregnet hatte. Oder zu kalt war. Oder zu heiß.

Aber, dass Adorno seine Deformationen deswegen von mir haben soll, das geht mir dann doch zu weit. Bitte: Zum Beispiel grübelte er ein Jahr lang, wen er an seinem letzten Grundschultag in den Arsch treten würde. Die Sache wollte ja vorbereitet sein. Als er dann endlich mit dem Namen rauskam – »Seppl, das Arschloch«–, war ich im ersten Moment fast ehrlich empört. Seppl heißt übrigens gar nicht Seppl, sondern anders, aber ich bestand darauf, ihn im Kontext des Wortes »Arschloch« Seppl zu nennen, damit klar ist, dass es bei uns keine Diskriminierung von Migranten gibt.

»Wie?«, sagte ich, »Seppl, das Arschloch? Das ist ja der Kleinste in deiner Klasse und der Außenseiter.«

»Na eben«, sagte er.

Was soll nur aus diesem Jungen werden? Vermutlich ein Grünen-Wähler.

Ich habe selbstverständlich am letzten Schultag der Französisch-Lehrerin in den Arsch getreten. Die war zwar zwei Köpfe kleiner, aber immerhin Establishment.

Dieser Junge hat nichts von mir.

18 Und dann … Drogen, Schwänze, Ärsche, Bumsen

Bevor ich es roch, machte Penelope schon ihr berühmtes Gleich-muss-ich-kotzen-Gesicht.

»Iiih«, sagte sie schnüffelnd: »Massentierhaltung!«

Tatsächlich: Wo eben noch ein leeres Nachbarschaftsrestaurant war, feierte nun ein sogenanntes Hühnerhaus Eröffnung. Das erzeugt einen spannenden Kontrast zu dem Austern- und Champagnerladen, der letztes Jahr hier aufgemacht hat. Ich finde, es bildet die Diversität unseres Viertels schön ab. Aber jetzt können wir hier im Wohnzimmer das Fenster nicht mehr aufmachen. Sonst riecht es wie damals, als wir in unserem Collegetown neben einem Kentucky Fried Chicken lebten. Seither führt allein der Gedanke an panierte Geflügelmansche »Original Recipe« oder »Extra Crispy« zu kollektivem Extraoriginalgewürge.

»Schnell ins Haus, Pelo«, japste ich.

Wir rannten ins Treppenhaus.

»Aaaah, Gras«, rief Penelope, »das ist doch gleich was ganz anderes.«

Jetzt schnüffelte ich. Tatsächlich. Und auch noch guter Stoff.

»Hä«, sagte ich, »woher weißt du denn, wie Gras riecht?«

Sie gab mir den Blick. »Ich bin 13, Alter«, sagte sie.

Schon? Es stellte sich heraus, dass sie sogar mal einen Schnüffelkurs gemacht hatte. Und zwar bei mir.

Ich muss tatsächlich zugeben, dass ich auch in dieser Sache superliberal bin, was leider zu einem Dissens mit der Co-Erziehungsberechtigten führt. Kaum hängt Penelope mal einen Nachmittag im Mauerpark ab, sorgt sich die Macht, dass sie als Drogenwrack zurückkehren könnte.

»Ach Gottchen, Macht«, sagte ich, als sie mal wieder im Wohnzimmer auf und ab tigerte, »denk' doch dran, was wir weggeraucht haben, als wir jung waren. Wir können froh sein, dass wir uns nicht in einen Busch verwandelt haben.«

Die Macht schaute mich mit diesem Blick an, den ich so liebe, und knurrte: »Du? Wann soll das denn gewesen sein?«

»Na, immer wenn Pink Floyd lief. ›Remember when you were young, you shone like the sun‹?« Ich summte ihr den Refrain von »Shine On you Crazy Diamond« vor.

»Und weißt du's nicht mehr: Timothy Leary war unser Trauzeuge.«

Den kennen die jungen Leute ja gar nicht mehr, heutzutage.

Sie: »Du wieder.«

In Wahrheit war es so, dass ich nicht kiffen konnte. Weil ich keine Lungenzüge hinbekam. Es war schlimm. Immer dieser klare Kopf. Bier kam da nur bedingt gegen an. Und ich habe mir doch als Vater fest vorgenommen, dass es meinen Kindern einmal besser gehen soll. Aber jetzt war die Macht auch noch beim Meeting von »Engagierte Mütter gegen Drogen auf dem Schulhof«. Außer Stadtautobahnbauen muss man ja hier in Berlin alles selbst machen. Schneeräumen im Winter kann man vergessen und die benutzten Spritzen räumt einem auch keiner von den Kinderspielplätzen. Jedenfalls gelten manche Schulhöfe offenbar als echte Drogenhöllen. Bei »Engagierte Mütter gegen Drogen auf dem Schulhof« gab es eine Art Stadtplan mit den problematischen Schulen, und unsere war auch dabei.

Hm. Um auch mal Verantwortungsbewusstsein vorzutäuschen, rief ich die Kinder ran. »Wird bei euch in der Schule etwa Gras geraucht, Pelo?«, fragte ich.

»Ja, klar, jede Menge«, sagte sie fröhlich.

»Aber das sind doch sicher die Großen?«, fragte ich hoffnungsfroh.

»Ja, klar, neunte Klasse. Und achte Klasse.«

Na, bitte: Penelope war in der siebten.

Um ganz sicherzugehen, stellte ich Adorno eine Falle. Er saß am Wohnzimmertisch und hatte gerade ausgerechnet, wie viel 24 mal 5/14 ist. Selbstverständlich falsch.

Na, da musste die Macht wohl nachher nochmal ran.

»Ich muss mal schnell in den Görlitzer Park«, sagte ich, »soll ich dir Gras mitbringen?«

Adorno stutzte: »Ich dachte, Drogen nimmt man erst ab 14?«

»Ha«, sagte ich zur Macht, »das ist der Beweis: Sie sind drogenfrei.«

Mir kommt die Sorge einfach übertrieben vor, Penelope und Adorno stünden unmittelbar vor einer Junkie-Karriere. Es ist ja im Gegenteil so, dass die schon ganz piefig werden, wenn die Macht mal eine Zigarette raucht.

Adorno schnüffelt dann so durch die Wohnung. »Hast du etwa geraucht?«, fragt er dann mit inquisitorischer Stimme. Und Penelope kantet die Macht auch gleich frontal an: »Das sollst du doch nicht machen. Raucher sterben früher. Das müsstet du doch inzwischen auch wissen.«

Also, ich finde Rauchen ja auch nicht erstrebenswert und früher habe ich Raucherinnen eisenhart abgelehnt, denn ich schlecke ja auch keinen Aschenbecher aus. Sagte ich damals immer. Außer ich war betrunken. Dann war ich da nicht so. Außerdem rauchte ich dann selber.

Heute bin ich gottseidank nicht mehr so dogmatisch. Mein Gott, die paar Lungenzüge hie und da. Die Macht steht immer ganz genießerisch da, wenn sie den Rauch runterzieht. Soll sie doch. Wenn dann aber die Kinder anfangen rumzumosern, ist die Macht immer hin- und hergerissen zwischen Bockigkeit und Schuldgefühl. Einerseits: Was bilden die sich eigentlich ein? Das mögen Raucher ja gar nicht, wenn du ihnen mit Gesundheitsargumenten oder Moral kommst. Andererseits: Sorge, dass ihr Tun für eine Mutter doch verantwortungslos sein könnte.

»Jetzt lasst doch mal die Kirche im Dorf«, sage ich zu den Kindern.

Aber Penelope ist da ganz streng: »Sollen wir als Halbwaisen aufwachsen?«

Und Adorno sorgt sich, dass wieder die ganze Wohnung nach Rauch riecht.

Wenn Christine da ist und die Kinder endlich im Bett sind, stehen die Macht und sie auf, öffnen leise das Wohnzimmerfenster und rauchen heimlich eine miteinander weg. Sie schauen runter auf den Platz und Christine sagt meistens, wie unmöglich sie es findet, dass es da jetzt einen Austern- und Champagnerladen gibt. Ihr geht es nicht darum, dass sie gerade ein Glas wirklich guten Chardonnay vom Biowinzer in der Hand hat, den ich in dem Laden gekauft habe. Ihr geht es ums Prinzip. Früher sei hier Revolutionsbedarf verkauft worden.

»Gott, wie ich diese Supermütter hasse«, sagt sie dann. Keine Ahnung, wie sie da jetzt daraufkommt. Aus der Wohnung über uns ist jedenfalls nichts zu hören. Es stimmt, dass es am Platz jetzt eine Bioeisdiele gibt, von der junge Mütter und auch Väter angezogen werden. Aber nicht nur, denn das Eis ist gut und man kann abends draußen sitzen und zusehen, wie die Sonne die Backsteinkirche bestrahlt. Es sitzen auch nicht nur schwäbische Migranten wie wir dort, sondern auch türkische.

Früher sei es in unserem »Kiez« authentischer gewesen, sagt Christine dann, rauer vielleicht, aber auch ehrlicher. Heute könnten sich die Mieten ja nur noch Grünenwähler leisten. Sagt sie immer, da warte ich schon drauf. Früher war hier auch alles von Hunden verschissen. Und es gab keine einzige Kneipe am Platz, in die man gern gegangen wäre oder mit Kindern hätte gehen können, aber das findet Christine zu individualistisch und konsumistisch gedacht.

Wenn die beiden ausgeraucht haben, lassen sie das Fenster offen und schleichen sich zurück. Aber Adorno macht kurz vor Mitternacht gerne einen letzten Kontrollgang. Angeblich muss er aufs Klo. Dann streckt er die Nase nochmal ins Wohnzimmer rein, schnüffelt ein bisschen und sagt dann: »Warum ist das Fenster hier offen?«

»Was geht dich das an?«, sagt die Macht, »du solltest längst schlafen.«
»Aha.«
»Nix aha. Geh jetzt endlich ins Bett.«

»Bei dem Rauch kann ich nicht einschlafen.«

Ich denke, am Ende werden die Kinder doch eher Spießer als Terroristen oder Drogenabhängige.

Jetzt ist es aber so, dass Adorno andererseits auch wieder ziemlich locker mit manchen Phänomenen der Großstadt umgeht, bei denen man denken könnte, er kriegt wirklich einen Schaden weg. Einmal kam er nachmittags von der Schule und kriegte sich fast nicht mehr ein.

»Pu?«

»Adorno?«

»Weißt du was?«

»Nee, was?«

»Grade auf der Straße.«

»Hm.«

»Da war so ein Typi, der hatte den Hosenladen offen und der Schwanz hing raus und da hatte er so ein Pflaster dran.«

»Der hatte ein Pflaster an seinem Schwanz, der ihm aus der Hose hing?«

»Ja, voll eklig.«

Gut. Das ist Kreuzberg. Adorno war auch mehr belustigt als geschockt. Der kann das ab. Leider war er so begeistert, dass er freiwillig den Metzgermeister anrief, um ihm seine tolle Geschichte zu erzählen. Ich wollte ihn noch stoppen, aber zu spät.

»Pu?«

»Hm.«

»Opa will dich sprechen.«

Oh, no, ich wusste es.

»Oddo?«

»Was isch denn do bei eich los?«

»Ach«, sagte ich betont entspannt, »das passiert schon mal.«

»Mecht mer des bei eich so«, fragte der Metzger, »dr Schwanz raushänga?«

»Vermutlich ein Betrunkener.«

Er brummte noch so was wie, dass das doch kein Ort sei, wo Kinder aufwachsen sollten und dass ich meiner Frau das Rauchen verbieten solle, damit seine Enkel nicht als Halbwaisen aufwachsen müssten. Dann legten wir auf. Ich wusste genau, was er dachte: Hätten wir sein Obergeschoss ausgebaut, könnte das alles nicht passieren. Stimmte ja. Im Grunde wohnten wir ja auch deshalb nicht dort.

»Sag mal, bist du bescheuert«, sagte ich dann zu Adorno, »was erzählst du denn da dem Metzger?«

»Ihr sagt doch immer, wir sollen ihn ›an unserem Leben teilhaben‹ lassen«, antwortete Adorno.

»Ja, aber doch nicht, wenn jemand den Schwanz raushängen hat«, sagte ich.

»Wie man es macht, ist es nicht recht«, brummte Adorno.

In dem Moment kam die Macht von der Arbeit nach Hause, und Adorno drückte ihr selbstredend sofort seine Story rein.

»Weißt du was«, sagte er. »Auf der Straße war ein Typi, bei dem hing der Schwanz raus und da hatte er so ein Pflaster dran.«

Die Macht bekam ihr besorgtes Gesicht. »Du sollst doch nicht ›Schwanz‹ sagen«, sagte sie. Und streng zu mir: »Hast du ihm nicht gesagt, dass er nicht ›Schwanz‹ sagen soll?«

Leider nicht. Diese Regel war mir komplett entfallen.

»Soll ich etwa ›Penis‹ sagen oder was?«, murrte Adorno.

Wir hatten ausgemacht, dass wir mit den Kindern ungezwungen über Sexualität sprechen wollten. Kein offizielles Aufklärungsgespräch oder wie man das früher machte, sondern im Alltag sachlich darüber sprechen, wenn es sich anbot oder Fragen auftauchten. Ich plädierte ja dafür, dass wir die Begrifflichkeiten benutzten, die halt benutzt werden. Zum Beispiel: Zu bumsen sagte ich »bumsen«. Entsprechend machte Adorno das auch. Nur nahm es dann überhand.

Wir saßen beim *Tatort* und es ging in die Richtung und schon sagte Adorno fachmännisch: »Bumsen die? Ich glaube, die bumsen.«

»Die bumsen nicht, die fummeln erst noch ein bisschen«, sagte ich.

»Aber gleich bumsen sie.«

Undsoweiter. Bis die Macht genug hatte.

»Mir wird in diesem Haus zu oft ›bumsen‹ gesagt.«

»Wie?« Adorno schaute sie verwirrt an.

»Jetzt ist mal Schluss damit.«

»Wieso?«

»Wir drücken uns jetzt hier mal bitte etwas gewählter aus.«

»So, wie denn?«

Wusste sie auch nicht genau. »Wir können ›Liebe machen‹ dazu sagen.«

»Liebe machen?«

Adorno war entsetzt.

»Gut«, sagte die Macht, »dann sagen wir einfach: ›Sex haben‹.«

»Aber schau dir das doch an. Die haben nicht Sex. Die bumsen. Das trifft es einfach besser.«

»Also, ich sage auf keinen Fall ›bumsen‹«, sagte Penelope, die die ganze Zeit geschwiegen hatte. »Ich sage ›ficken‹.«

Das Wort benutzen wir nun gar nicht. Auch nicht unter uns. War uns irgendwie zu roh. Aber offenbar sagten das die Coolen in der Schule. Beziehungsweise die, die sich dafür halten. Und daher auch Penelope.

Die Macht wollte einschreiten. Ich riet ab.

»Auf keinen Fall darf sie den Eindruck haben, dass sie uns damit provozieren kann«, sagte ich.

»Aber was, wenn sie verroht?«

Ich sagte: »Ach, solange sie Goethe liest …«

Wie sprachlich sensibel sie trotz der Integration des Wortes »ficken« in ihren Gebrauchswortschatz war, wurde auch dem Letzten klar, als wir zusammen *Germany's Next Topmodel* schauen mussten. Also, das verstehe ich nun überhaupt nicht unter einem gemütlichen Fernsehabend. Sie blendeten die Jury ein und ich sagte spontan: »Ach, da ist ja der Schwulibert.«

Penelope sofort in Alarmbereitschaft. Sogar Adorno zog die Brauen hoch.

»Schwulibert?«, sagte er.

Ja, Gott. Einer der beiden Assistenten von Heidi Klum war heterosexuell und machte auf wichtigpopichtiger Toughguy, der andere war homosexuell und machte auf lustiger Kumpel. Beide nervten mich mit ihrem Gerede von »Shoots« und diesem Zeug.

Penelope machte mir aber klar, dass ich das im Fall des Homosexuellen auf keinen Fall durch Gebrauch des Wortes »Schwulibert« ausdrücken könne. Ich solle gefälligst ein anderes Wort finden und, wenn schon, dann doch bitte den anderen Assistenten auch beleidigen.

Ich versprach es beschämt.

Das war aber noch ein kleineres Debakel, zumindest verglichen mit dem Arsch-Fiasko, in das mich Adorno reinritt. Das konnte ich aber noch nicht ahnen, als er von hinten meine Schulter berührte und freundlich sagte: »Du interessierst dich doch für den Arsch von Jennifer Lopez – oder?«

Selbstverständlich tat ich das. Übrigens auch als popkulturelles Phänomen. Aber erstens wusste ich nicht, wie er da jetzt draufkam. Und zweitens wollte ich nicht, dass der Sack überall rumerzählte, dass ich mich für den Arsch von Jennifer Lopez interessierte; in Zusammenhängen, in denen das überhaupt nichts zur Sache tat. Weil: Ich kannte ja die Leute. Selbst wenn das eigentliche Thema Schulreform oder Energiewende oder deutscher Roman seit 1945 war; am Ende wäre das Einzige, was die sich merken würden: Adornos Vater interessiert sich für den Arsch von Jennifer Lopez. So modern sind wir hier dann doch noch nicht, dass ich mir das als europäischer Metropolenintellektueller leisten könnte.

»Ich interessiere mich kaum oder nur sporadisch für diesen Hintern«, sagte ich daher. »Ich habe dir nur erzählt, dass er zeitweise als der beste Hintern der Welt galt oder sogar immer noch gilt, auch wenn Jennifer Lopez uralt ist.«

Plötzlich stand die Macht im Raum.

»Jennifer Lopez ist uralt?«, fauchte sie und griff zum iPad, um das sofort zu googeln.

Es kam, wie es kommen musste: Jennifer Lopez war derselbe Jahrgang wie sie.

»Ich meinte: ›uralt‹ aus Adornos Sicht«, sagte ich lahm.

»Aha, ich bin also uralt aus Adornos Sicht«, sagte die Macht. »Und was bist dann du?«

»Männer altern anders«, sagte ich zu Adorno. Er sah zur Seite. Offenbar hatte er gemerkt, dass er es sich in dieser heiklen Sache nicht leisten konnte, sich auf meine Seite zu schlagen.

»Und überhaupt: Was erzählst du dem Jungen da schon wieder für Zeug. Hatten wir das nicht besprochen?«

Aus Spaß wurde Ernst.

»Was denn?«

»Der Hintern von Jennifer Lopez ist doch kein Thema für einen Elfjährigen.«

»Der hat doch davon angefangen.«

»Und du steigst natürlich sofort voller Begeisterung darauf ein. Ist wahrscheinlich doch dein Lieblingsthema.«

Jetzt wurde ich aber langsam ärgerlich. »Also, ich möchte hiermit nochmal fürs Protokoll festhalten, dass ich mich im Grunde für diesen Arsch nicht interessiere.«

»Im Grunde interessiert er sich nicht für diesen Arsch«, echote die Macht.

»Hm«, hmhmte Adorno. »Kennst du eigentlich auch ein Lied von Jennifer Lopez?«

Ich so: »Hm, klar, der Remix von äh, Love … Dance oder so ähnlich.«

»Aha«, sagte er. »Du interessierst dich wohl doch nur für ihren Arsch.«

Ich knurrte: »Jetzt lasst mich doch mal mit J.Lo in Ruhe.«

»Ach«, rief er überrascht, »Tschäi-Lo ist Jennifer Lopez?«

Der Typi hatte ganz offensichtlich noch weniger Ahnung als ich.

Ich musste an einen Satz aus einem Buch des Kulturreporters Marc Fischer denken: »Lopez' Hintern ist in der Tat ein Wunder, ein Kunstwerk, in Kraft und Ausdruck so erhaben wie die Kriegsbilder des Malers Francisco de Goya und die Sinfonien des Komponisten Gustav Mahler.«

Ich kenne Mahlers Sinfonien nicht, aber ich denke, an dem Ausmaß der Wertschätzung von J.Po kann man die Globalisierung und Demokratisierung von Popkultur durch die Digitalisierung nachvollziehen.

Als ich in Adornos Alter war, galt es als ausgemacht, dass Agnetha Faltskog »das bezauberndste Hinterteil der Welt« hatte, wie die Fachpostille *Frankfurter Allgemeine Zeitung* schrieb. Agnetha ist die blonde Frau von Abba. Einer weltberühmten Band, die Adorno nicht kennt. »The interest in my bottom in Australia and Britain is ridiculous«, sagte Agnetha auf dem Höhepunkt der Begeisterung. Das muss so 1977 gewesen sein. Letztlich aber war es nur die westliche Welt, die sich damals mit dem Thema beschäftigte: Europa, USA, Australien. Und ich.

Heute und im Fall von Lopez sind es Christen, Muslime, Buddhisten und Hinduisten, Kapitalisten und die verbliebenen Kommunisten, die sich über Videos und Filme ein eigenes Urteil gebildet haben oder ohne große Prüfung der Sachlage das Urteil von global agierenden Vermarktern übernommen haben. Denn – das würde ich Adorno selbstverständlich nie sagen, um die Sache nicht zu verkomplizieren: Ich kann mir nicht vorstellen, dass J.Lo tatsächlich die Nummer 1 ist. Agnetha halte ich inzwischen auch für maßlos überschätzt. Die Annahme, sie sei weltweit führend, war ein Ausdruck des westlich-imperialistischen Chauvinismus. Ich dachte übrigens jahrzehntelang, es hieße tatsächlich »AG-netha« und sagte auch immer »AG-netha«, bis Minki mir irgendwann in wichtigpopichtigem Ton sagte, man spreche das im Schwedischen übrigens »An-jeta« aus.

Blöder Arsch. Jetzt habe ich so lange »AG-netha« gesagt, jetzt bleibe ich für den Rest auch noch dabei.

Allerdings halte ich mit fortgeschrittener geistiger Reife die Vorstellung für problematisch, jemand könne das »beste« Körperteil von allen haben.

»Sicher ist es eine nachvollziehbare Sehnsucht, in einer unübersichtlich gewordenen Gegenwart Ordnung zu schaffen durch das Küren einer Nummer 1, aber angesichts von sieben Milliarden Ärschen auf der Welt ist es völlig absurd«, sagte ich zu meiner Familie.

»Schluss jetzt mit diesem Arschgeschwätz. Neues Thema«, rief die Macht.

In diesem Moment trat Penelope ins Zimmer. Offenbar war sie durch den Lärm angelockt worden. Sie schwenkte eines unserer Familien-iPads.

»Wusstet ihr eigentlich«, sagte sie, »dass der Arsch von Pippa eine eigene Fanseite bei Facebook hat?«

»Pippa Middletons Arsch?«, sagte ich, »Total übertrieben.«

Als Adorno laut überlegte, ob er beitreten solle, rastete die Macht aus. Das sei nicht ihr Niveau, rief sie, ganz und gar nicht, und dass ich ihre Kinder ruinieren würde, wenn das so weitergehe.

»Hör du doch erst mal mit Rauchen auf«, sagte ich.

Dann sahen wir sie nur noch von hinten.

19 Und dann …
Weihnachten mit den
Kastelruther Spatzen

Weil ich mit Schwaben nichts mehr zu tun haben wollte, war es ein Schock für mich, als die Macht eines Tages ins Wohnzimmer getreten war und gesagt hatte: »Wir fahren an Weihnachten nach Hause.«

Ich saß damals genauso auf demselben Stuhl wie jetzt, Blick zu der Wand, an der das Schallplattencover von Manfred Manns »Angel Station« hängt. Es lief eine Live-Version von Billy Joels »My Life«. Ich weiß das so genau, weil das zu der Zeit immer lief. Ich habe so Phasen.

»Nach Hause?«, stammelte ich. »Wie – nach ›Hause‹?«

Ich versuchte, das Wort möglichst abschätzig klingen zu lassen.

»Unser Zuhause ist doch Berlin-Kreuzberg, ist Collegetown, California, ist die gelebte Kultur der Globalbürger.«

»Papperlapapp«, sagte die Macht.

»Aber wir sind doch letztes Jahr erst gefahren«, sagte ich. Wir hatten damals eine Regel: Ein Jahr fuhren wir nach Opaland, ein Jahr durften wir zu Hause bleiben.

Immer wenn wir fuhren, war die Macht glücklich. Bis sie da war. Dann fing sie an rumzunölen, dass sie es nicht mehr aushalte und wann wir nur wieder abreisen würden. Immer wenn wir zu Hause blieben, war ich glücklich. Und zwar total. In dem besagten Jahr war keine Fahrt vorgesehen.

»Was ist mit unserem Deal?«

»Der Deal ist gekündigt«, sagte die Macht.

»Wie … gekündigt?«

»Gekündigt.«

»Minki muss nie nach Ravensburg.«

»Seit wann ist Minki dein Vorbild?«

Seit ich in Not war.

»Wir sind so selten in Opaland, da können wir wenigstens an Weihnachten anrücken.«

Aha, sie wurde mal wieder von Schuldgefühlen gegenüber ihren Eltern gejagt.

Ganz schön mühsam, so ein Frauenleben. Ständig unter Strom, um es seinen Alten und seinen Jungen recht zu machen. Und trotzdem permanent Schuldgefühle.

Ich sah ja auch ein, dass man ab und zu hinmusste. Aber am Heiligen Abend legte der Metzgermeister immer »Weihnachten mit den Kastelruther Spatzen« in den CD-Player.

»Kastelruther Spatzen«, rief ich.

Mein Lieblingshorrorlied war »Die Straßenkinder von Bukarest« mit den leider unvergesslichen Zeilen:

»Und auch in der Heiligen Nacht / schlafen sie im U-Bahn-Schacht.«

Lief meistens kurz vor der Bescherung.

Also jedes zweite Jahr war das absolute Maximum.

Das sei doch vollkommen nebensächlich, sagte die Macht.

»Du kannst unseren Deal nicht einfach kündigen«, rief ich.

Darauf rief die Macht die Kinder an den Tisch und fragte sie, ob sie an Weihnachten hierbleiben wollten oder lieber nach Opaland fahren, wo es viel mehr Geschenke geben würde undsoweiter. Es war selbstverständlich eine mies abgekartete Sache. Ich hatte keine Chance.

Das war ganz schlimm, ich litt wirklich sehr, wenn nicht mindestens 500 Kilometer Distanz zwischen den Schwaben und mir lagen. Umso seltsamer war, was dann mit mir passierte.

Zum ersten Mal merkte ich, dass irgendetwas im Busch war, als Penelope zur Tür hereingepoltert kam und über die Schwaben herzog.

Normalerweise geht sie sofort in ihr Zimmer, aber da kam sie Full Speed zu mir an den Tisch gerast.

»O Mann, was für ein Tag«, stöhnte sie.

Sie hatte ihr richtig leidendes Gesicht aufgesetzt. Offenbar war es ernst.

»Was war denn so schlimm?«

»Schwaben«, ächzte sie.

»Wie – Schwaben?«

»In der U-Bahn. Junge Schwaben. Alles voller Schwabenseckel.«

»Und?«

»Die redeten Schwäbisch. Echt hart.«

»Hm«, brummte ich vorsichtig, »was redeten denn diese Schwaben so?«

»Der volle Wahnsinn, du glaubst es nicht«, sagte Penelope und bekam ihren komplett gestressten Gesichtsausdruck. »Die sagten so was wie: Mit mei'm Geppel bin i en vier Stunda in Stuttgart, verstesch?«

»Und, glaubst du, dass die das wirklich schaffen?«

»Keine Ahnung, ich weiß ja nicht mal, worum es geht.«

Die hätten wahnsinnig laut geredet. »Alle mussten zuhören, keiner verstand was.«

Und diese Schwaben hätten sich »kein bisschen geschämt«.

Eigentlich hätte das ein großer Tag für mich sein müssen. Darauf hatte ich als Vater schließlich hingearbeitet. Aber dann sagte ich: »Na, also Penelope …«.

Sie unterbrach mich. Das macht sie selten. »Es tut mir leid, Pu, aber ich glaube, ich habe eine Schwaben-Krise.«

Ich habe noch gar nicht erwähnt, dass die Macht und ich in unserer Geburtssprache miteinander reden – auch nach fast zwei Jahrzehnten in Berlin. Allerdings in einem elaborierten Dialekt. Weit entfernt von den Ureinwohnern. Das merkt die Macht erst wieder so richtig, wenn sie mal mit einer früheren Klassenkameradin telefoniert hat.

»Du, des isch bruddal, wie broit die Schwäbisch schwätzt. Des verstosch du kaum«, sagt sie dann zu mir.

Ein normales Gespräch zwischen uns läuft ungefähr so.

»Hosch du was?«, sagt die Macht.

»Ha, wie kommsch du jetzt do drauf?«, sage ich.

»Du gucksch so komisch.«

Das war jetzt nur ein Beispiel, aber nach all der Zeit könnte sie wirklich langsam wissen, dass ich glänzend gelaunt sein kann, auch wenn ich nicht so aussehe.

Mit dem Metzgermeister sprechen wir auch Schwäbisch, das ist ja klar. Außer am Telefon. Aber sonst wechseln wir sofort ins Hochdeutsche, wenn noch jemand dabei ist. Oder was wir so für Hochdeutsch halten. Ist ja lustig, dass die Leute immer sagen, Schwaben könnten kein Hochdeutsch. Und die Macht dann immer denkt, sie sei nicht gemeint.

Sie denkt tatsächlich, sie spreche so perfekt wie Minki.

Minki will ja, dass Carolin- mit Leo tagsüber Englisch spricht. Jetzt nicht den ganzen Tag, aber stundenweise. Er sagt auch gern mal so Zeug wie: »Put it in the garbage bin, Leo, put it in the garbage bin.« Also, der hat es auch nicht leicht, der Leo.

Wir sprachen mit Penelope und Adorno immerhin von Beginn an Hochdeutsch, das war uns schon wichtig. Wir wollten schließlich, dass ihnen das Schicksal ihrer Eltern erspart blieb, die das verständliche Sprechen im Erwachsenenalter mühsam erlernen mussten.

Bei uns hatte ja früher keiner Hochdeutsch gesprochen. Hochdeutsch war komplett lächerlich, wir hätten auch Goethes »Fauscht« nicht auf Hochdeutsch interpretiert. Das konnte ja auch keiner. Nicht einmal der Deutschlehrer. In unserem faschismusgefährdeten Gymnasium gab es manchmal einen Zugezogenen in der Klasse, der nicht Schwäbisch konnte. Der war ein totaler Außenseiter. Er tat gut daran, sich schnell anzupassen, was in der Regel dazu führte, dass er öfter »schwätzen« sagte als wir. Schlimm. Weil wenn ein Fischkopf »schwätzen« sagte, dann war das noch schlimmer, wie wenn er Hochdeutsch schwätzte.

An der Uni schwätzten dann aber nur noch die Fischköpfe. Wir hielten beschämt die Gosch'. Was sollten wir sonst machen? Wir sprachen die benötigte Sprachvariante ja nicht.

Damit so etwas den Kindern nicht passieren konnte, mussten sie möglichst weit weg von diesen hobbylosen Schwaben und ihrer noch hobbyloseren Sprache sein. Ich war mir sicher, dass das in den Schulen dort immer noch so war. Musste ja so sein: Selbst der Ministerpräsident der Schwaben konnte im ersten Jahrzehnt des 21. Jahrhunderts immer noch kein Hochdeutsch. Und sonst auch nichts. Wahnsinn.

Also war klar: Wer auch nur einen Funken Verantwortungsbewusstsein seinen Kindern gegenüber hatte, der hielt sie auf Distanz zu Schwaben und zum Schwäbischen. Zur Provinz und ihrer Verlogenheit, dem üblen Tratsch, der faden Bushaltestellenromantik, der religiös-ideologisch unterwanderten »Jugendgruppe«, der Vulgarität der Fußballklubsaufkultur, dem Gymnasium in der sogenannten Stadt, die ja aber auch keine echte Stadt ist, sondern ein Kaff mit Basilika.

Selbstverständlich war ich trotzdem froh, wenn wir die Kinder bei jeder passenden Gelegenheit nach Opaland abschieben konnten, um unseren Paar-Interessen nachgehen zu können. Aber wenn sie zurückkamen, prüfte ich sehr genau, wie ihnen das Landleben bekommen war. Und wenn ihre Berichte zu positiv klangen, versuchte ich sie mit ein paar fiesen Bemerkungen wieder in die richtige Gesinnungsspur zu bringen. Das war eine sehr anspruchsvolle Arbeit, denn sie sollten ja beim nächsten Mal wieder aufs Land fahren wollen und zugleich ein Bewusstsein für die Problematik dieses Lebens dort entwickeln.

»Na, was war denn so los in Opaland?«

»Drei Leute sind gestorben«, sagte Adorno.

»O je. Und sonst ist nichts passiert?«

»Doch«, sagte er, »einmal ist der Krankenwagen gefahren.«

»Und der Opa?«

»Wollte, dass wir Würschtle essen.«

»Die Oma?«

»Läuft immer ans Fenster und schaut, ob jemand vorbeifährt.«

»Ja, wer soll da schon vorbeifahren!«, sagte ich.

Manchmal fahre ein Auto vorbei. Und manchmal halte sogar ein Auto. Und manchmal fahre ein Auto wieder weg.

Maximale Action, also.

»Und die Landjugend, Penelope?«

»Die Jungs sind alle durchgeknallt.«

»Inwiefern?«

»Einer wird Bauer genannt, weil er die ganze Zeit auf einem Bauernhof rumhängt. Der fährt da immer mit dem Bulldog, was immer das ist.«

»Ein Traktor.«

»Ach?«

Die anderen seien um sie rumgeschlichen, und einer habe gesagt: »Ich will mit dir zusammen sein.« Jedenfalls denke sie, dass er das gesagt habe. Die könnten ja nur Schwäbisch. Am besten verstanden hätte sie den, der immer »ficken« geschrien habe.

»Na ja, die Jungs«, sagte ich, »vermutlich war das eine Art Mutprobe.«

Penelope nickte. Das größte Problem auf dem Land sei aber schon der »Style«.

»Wie die angezogen sind!«. Es schüttelte sie allein beim Gedanken daran.

Ob ich als Landjunge etwa auch so schlecht angezogen gewesen sei. Sicher.

»Das gehört da einfach dazu«, sagte ich.

Jetzt hat sogar noch der Bäcker zugemacht. Und die Kneipe vom Junior auch, in der wir nach dem Fußballtraining Wurstsalat aßen und wo die halbe Bier damals 1,60 Mark kostete und zum Schluss doch wohl sicher auch nicht viel mehr. Ich war mal vor ein paar Jahren bei einem Leichenschmaus dort und fragte den Junior, wie es denn sonst so gehe und wie er mit der ganzen Arbeit rumkomme. Er heißt immer noch »d'r Junior«. Dabei gibt es seit 30 Jahren keinen Senior mehr – außer ihm.

»Ha, woisch, 's isch nemme wie früher«, sagte der Junior.

Ich hatte mein Leben lang gedacht, dass das eine sehr, sehr gute Nachricht sein müsste. Sah aber an seinem Gesicht, dass er das anders sah.

Jedenfalls war es seltsam: Als Penelope sagte, sie habe eine Schwaben-Krise, antwortete ich spontan: »Ha komm, Mädle, des koasch doch net brenga.«

Als die Macht abends nach Hause kam, zeigte ich mit dem Finger auf Penelope und sagte: »Du, die mog ons net.«

20 Und dann … Facebook

Der Tag, an dem Penelopes Leben eine völlig neue Wendung nahm, war der 24. Dezember letzten Jahres. Wie angeordnet fand sie unter unserem Weihnachtsbaum einen iPod Touch. Genauer gesagt: unter dem Baum ihrer Großeltern. Danach lebte sie in einer neuen Welt.

Leider. Denn ich hatte mich, ehrlich gesagt, an die alte Welt gewöhnt. In dieser Welt trafen wir uns in regelmäßigen Abständen – so etwa sieben Mal die Woche – zu einem gemütlichen Fernsehabend. Jeder suchte sich einen Platz auf oder neben dem Sofa.

Ich sagte dann immer: »Kommt doch auch aufs Sofa.«

Doch diejenigen, die sich neben dem Sofa platzierten, taten es ja, um zu demonstrieren, dass unser Sofa eben nicht groß genug war und wir dringend ein neues brauchten.

»Wir brauchen ein neues Sofa«, sagte die Macht. »Der Platz reicht einfach nicht für alle, Pu«, sagte Adorno.

»Schaut doch! Ist genug Platz«, musste ich dann sagen. Dann waren sie wieder mit vernichtenden Blicken dran. Genug Platz, wo denn bitte schön?

Wenn das erledigt war und alle saßen, musste jemand »ach, gemütlich« sagen. Meist erledigte das die Macht.

Dann sagte Adorno: »Kann ich Chipse haben?« Das ist vermutlich der Satz, der eines Tages auf seinem Grabstein stehen wird. Aber sprechen wir nicht darüber. Wir nickten, er rannte in die Küche, alle schrien ihm hinterher, was er ihnen mitbringen sollte, er regte sich auf, dass er hier immer die ganze Arbeit machen musste, und dann schauten wir. Am liebsten Mord und Totschlag. Und die Kinder waren glücklich.

Sie waren glücklich, dass sie schon so erwachsen waren und mit uns fernsehen durften, dass sie noch nicht ins Bett mussten, dass sie also offenbar vorankamen in ihrer Entwicklung.

Gestern. Damals.

Doch vor etwa einem Jahr fingen sie an, unruhig zu werden und Ansprüche zu stellen. Seither heißt es: »Schon wieder ›Wilsberg‹?« oder »O Gott, ein Schmücke-›Polizeiruf‹!«. Eines Tages wurden sie richtig renitent. »Würg. Auf keinen Fall dieser schwäbische Bienzle mit seiner doofen Hannelore! Schalt sofort um.«

Ich verstehe schon mal überhaupt nicht, was die immer gegen die *Tatort*-Wiederholungen mit dem Stuttgarter Kommissar haben. Ist doch lustig.

Ich sagte: »Was wollt ihr denn sehen?«

Adorno wollte Action. »Auf keinen Fall eine Schnulze.«

Penelope wollte eine Liebeskomödie. Auf keinen Fall Action.

»Liebeskomödie?«, sagte Adorno. »Das ist doch eine Schnulze.«

Die Macht raschelte mit der *TV Spielfilm* und sagte: »Ich glaub', ich hab' was gefunden.«

»Eine Liebeskomödie?« Penelope.

»Eine Schnulze?« Adorno wieder.

»Nein, nein«, sagte die Macht, »das ist eine Komödie. Zum Lachen. Aber auch Action.«

Adorno, hoffend: »Action?«

Die Macht: »Na ja, sozusagen.«

Penelope, besorgt: »Aber nicht zu viel?«

Die Macht: »Nein, auf keinen Fall.«

Adorno, misstrauisch geworden: »Aber am Ende kriegen sie sich?«

Die Macht: »Das schon.«

Penelope: »O ja.«

Adorno, indigniert: »Also doch eine Schnulze.«

Um die verfahrene Situation zu moderieren, plädierte ich für einen Film mit der renommierten Schauspielerin Simone Thomalla, in dem sie nach einer emotionalen Enttäuschung im entfremdeten großstädtischen Milieu auf eine Alm geht, um sich um einen Alm-Öhi zu kümmern. Sie lernt dessen Sohn kennen – oder Vater, das weiß ich jetzt nicht mehr genau – und dann im Laufe der 90-minütigen dramatischen Entwicklung auch die wahren Werte in einem Leben. Der Film interessierte mich nicht, aber ich schaue mir gern Simone Thomalla an.

Die Macht schien etwas zu ahnen. Sie knurrte misstrauisch: »Das ist doch bestimmt eine Schnulze?«

Worauf Adorno sagte: »Nein, nein, das ist eine Komödie. Mit Action.«

Toller Humor. Fast schon literarische Ironie. Das hat er von mir.

Aus heutiger Sicht waren aber auch das noch ruhige und kultivierte Zeiten. Wenn jemand nach dem iPad oder der PSP griff, dann sagte ich: »Kinder, keine zwei technischen Geräte gleichzeitig. Ihr kennt unsere goldene Regel.«

Brummel, brummel. Manchmal schalteten sie dann tatsächlich eins aus.

Heute sagen sie nur noch auf mehrmalige Nachfrage, dass sie beim Fernsehen sowieso nicht zuschauen.

»Wenn du auch am iPad hängst, haben wir schlechte Argumente«, sagte ich zur Macht.

»Ich schaue nicht zu«, sagte sie.

Doch nun kann Penelope nicht mehr ohne iPod Touch leben. Das Ding liegt auf dem Tischchen vor uns und piepst alle zwei Minuten. Wenn es piepst, greift Penelope sofort danach. Irgendwann war die Macht ziemlich genervt, ich glaube, das war praktisch schon am ersten Abend.

»Jetzt lass' das doch einfach mal piepsen«, seufzte sie.

»Ich muss doch wissen, was meine Freundinnen machen«, sagte Penelope.

»Was schon?«, sagte ich, um die Situation mit Humor zu entspannen. »Sie spielen an ihrem iPod Touch rum.«

Aha, kam wohl nicht so gut an. Beide schüttelten ihren Kopf. Was verstand ich auch davon?

»Vielleicht ist das ja wichtig, um die Kinder auf die Herausforderungen der Zukunft vorzubereiten«, sagte ich zur Macht.

»Welche Herausforderungen?«

»Niemals endendes Networking, neue soziale Gepflogenheiten, Auflösung der Trennung von Arbeit und Freizeit und von Zeit und Raum. So Zeug, halt.«

Die Macht schaute mich auf ihre liebevolle Art an und sagte dann zu Penelope: »Du machst jetzt sofort dieses Ding aus.«

Brummel, brummel.

Ich sagte: »Echt, Pelo, jetzt lass' man dieses Zeug und schau dir eine richtig gut gemachte Fernsehserie an. Das tut dir auch mal wieder gut. Man kann nicht immer nur online sein.«

»Eine richtig gute Fernsehserie?«, sagte sie. Ob sie sich etwa mit Bienzle zu Tode langweilen soll?

»Und wer ist das überhaupt, mit dem du dich da Tag und Nacht austauschst?«, fragte die Macht.

»Meine neuen Freundinnen«, sagte Penelope.

»Warum kenne ich die nicht?«

»Das wird schon seine Gründe haben«, sagte Penelope, jetzt doch auch schon etwas schriller.

Adorno blickte erwartungsvoll von seiner PSP hoch. Gleich würde es krachen, da musste er schon mit dabei sein.

Um Mitternacht hatte sich der Rauch dann wieder verzogen. Die Kinder waren im Bett. Die Macht stand am offenen Fenster und rauchte. Wunderbare Stille. Nur aus Penelopes Zimmer hörte man in unregelmäßigen Abständen ein Piepsen.

»Sind die denn nie im Bett?«, seufzte die Macht. »Was sind das nur für Freundinnen?«

Kurze Zeit später erzählte mir die Macht, dass Penelope ihren Status in dem sozialen Netzwerk Facebook geändert habe. Sie lebe jetzt in einer »offenen Beziehung«.

Die Macht, Penelope und Adorno waren alle »auf Facebook«, wie sie sagten. Ich mache das ja nicht. Aber nicht weil Facebook eine Krake ist oder ich nicht will, dass ein paar Jungs im Silicon Valley mit der Weitergabe meiner Daten Milliardäre werden und der Geheimdienst sich das Abhören meines Telefons sparen kann. Sondern keine Ahnung, warum nicht.

»›Offene Beziehung‹«, sagte ich, »was soll denn das heißen?«

»Ich will es gar nicht wissen«, sagte die Macht und machte ihr leidendes Gesicht.

Ich rief Penelope an unseren Familientisch.

»Was ist eine offene Beziehung?«

»Man darf fremdgehen.«

»Äh?«

»Was weiß ich, was eine offene Beziehung für dich bedeutet. Das muss jeder ja selbst definieren. Das ist wie im richtigen Leben.«

»Ich hör' nicht zu«, rief die Macht aus ihrem Zimmer. Als ich sie zuletzt gesehen hatte, saß sie mit dem iPad auf ihrem Sofa. Die war hundertprozentig selbst grade auf Facebook.

»Also, Penelope?«

»Die meisten Leute heiraten auf Facebook, Pu. Ich dachte, ich mach' mal was anderes und nehme eine offene Beziehung. Das hat nicht jeder.«

»Ich dachte, du bist strikt gegen eine offene Beziehung?«

»Wenn beide Partner einverstanden sind, dass auch mit anderen etwas läuft, finde ich das durchaus in Ordnung.«

Aha, vielleicht war sie ja doch noch nicht vom Konservatismus verseucht.

»Nur ich wäre auf keinen Fall damit einverstanden, Alter«, sagte Penelope.

»Ich auch nicht, Bro«, echote Adorno.

Er saß auf dem Sofa und war mit dem anderen iPad beschäftigt. Vermutlich mit einem Massenvernichtungsspiel. Aus Gründen, die sich meinem Einfluss entziehen, hatten wir eines Tages plötzlich zwei iPads.

»Was echost du denn da jetzt auch noch mit?«, fragte ich. »Außerdem bin ich nicht euer Brother, sondern euer Father.«

»›Echost‹? Was du für Wörter kennst, Wahnsinn«, sagte Penelope.

»Darf ich hier jetzt gar nichts mehr sagen, oder was?«, sagte Adorno.

»Nee, Schnauze«, sagte ich.

Am Anfang rief die Macht am Nachmittag vom Büro aus bei Penelope an und schiss sie zusammen, was sie da wieder geschrieben habe.

»Geh sofort aus Facebook, Penelope.« Sie sei jetzt schon drei Stunden drin, es reiche.

Oder sie rief an: »Hör sofort auf, solche Tittenbilder zu posten.«

Penelope war empört. »Check nicht meine Sachen ab!«, rief sie.

Dann kam sie zu mir. »Die Macht kontrolliert, was ich auf Facebook poste.«

»Echt?«, sagte ich.

Penelope berief noch am selben Abend ein Treffen an unserem Familientisch ein, bei dem sie verlangte, dass die Macht gefälligst nicht mehr ihre Posts überprüfe.

»Was du auch immer schreibst: ›Schatzi, ich liebe dich‹ und so Zeug«, sagte die Macht bockig. »Du blamierst dich doch total.«

»Du blamierst mich, wenn du mich immer abcheckst«, rief Penelope.

»Und dann diese Fotos die ganze Zeit. Du machst dich im Netz total nackig und später kriegst du keinen Job.«

»Wie, bitte?«

Das Tolle an Penelope ist, dass sie meistens auch bei zunehmender Schärfe des Gesprächs die Form im Griff hat. Ganz anders als Adorno. Und ich.

»Und da draußen ist irgendwo ein Triebtäter und stellt wer weiß was damit an«.

»Na ja, Triebtäter«, sagte ich.

Sie postete gern Fotos, auf denen sie möglichst hübsch und melancholisch gen Himmel schauend zu sehen war. Manchmal schulterfrei.

Die Macht wieder: Pelo sei »so wahnsinnig eitel«.

Penelope verlangte ultimativ von der Macht, autonom posten zu dürfen.

»Sonst kündige ich dir die Freundschaft.«

Die Macht brummte weiter, dass im Internet viele Irre unterwegs seien und man aufpassen müsse, was man schreibe und was für Fotos man da reinsetze, aber am Ende ging sie darauf ein.

»Und«, fragte ich Penelope ein paar Tage später, »liest sie deine Postings jetzt nicht mehr?«

»Sie liest es hundertprozentig noch, aber wenigstens spricht sie mich nicht mehr drauf an.«

Sie wette, die checke jeden Tag zwei Stunden ihre Facebookseite.

»Gar nicht«, rief die Macht aus ihrem Zimmer. Keine Ahnung, wie sie das wieder gehört hatte. Dabei telefonierte sie auch noch.

»Ich blockier' sie«, flüsterte Penelope mir zu.

Es klang wie eine schlimme Drohung.

Die Macht wollte dann von mir wissen, wie wir mit der »Sache« umgehen würden.

»Die sitzen die ganze Zeit vor diesen Geräten.«

»Wir sitzen vorm Fernseher.«

»Aber es gibt inzwischen sogar Online-Süchtige. Das muss man behandeln wie Heroin.«

Hä?

»Und manches Hirn verträgt das nicht.«

Den Eindruck hatte ich allerdings auch.

»Glaubst du, dass Penelope süchtig ist? Manche sind ja süchtig nach sozialen Netzwerken. Die machen nichts anderes mehr, die hängen nur noch in Chat-Räumen, lesen Facebook oder stellen da irgendwas drauf.«

Sie war doch selbst den ganzen Abend auf Facebook.

»Was will Penelope da nur die ganze Zeit?«

»Was willst du da eigentlich?«

»Hm. Keine Ahnung.«

»Penelope nimmt das halt nicht als Verlust ihrer Privatsphäre wahr, sondern als Möglichkeit, in ihrem Freundes- und Bekanntenkreis ein Bild von sich zu entwerfen.«

»Aber doch nicht so.«

»Die Digitalisierung der Gesellschaft ist eine zentrale Entwicklung im 21. Jahrhundert«, sagte ich.

»Ach?«

»Ja, wir können sie nicht aufhalten und schon gar nicht ignorieren. Wir können ihre Chancen und Möglichkeiten nutzen, und was die negative Seite angeht, das Beste draus machen. Dennoch verbinden sich mit der Entwicklung selbstverständlich eine ganze Reihe von Sorgen und auch Ängsten.«

»Zitierst du jetzt aus einem Text von dir oder was?«

Woher wusste sie das?

Was wir beide merkten: dass das Computerleben der Kinder uns das Gefühl gab, sie seien dadurch weiter von uns weg und wir wüssten noch viel weniger als bisher schon, wo sie waren und was sie machten, selbst wenn sie neben uns saßen.

War das auch so, als uns unsere Eltern bei den Hausaufgaben nicht mehr folgen konnten?

Wir haben dann tatsächlich eine Art Kurs gemacht, den Penelopes Schule anbot, und uns Grundkenntnisse über Kinder, Eltern, Beziehungsmanagement in sozialen Netzwerken angeeignet. Penelope und Adorno mussten mit. Killerspiele wurden da auch vorgestellt. Adorno langweilte sich, weil er die Killerspiele alle kannte. Ich dagegen war fasziniert. Aber interessanterweise ging ich danach nicht los und nietete in der richtigen Welt die Leute um. Das beruhigte mich.

»Adornos Hirnaktivitäten mögen ja problematisch sein«, sagte ich zur Macht, »und aggressiv ist er auch manchmal. Aber hast du den Eindruck, dass er gleich loszieht und jemanden umnietet, wenn er an der PSP war? Ich nicht.«

Okay, sie auch nicht.

Nach dem Abend war klar, dass unser Fazit auf keinen Fall »weniger Computer« sein konnte, sondern »bewussterer Umgang und mehr Kompetenz«. Grade auch von uns. Wir beschlossen, jedem der Kinder ein eigenes Notebook zu kaufen.

Eines Tages fand die Macht in einem der iPads bei den letzten Google-Einträgen den Satz »bleibender Zahn wackelt«. Wer hatte das eingegeben?

Sie rief Adorno heran. »Wackelt dein bleibender Zahn?«

Nicht, dass er wüsste.

Penelope!

»Was ist mit deinem bleibenden Zahn?«

»Der wackelt.«

»Ein bleibender Zahn wackelt doch nicht. Vielleicht ist es ein erster Zahn?«

Nein, es sei ein bleibender Zahn. Und er wackele. Auch wenn die Macht das nicht einsehen wolle. Das erzählte sie am nächsten Tag auch mir. Sie riss den Mund auf, damit ich auch sehen könne, wie der Zahn wackele.

»Siehst du es, siehst du es?«, rief sie.

Ich sah es nicht. Sollte ich sagen, dass ich es sehe? Sollte ich sagen, dass ich es nicht sehe? Ich sagte: »Hmhmhhm, bleibender Zahn wackelt, soso.«

Dann rief ich die Macht bei der Arbeit an und sagte: »Weißt du inzwischen Genaueres von Penelopes bleibendem Zahn, der wackelt?«

Die Macht sagte, der Zahn wackele nicht und Penelope solle sich »gefälligst« nicht so anstellen.

Die nächsten Tage stellte sich Penelope aber an und es gab nur ein Thema: dass ihr bleibender Zahn wackele. Dann war das Thema verschwunden.

»Was wurde eigentlich aus dem bleibenden Zahn, der wackelt?«, fragte ich Penelope zwei Wochen später.

»Er ist rausgefallen.«

»Um Gottes willen«, sagte ich, »und nun?«

Sie zeigte mir die Zahnlücke. Man sah schon die Spitzen des neuen Zahns. Offenbar war es doch kein bleibender Zahn gewesen. Die Sache zeigt aber, dass sich für diese Kinder die Frage gar nicht mehr stellt: Digitale Geräte ja oder nein? Bei allen Unklarheiten oder Wissenslücken heißt es automatisch: »Google's doch.«

Referate? »Ich weiß gar nicht, wie ihr das ohne Wikipedia gemacht habt.«

Ich weiß auch nicht, wie Politiker früher ohne Internet ihre Doktorarbeiten geschrieben haben. Aber irgendwie ging es.

Einmal beklagte sich Frau Penis, dass in seinem Vortrag etwas nicht stimme. Daraufhin sagte Adorno, das sei ja wohl nicht sein Problem. Sie solle sich bei Wikipedia beschweren.

Englisch-Übersetzungen machen sie mit Google.

»Wird man nicht erwischt, wenn man das macht?«, fragte ich Penelope.

»Nö, das interessiert unsere Lehrerinnen nicht. Die interessiert nur, ob es richtig ist oder nicht.«

»Echt?«

»Manchmal fragen sie, was ein Satz von mir bedeuten soll«, sagte sie. »Dann sage ich: Keine Ahnung. Da erwähnt man Google natürlich nicht.«

Der Metzgermeister war ja noch nie »im Netz«, wie die Macht zu sagen pflegt. Wenn er etwas wissen will, ruft er seine Tochter an.

»Koasch mol gugga«, sagt er.

Sie solle nachschauen. Er weiß schon, dass sie dann nicht in einem Buch nachsieht. Mit »gugga« meint er googeln.

Wenn die Kinder in Opaland sind und die iPads inzwischen auch, haut er Penelope an, dass sie mal gugga solle.

»Der will sich immer einen Fleischwolf ankucken«, erzählte sie mir mal.

»Einen Fleischwolf?«

»Ja, welche Marken wie bewertet sind, das interessiert ihn.«

Irgendwann fiel mir ein, dass ich gar nicht wusste, was für einen Status eigentlich Adorno hatte.

»Bist du eigentlich auch in einer offenen Beziehung?«, fragte ich ihn eines Abends, nachdem er mir das iPad weggenommen hatte, weil der Fernseher lief.

»Nee, Bro«, sagte er, »das machen wir nicht. Das machen nur Mädchen.«

»Jetzt hör doch mal mit dem Bro-Scheiß auf, ich bin nicht dein Bro.«

»Alles klar, Bro.«

Schlimm.

21 Und dann …
Disneyland

Was Mekka für den Hadschi ist, ist Disneyland für den gottlosen Hedonisten des Westens. Man muss einmal im Leben dort gewesen sein, mindestens, am besten noch öfter, und sich mit Micky Maus fotografieren lassen oder zumindest mit Pluto. Ich bin aber kein gottloser Hedonist, obwohl ich gottlos bin und hedonistisch, aber das gehört jetzt nicht hierher. Jedenfalls kam dieser oberflächliche Spaß nicht infrage, diese grelle und banale Kunstwelt, in der es ausschließlich darum geht, Geld zu verdienen, indem man die Wünsche von Kindern oder Kindgebliebenen manipuliert. Das hatte ich meinen Kindern auch ganz klar gesagt.

Und so parkten wir also unseren Miet-Prius morgens um acht auf einem riesigen Parkplatz am South Harbor Boulevard in Anaheim, Kalifornien. Und stellten uns in die riesige Schlange, die auf den Disney-Shuttlebus rüber zum Park wartete. Ich weiß noch, was ich dachte: Wie konnte es nur geschehen, dass ich jetzt hier stehe?

Es fing damit an, dass Adorno plötzlich an unserem Tisch stand. Penelope und ich hatten uns zum Mittagessen im üblichen Restaurant verabredet. Die Bedienung brachte ihre Bratkartoffeln und Penelope schaute so angewidert drauf, dass ich ihr den Teller wegzog und die 200 Speckwürfel einzeln rauspickte.

»So«, sagte ich, »jetzt ist es voll vegetarisch.«

Sie lächelte professionell. Aber da ich sie seit vielen Jahren kenne, wusste ich, dass sie mit diesen Kartoffeln nicht mehr glücklich werden würde.

Und dann war da plötzlich Adorno.

»Was machst du um diese Zeit schon in der Kneipe?«, fragte ich streng.

»Sport ausgefallen«, brummte er und blickte mit einem Er-oder-ich-Vegetarierblick auf meinen Rostbraten.

Dann setzte er sich doch. Offenbar war was.

Er, äh, plane ja im Sommer einen Besuch in Disneyland, Los Angeles. Nun habe er aber gehört, dass ich das ablehnte. Wie ich dazu komme.

»No offense«, sagte ich, »aber Disneyland geht gar nicht.«

»Aha«, sagte Adorno knapp.

Penelope und ich zuckten zusammen. Jeder weiß, dass es gefährlich wird, wenn er »aha« sagt.

Ich sagte vorsichtig: »Themenparks mit Menschen in Mauskostümen – da bist du doch drüber hinaus.«

»Aber du warst doch auch in Disneyland.«

»Niemals.«

»Doch.«

»Nein.«

»Hat die Macht aber gesagt.«

»Wir waren nicht in Disneyland.«

Nur in Disneyworld. Orlando, Florida. Aber das war in den Neunzigern. Frühe Neunziger, um genau zu sein.

»Weißt du, Adorno, im 20. Jahrhundert dachte man, an so schlimme Orte zu gehen sei eine ironische Kritik an den Verhältnissen und gehöre zu einem schwierigen Leben.«

Er schaute mich an wie einen Vollidioten.

Ob es wegen des Flugs sei.

War es nicht. Wir hatten ja den Kalifornien-Flug im letzten Jahr zugunsten von Freiburg ausfallen lassen. Sprechen wir nicht mehr darüber. Aber laut 50-Prozent-Vertrag mit dem Superöko waren wir dieses Jahr eindeutig kalifornienberechtigt.

Obwohl es ansonsten keiner einsehen wollte, jedenfalls neulich bei einer Party. Und ich fürchte, das war ziemlich repräsentativ.

Minki hatte »ein paar Freunde« eingeladen. Also seine Untergebenen aus der Firma und dem Vorstand im Schulverein. Und uns. Sweet Cärolein war selbstverständlich auch da.

»Siehst du, was die wieder anhat?«, knurrte die Macht.

»Was meinst du?«, antwortete ich.

Es gab dann eine leichte Irritation, weil Minki als Vorspeise Rindstatar servierte. Und sich wunderte, als die Macht sich weigerte, »so was« zu essen.

»Du kannst doch einer Vegetarierin kein Tatar anbieten«, sagte sie.

»Du bist doch gar keine Vegetarierin.«

»Aber so was esse ich auf keinen Fall.«

Die Untergebenen entspannten sich erst, als Minki und die Macht sich wieder versöhnten.

Bis irgendwann die Urlaubsfrage aufkam.

»Und ihr dieses Jahr?« Ich (betont beiläufig): »Kalifornien.«

Minki (leicht tadelige Stimme): »Ach?«

Jetzt kam traditionell der wahnsinnig witzige Einschub: »Mit dem Schiff?«

Und dann kam der Satz: »Ich dachte, ihr fliegt nicht mehr.« Spitze Intonation, dann bedeutungsschweres Schweigen. Ich sagte: »Interkontinental nur noch jedes zweite Jahr. Wir wollen unsere Emissionen im Bereich Mobilität um 50 Prozent reduzieren.« »50 Prozent re-du-zie-ren, hahaha.«

Minki lachte auf diese übertriebene Art, die er hat. Die Untergebenen stimmten ein. Diesmal nicht aus Unterwürfigkeit. Man konnte die Erleichterung über meinen Kalifornienflug richtig spüren. Verdammter Scheinheiliger. Minki selbst kann jederzeit überall hinfliegen. Fünfmal nach Kalifornien in der Woche, von Berlin nach Frankfurt oder mit dem Privatjet von Tegel nach Schönefeld. Das ist kein Problem für ihn, weil Fliegen moralisch erst zum Problem wird, wenn man Fliegen als Problem sieht.

Man reduziert seine Emissionen nicht um 50 Prozent, wo kommen wir denn da hin? Entweder man fliegt. Oder man fliegt nicht. Gar nicht fliegen ist großartig. Geht ja nur leider nicht als moderner Mensch. Da muss man. Beruflich sowieso. Damit man nicht provinziell wird. Und grade auch wegen der Kinder.

»Ich will Leo abends ins Bett bringen«, sagte Minki, »und das schaffe ich nicht, wenn ich aus Stuttgart um halb fünf mit der Bummelbahn zurückfahre.«

»Wozu musst du Leo ins Bett bringen?«, sagte ich. Ich meine: Erstens hat er für ein halbes Kind seine Fulltime-Familienfrau Carolin-. Und zweitens: Der Typ ist elf, ich meine, der kann auch mal allein ins Bett.

Mit Carolin- kann man darüber leider auch nicht sprechen. Ihr Vater war Mitglied des Club of Rome oder Gründer eines österreichischen Umweltverbandes oder so was. Muss eine schlimme Kindheit gewesen sein. Ich glaube, Ressourcenverschwendung macht Carolin- geil.

Wir verabschiedeten uns dann als Erste. Minki klopfte mir auf dem Rücken rum und sagte: »Na dann, guten Flug.«

Das Prusten der Untergebenen hatte ich noch im Ohr, als Adorno mit seinem Disneyland-Quatsch daherkam.

»Du bist im Jahr 2000 geboren, Adorno«, sagte ich, »wir müssen ein neues Lebensglücksmodell des 21. Jahrhunderts finden – mit echten Werten. Und nicht so Mausscheiße.«

»Aha«, sagte er und fing an, nach Luft zu schnappen. »Du meinst wohl, Strandspaziergänge und Fahrradtouren sind keine Mausscheiße?«

Ach Gottchen, jetzt kam das wieder.

»Und blöde Goethe-Filme anschauen!«

So was werde er jetzt 20 Jahre lang nicht mehr mitmachen. Er sei sicher, in Disneyland sein Lebensglück zu finden. Vor allem in der Achterbahn Pirates of the Caribbean und im Indiana Jones Adventure.

»Da hast du dich ja schon ganz schön eingegoogelt, aber das nützt dir nichts«, sagte ich und versuchte, überlegen zu lächeln.

»Only over my dead body, mein Freund. Was heißt das auf Deutsch?«

Er zischte: »Du willst es nicht anders, mein Freund.«

War ja klar, dass er sofort zur Macht rannte. Dann rannte die Macht zu mir, um mir zu sagen, dass Disneyland »wirklich« Adornos sehnlichster Wunsch sei. Dann kam Penelope und sagte, dass sie eigentlich auch sehr gern nach Disneyland wolle. Dann kam wieder die Macht und sagte, dass es ja vielleicht ganz schön sein könnte, da mal einen Tag hinzugehen.

»Wie – schön? Wir lehnen doch Menschen in Mauskostümen ab.«

»Ja, klar.«

»Das ist doch nur eine materialistische Quatschkitschbude, die dir falsche Gefühle und ungesundes Essen verkauft.«

»Ja, klar.«

»Unsere Kinder sollen echte Erlebnisse haben und nicht diesen krankhaften Fröhlichkeitsterror.«

»Ja, klar.«

»Man zahlt ein Heidengeld und steht den ganzen Tag in einer Schlange.«

»Stehen wir halt früh auf und sind morgens als Erste da.«

Ja, klar, die Idee hatten offenbar alle anderen auch. Wir sahen schon Tausende vor uns die sogenannte Mainstreet USA runterrennen, die in die einzelnen Themenparks wie Adventureland, Frontierland oder Fantasyland führt. Da waren wir erst kurz vor dem Eingang. Da steht ein riesiges Schild mit der Aufschrift: »Let the memories begin«. Ich dachte noch: Um Gottes willen.

Wie es dann genau war, daran konnte ich mich schon am nächsten Tag nicht mehr erinnern. Ich weiß nur noch, dass es heiß war, sehr heiß und ich einmal zu Adorno sagte: »Adorno: 95 Grad Fahrenheit, wie viel ist das in Celsius?«

Worauf Adorno antwortete: »Ich habe Ferien.«

Es geht in Disneyland irgendwie um Sauberkeit. Grade auch moralisch. Und Amerika ist der Leuchtturm dieser moralischen Sauberkeit. Amerika führt dich – von einer nervtötenden Schlange in der südkalifornischen Hitze zur nächsten. Und da stehst du dann und hoffst darauf, dass die nächste Attraktion vielleicht doch etwas ist. Und dann tauchst du mit dem Unterseeboot – aber nicht wirklich. Es wird nur der Anschein erweckt. Aber genau deshalb siehst du die schönsten Fische. Es ist nämlich ein Nemo-Zeichentrickfilm, den du durch das Bullauge der Unterhaltungsmaschine siehst, die gar nicht unter Wasser ist oder maximal 20 Zentimeter.

Auf jeden Fall: Penelope und Adorno waren am Ende total begeistert. Und das ist ja schließlich das Wichtigste. Macht daher auch glücklich.

»Gut, dass wir da doch hingegangen sind – oder?«

»Ja, wirklich gut, dass du da drauf gedrängt hast.«

»Ich fand es wirklich schön.«

»Ich fand es auch in Ordnung.«

»Nur in Ordnung?«

Undsoweiter.

Am Abend fuhren wir nach Huntington Beach. Das ist die offizielle »Surf City USA« und liegt ein paar Meilen südlich von Disneyland. Auch in Orange County, aber halt am Pazifik. Wir hatten uns aber nicht deshalb hier einquartiert, sondern wegen des berühmtesten Bürgers dieser Stadt – jedenfalls aus Sicht von Adorno und mir. Sein Name ist Jürgen Klinsmann. Eigentlich wohnt er wohl eher nebenan in Newport Beach, aber einer der historischsten Orte der USA ist halt in Huntington, nämlich der Starbucks, in dem Klinsmann zu seiner Zeit als Nationaltrainer die E-Mails seines damaligen Assistenten Joachim Löw bearbeitete und seine berühmten Powerpoint-Präsentationen entwarf.

Das hatte Adorno mal im *kicker* gelesen. Oder war ich das?

Jedenfalls mussten wir da hin, das war klar. Es war dann ein Starbucks wie jeder andere. Wahnsinn. Adorno war total beeindruckt. Ich sowieso.

»Hier hat Klinsi an seinen berühmten Strategien gefeilt, Adorno«, sagte ich, »stell dir das mal vor.«

»Welche Strategien?«, fragte Adorno.

Das wusste ich im Detail jetzt auch nicht, aber jedenfalls war es hier.

In einer Brewery auf der Main Street aßen wir dann vegetarischen Burger (die Macht und ich), Reis (Penelope) und Spaghetti ohne alles (Adorno).

Ich überlegte, wie man die Disneyscheiße doch noch produktiv machen konnte. Am Ende waren wir in einer Show gewesen, in der ein Abraham-Lincoln-Roboter aufgetreten war und die Großartigkeit Amerikas beschworen hatte.

Ich rief: »Kinder! Wie wurde Abraham Lincoln 1865 ermordet?«

»Gib uns vier Möglichkeiten.«

»Okay«, sagte ich, »ich gebe euch drei. a.) im offenen Auto in Dallas erschossen. b.) nach der Revolution geköpft. c.) im Theater erschossen.«

Und dann sagte ich noch: »Kleiner Tipp: 1865!«

Ich wollte mal sehen, wie weit es nach so einem erzieherischen GAU wie Disneyland noch mit ihrem Denkvermögen her war. Nicht weit.

Adorno sagte (forsch): »Im offenen Auto natürlich.«

Penelope sagte (zögernd): »Im Auto?«

»Rihihihihing, diese Antwort iiiiiiist …« Spannungspause. » …falsch. Ihr Vollnasen. 1865 gab es keine Autos.«

Wussten sie nicht. Sie wussten vermutlich überhaupt nicht, dass es mal eine Zeit ohne Autos gegeben hat.

Am Spätnachmittag des folgenden Tages lagen wir bereits am Pool des Hard Rock Hotels, Paradise Road, Las Vegas. Aaah.

»Was sollen wir denn in Las Vegas«, hatte die Macht gemault.

»Das muss man einmal im Leben gesehen haben«, sagte ich.

»Wir waren doch schon siebenmal in Las Vegas.«

»Wir schon. Aber diese Kinder nicht.«

»Ach«, sagte die Macht, »du willst wegen der Kinder nach Las Vegas?«

Das sei womöglich keine gute Idee. Was sollten denn Kinder bitteschön in Las Vegas? Tagsüber sei es unerträglich heiß und ins Casino dürften sie auch nicht.

»Ich will den Kindern eines der sieben Weltwunder zeigen«, sagte ich. Die Macht zeigte mir ihren Skepsis-Blick.

»Und welches wäre das?«

»Der Pool vom Hard Rock Hotel.«

»Pool« ist untertrieben. Es handelt sich um eine monströse Pool-Landschaft. Das Problem ist, dass man keine Liegestühle kriegt, weil die Amerikaner morgens runterrennen und Handtücher drauflegen, bis alle belegt sind. So was zu machen ist ja ein Vorurteil, das in bestimmten Kreisen gegen uns Deutsche gepflegt wird. Da kann man mal sehen, wie falsch solche Klischees sind. Weil an diesem Nachmittag aber ein Paar aus Seattle zum Flieger musste, kriegten wir ihre Liegestühle am Paradise Beach South. Und jetzt lagen wir drin und sahen uns die Las-Vegas-Touristen an.

»Plastiktitten, Plastiktitten, ich sehe nur Plastiktitten«, murrte die Macht.

Das sei doch nicht schön, ganz im Gegenteil, oder ob ich das etwa schön fände.

»Selbstverständlich nicht«, antwortete ich. Was soll man auch sonst sagen.

Ich weiß gar nicht, warum sie das Wort benutzte. Sie ist eigentlich niemand, der »Plastiktitten« sagt. Irgendwie war ihr danach.

Jedenfalls erwachte Adorno sofort aus seinem Standby. Er kenne nur Titten und was Plastiktitten seien.

Die Macht misstrauisch: »Woher kennst du Titten?«

Ich brachte sie mit einer lässigen Handbewegung zum Schweigen und gab ihm eine entspannte Einführung in die plastische Chirurgie.

»Menschen, meistens Frauen, lassen sich Silikonkissen oder Kissen mit Kochsalzlösung in die Brust einsetzen, mein Sohn«, sagte ich.

»Wozu?«

»Um eine Brust wiederherzustellen nach einer Krebsoperation, aber vor allem eben auch aus ästhetischen Gründen, was die Krankenkasse dann aber nicht bezahlt.«

»Äh, Pu?«

»Adorno?«

»Was erzählst du da?«

»Manche Frauen wollen einfach einen größeren oder kleineren oder jedenfalls aus ihrer Sicht schöneren Busen haben. Oder ihre Männer wollen es. Und das Ergebnis kannst du hier sehen.«

Ich fuchtelte mit der Hand irgendwie Richtung Pool. Man lag da ja immer richtig.

Penelope sah an sich herunter und schwieg nachdenklich. Die Macht sah an sich herunter und schwieg entspannt. Und Adorno versuchte ab da rauszufinden, ob jemand Plastiktitten hatte.

Wenn wir nicht am Pool waren, zeigten wir den Kindern das falsche Venedig, das falsche Paris, die falsche Pyramide und den falschen Palast von Caesar.

»Muss man einfach auch mal gesehen haben«, sagte ich.

Nur das falsche Hofbräuhaus ließen wir aus, weil die Macht der Meinung war, dass man das nicht gesehen haben muss. Ansonsten genossen wir die Aussicht von unserer »HRH Tower Suite« auf einen abgeranzten Parkplatz hinter der Pool-Landschaft. Wenn wir sie denn fanden. Es ist nicht so einfach, sein Zimmer zu finden. Wir irrten stundenlang durch die dunklen Gänge.

»Das gehört zum System«, sagte ich.

»Wieso?«, fragte Adorno.

»Sie wollen nicht, dass du weißt, wo du bist, sie wollen nicht, dass du weißt, ob es Tag oder Nacht ist.«

»Was wollen sie denn?«

»Sie wollen, dass du im Casino sitzt und dein Geld verspielst.«

»Und das macht Spaß?«, fragte Penelope, als wir einigen Spielern an Automaten zugesehen hatten. Tja. Es sieht tatsächlich eher wie Arbeit aus, fast wie am Fließband. Immer derselbe Handgriff.

»Die Amerikaner denken, dass es den größten Spaß der Welt macht, wenn man nach Las Vegas fährt und Geld verspielt«, sagte ich.

»Hier ist doch alles absurd«, sagte die Macht. »Angefangen vom Energieverbrauch.«

Ich wollte ihnen dann noch die Brille von Roy Orbison zeigen und den Bass von John Entwistle von The Who, der ja hier im Hard Rock Hotel gestorben war. Aber die Kinder drängten zurück an den Pool.

»Pu, sind das Plastiktitten?«, rief Adorno und zeigte auf eine Frau, die in einem Liegestuhl im flachen Wasser lag.

»Um Gottes willen«, sagte ich zur Macht.

Aber ich verstand mein eigenes Wort kaum, denn Adorno schrie: »Das da sind ja wohl Plastiktitten, oder?« und »Das sind jetzt aber welche.«

Am Ende lag er zu 95 Prozent richtig. Schätzte ich jedenfalls. Das Problem war, dass er nicht mehr aufhören konnte.

»Das hast du nun von deinem Plastiktitten-Geschwätz«, sagte ich zur Macht. Wir überlegten, ob wir künftig zurückhaltender mit solchen Worten und Themen sein sollten und ob das unsere Kinder verrohe und desensibilisiere.

Wir entschieden uns dann aber dafür, so weiterzumachen wie bisher.

Der Höhepunkt von Adornos Amerikareise ereignete sich dann auf dem Weg von Las Vegas Richtung San Francisco. Wenn man aus dem Death Valley kommend, den Yosemite-Park auf dem Highway 120 durchquert hat, landet man irgendwann auf der Mainstreet von Groveland. An der liegt das kleine Kaffeehaus Firefall, von Mary Ann und Michelle liebevoll eigentümergeführt. Dort steht an der Wand seit vielen Jahren der schöne Satz: »Friends don't let friends go to Starbucks.« Ein Klassiker, der zum Inventar von liebevoll eigentümergeführten Caféhäusern gehört. Aber Adorno las ihn zum ersten Mal.

»Aha«, sagte er und fixierte Penelope triumphierend.

Sie: »Was'n?«

Er: »Freunde lassen Freunde nicht zu Starbucks gehen, Penelope!«

Penelope hatte sich vor der Reise entschieden, den Double Chocolate Dingsbums Frappuccino zu lieben und zu ehren, und beschäftigte sich seit der Landung in Los Angeles hauptsächlich mit der Frage, wo der nächste Starbucks war. Er war nie weit.

Nun witterte Adorno seine Chance – und war entschlossen, sie zu nutzen.

Ich hatte kaum noch Zeit, meinen fair gehandelten Guatemala-Houseblend abzustellen, da war schon die Eskalationsstufe fortgeschrittener Handgreiflichkeiten erreicht.

Ich sprach die vorgeschriebene Formel: »Jetzt ist aber Schluss.« Dazu machte ich mein speziell entwickeltes »besonders grimmiges Gesicht« und wartete danach die üblichen zwei Minuten Schweigen (sie) und Grummeln (er) ab.

Dann sagte Adorno: »Äh, Pu ...«

»Mein Sohn?«

»Warum lassen Freunde Freunde eigentlich nicht zu Starbucks gehen?«

Oh, Mann. Ich brauchte auch mal Urlaub und hatte daher bisher jedes Wort über Starbucks, multinationale Unternehmen und ihre Ausbeutung von Mensch, Tier, Regenwald, Blues und Jazz sowie sozialen und kulturellen Strukturen vermieden. Außerdem steht Starbucks für Amerika, also für gestern. Ich sage nur: China. Vor allem aber wollte ich es mit Penelope nicht übertreiben. Wenn ihre Freundinnen schon bei ihren Reden wider Fleischverzehr und Massentierhaltung schreiend davonrannten, wollte ich sie nicht auch noch gegen Starbucks agitieren, weil sie sonst irgendwann womöglich sozial geächtet würde.

Außerdem redete Penelope seit Monaten davon, wie toll das Leben sein würde, wenn sie erst mal mit ihren Freundinnen im Starbucks sitzen würde. Und jetzt machten Freunde so was nicht?

Das kam ihr ganz ungelegen. Und mir auch. Sie war halt in einer Phase, in der sie neue Freiheit über einen Frappuccino zu erleben hoffte. So what? Andere denken das noch mit 50.

Also sagte ich möglichst no-Naomi-Klein-artig, dass es eine Community brauche, die unabhängige Cafés und Buchläden unterstütze, indem sie ihr Geld dort ausgebe, nicht bei Mega-Unternehmen wie Starbucks, Barnes & Noble oder Amazon. Wir gingen in unserem Collegetown selbstverständlich in den »Bookshop« – unabhängig seit

1966. Allerdings waren wir auch immer in die Borders-Filiale gegangen, ein paar hundert Meter die Pacific Avenue runter. »Nur zum Rumhängen«, sagte ich immer. »Nicht zum Kaufen.« Diese Kinder wollten dann immer in den Borders und nicht in den Bookshop, angeblich roch es da »so komisch«.

»Es riecht nach Büchern«, sagte ich, »nach richtigen Büchern. Nach guten Büchern. Und nicht nach Klimaanlage und dem ganzen Micky-Maus-Zeug, was sie im Borders auch noch verkaufen.«

Aber Kinder sind einfach eigen. Vor allem, wenn dein eigenes Sprechen und Handeln nicht konsistent sind. Wir waren dann alle ziemlich bedröppelt, als die Kette in Konkurs ging und unser Borders plötzlich zu war. Hatte einfach dazugehört. Der Plan war ja gewesen, dass die aufrechten Bürger alle im Bookshop kaufen und damit die böse Kette erledigen, die man eigentlich nie hatte haben wollen. Aber nun hatten nicht die verantwortungsbewussten Käufer unseres Städtchens ihn erledigt, sondern: Amazon hatte ihn gekillt. Aber irgendwer musste ja auch bei Amazon kaufen.

Je mehr ich mit den Kindern darüber sprach, warum man nicht bei Ketten kauft und nicht bei Amazon bestellt, desto mehr verhedderte ich mich in meinen Erklärungen, warum wir bestimmte Dinge trotzdem machten. Um das einigermaßen passabel abzuschließen, sagte ich zu Penelope, dass ich weiter im Caffe Pergolesi den House Coffee trinken würde, sie sich bei mir da aber jederzeit vier Dollar für einen Frappuccino abholen könne.

So machten wir es dann auch. Wir holten für sie beim bösen Establishment einen Frappuccino oder einen wunderbaren Tazo® Shaken Iced Passion Tea Lemonade und gingen dann ins alternative und progressive Pergolesi, wo der Hauskaffee immer noch so bescheiden schmeckte, wie sich das früher gehörte. Im Pergolesi hing selbstverständlich auch seit Jahren ein Schild mit der Aufschrift: »Friends don't let friends go to Starbucks« an der Wand. Gleich daneben war ein neues Schild angebracht worden. Darauf stand, dass Marihuana zu rauchen auch im Garten untersagt sei.

Adorno regte sich jedes Mal furchtbar auf. Über Penelope, der Geschmack vor Gerechtigkeit gehe. Über mich, der das auch noch finanziere. »Was sind das nur für Freunde, die Freunde zu Starbucks gehen lassen«, rief er empört.

»Du hast leicht reden«, sagte ich, »du trinkst nur Coca Cola.«

Es war ein Qualitätswitz, aber er verstand ihn nicht.

Vor lauter Micky Maus und Starbucks bin ich zum eigentlichen Problem noch gar nicht gekommen. Jedenfalls aus Sicht der Macht. Die saß am Steuer, wir fuhren auf der California One den Pacific Coast Highway rauf, Los Angeles im Rücken, Richtung Big Sur und San Francisco. Zwischen Straße und Pazifik war nur ein schmaler Streifen Strand, da lagen die See-Elefanten rum. Massenweise.

»Oh, wie schön«, rief die Macht, »Penelope, Adorno, schaut euch das an. Das ist der beste Blick der Welt.«

Nichts.

»Adorno?«

»Gleich.«

Adorno war mit seiner PSP beschäftigt. Er spielte als VfL Wolfsburg gegen Real Madrid. Komplett fokussiert, wie wir Sportler sagen.

»Pelo?«

Nichts.

»Penelope?«

Penelope hatte ihren iPod laufen.

Die Macht wurde immer begeisterter. »Oh, wie schön!«

Gleich käme noch ein ganz spektakulärer Blick.

»Das müsst ihr sehen.«

Adorno war aber weiter mit seinem Spiel beschäftigt und Penelope hörte weiter nichts, weil ihre Musik so laut war.

»Schluss jetzt«, rief die Macht, »ihr schaut euch das jetzt an.«

Ich ließ die *New York Times* sinken, half ja nichts. Die Kinder brummten und murrten. Aber irgendwann waren die Geräte tatsächlich aus. Und sie fingen an, über Jennifer zu reden. Ein Mädchen aus

Penelopes Montessori-Klasse. Was Jennifer mal zu Herr Frick gesagt hatte. Und was Herr Frick dann zu Jennifer sagte. Und was Jennifer dann wieder zu Herr Frick sagte. Und wie crazy das gewesen sei. Unglaublich, diese Jennifer.

»Und weißt du, was Herr Frick dann zu Jennifer …«, sagte Penelope.

Da explodierte die Macht: »Wir sind doch nicht 10 000 Kilometer geflogen und haben Unmengen von Kohlendioxid verursacht, um über Jennifer und Herr Frick zu sprechen!«

Sie sollten gefälligst aus dem Fenster schauen, so eine Aussicht gäbe es in Berlin nicht und auch sonst nirgends.

»Ich bin halt nicht so ein Aussichts-Typi«, sagte Adorno.

Und Penelope brummte: »Gehen wir jetzt endlich zu Starbucks, oder was?«

Wir gingen dann aber ins Café Nepenthe. Das liegt mitten in Big Sur, etwa 300 Meilen nordwestlich von Los Angeles und ein paar Schritte entfernt vom Pacific Coast Highway. Das Café ist eine Freiluftterrasse, auf der man den weltweit besten Blick auf den kalifornischen Pazifik hat. Das sagen alle Reiseführer und die Macht sagt das auch.

Wir parkten also den Prius, zahlten absurde Preise für einen House Coffee, einen Latte, eine Apfelsaftschorle und eine Coca Cola und setzten uns damit an einen Tisch direkt neben dem Geländer. Wir Erwachsene schauten von dort aufs Wasser runter und die Macht sagte alle 20 Sekunden: »Ist das nicht herrlich hier?«

Ich bestätigte mehrfach, dass es herrlich war.

Penelope sagte: »Also, das ist doch der größte Schmarren, den ich je gehört habe, dass Fisch kein Fleisch sein soll.«

»Aber echt«, brummte Adorno.

Die Macht gab sich noch nicht geschlagen. »Jetzt lass' das doch mal, Pelo. Ich meine: Habt ihr je so etwas Schönes wie diese Pazifikküste gesehen?«

Aber Penelope schwieg. Adorno schwieg auch.

Die Macht seufzte: »Oh, wie schön. Oooooooh.«

Ich seufzte mit. Ich bin eigentlich auch kein Aussichts-Typi, aber der Blick auf den Pazifik ist wirklich schön. Denke ich mal. Das einzige Problem am Café Nepenthe ist das Ti-äitsch in Ne-pen-thi.

Adorno hatte keinerlei Probleme mit dem Ti-äitsch.

Penelope sagte: »Ne-pen-si.«

Adorno lachte sich schlapp.

Penelope wurde sauer.

Die Macht wurde erst recht sauer: »So eine Aussicht und ihr streitet«, sagte sie. Und dass sie das gar nicht verstehen könnte. Sie hätte früher keine solche Aussicht gehabt an der Adria. Ich sagte nichts, denn wir hatten ja früher in Südtirol auch so tolle Aussichten, die kein Mensch brauchte. Allerdings mussten wir dafür auch noch stundenlang einen Berg hochsteigen und nicht vom Parkplatz schnell mal rüberwackeln.

Die Macht sagte: »Was hätte ich gegeben für eine solche Aussicht!« Sie steigerte sich immer mehr rein.

Penelope versuchte sich zusammenzureißen. Adorno gähnte. Irgendwann fingen sie wieder mit Jennifer und Herr Frick an.

»Ich kann es nicht glauben«, rief die Macht. »Wir sind hier an einem der schönsten Orte der Welt. Ich meine: Big Sur. Jack Kerouac. Natur. Freiheit. Und ihr redet über die Schule?«

Am Klang ihrer Stimme hörte ich, dass sie dachte, sie sei jetzt aber wirklich empört.

»Ich will jetzt kein Wort mehr über Herr Frick hören. Und über Jennifer schon gar nicht.«

»Worüber sollen wir denn reden?«, hauchte Penelope. »Die Schule ist doch alles, was wir haben.«

Ich schluckte. Sie sagte es so zart, dass man nicht wissen konnte, ob sie es nicht doch bitter ernst meinte.

So ging das die ganze Zeit, und so geht das immer, wenn wir unterwegs sind: Die Macht sagt uns, wir sollen aus dem Fenster schauen. Und wir sind mit anderen Sachen beschäftigt.

»Wozu bringt man euch an die schönsten Orte der Welt, wenn euch nur Zeug interessiert, das ihr auch zu Hause machen könnt?«

Schweigen.

»Jetzt reicht es«, sagte die Macht. »Wir fahren nach Hause.«

»High Five«, flüsterte Adorno mir zu.

Ich schlug ein. Wozu hatten wir uns denn in unserem Unistädtchen in einer schnuffigen Apartmentanlage mit Pool und Hot Tub eingemietet? Weil ich endlich kapiert hatte, dass die Kinder alles akzeptieren, solange es einen Pool gibt. Sogar kalifornisches Hängen. Und so waren wir endlich wieder in unserem richtigen Urlaub angekommen. Gingen morgens mit unseren Baby-Surfboards an den Strand und surften nicht. Mittags in die Stadt. Am Frühabend ins Pergolesi. Oder am Frühabend in die Stadt, mittags an den Strand und morgens ins Pergolesi. Oder am Frühabend an den Strand, morgens in die Stadt und mittags ins Pergolesi. Ich glaube, das habe ich Ihnen schon mal erzählt. Das Neue war der Poolnachmittag, nicht unter zwei Stunden und verbindlich vorgeschrieben. Ansonsten waren wir komplett flexibel und immer bereit für eine neue Welt.

Jetzt muss man sagen, dass unsere Begeisterung über die guten Seiten Kaliforniens ungetrübt ist, aber es gibt eben auch andere und damit meine ich nicht nur die großen politischen und sozialen Probleme: etwa, dass nicht mal ein Viertel der Wahlberechtigten tatsächlich wählt. Weil sie nicht schreiben können. Oder weil sie drei Jobs brauchen, um durchzukommen und keine Zeit haben, zur Wahl zu gehen. Oder weil sie die Hoffnung aufgegeben haben. Es gibt auch problematische Alltagsgepflogenheiten. Damit meine ich nicht, dass man Kalifornier an Silvester einlädt, und um 22 Uhr plötzlich alle aufstehen und nach Hause gehen.

Die Macht und ich mögen es gar nicht, wenn Minki wieder mal aus Amerika zurückkommt von einer seiner »Geschaftsreisen« und nach Tausenden Flugkilometern erst mal sagt: »USA und Umweltbewusstsein? Null! Wenn du siehst, wie da mit Energie umgegangen wird, gewöhnst du dir das Sparen erst gar nicht an. Wie viel Fleisch die essen.

Was für Autos die fahren. Die ganzen Klimaanlagen. Die miserabel gedämmten Häuser. Da bringt es doch sowieso nichts, wenn wir hier auf unser Schnitzel verzichten. Ist doch alles lächerlich im Vergleich.«

Im Gegenteil. Ich finde: Grade weil in Amerika die Todesstrafe verhängt wird, ist es so wichtig, dass bei uns eine andere Kultur herrscht und nicht auch Menschen exekutiert werden. Denn nur so können die auf die Idee kommen, es auch sein zu lassen.

Oder Minki sagt: »Also, ihr glaubt ja nicht, wie fett die Amerikaner sind.« Einfach so. Ohne die Zusammenhänge eines kapitalistischen Ausbeutungssystems transparent zu machen. Manchmal sagt er auch »obese«. Vermutlich, um seine Weltläufigkeit zu unterstreichen.

»Gut, dass wir nicht so sind«, sagt die Macht dann.

»Finde ich auch«, antworte ich.

Aber wenn wir unter uns sind, dann thematisieren wir schon auch die kulturellen Rückstände und Widersprüche dieser faszinierenden Gesellschaft, etwa ihren Umgang mit Ressourcen.

»Wahnsinn, was hier für Plastik verbraucht wird«, sagte die Macht, als wir in dem Strandörtchen Avila Beach vor Momma Joe's Kaffeehaus saßen. Wenn man in Avila Beach ist, muss man vor Momma Joe's sitzen. Das ist der beste Platz dort. Direkt an der Beachstraße. Direkt am Strand. Ach. Ein kalifornisches Paradies am Pazifik. Sieht man mal davon ab, dass in zwei Kilometer Entfernung der Diablo Canyon ist und dort das Diablo Canyon Atomkraftwerk steht, direkt auf der Erdbebenspalte.

Aber sonst sehr schön.

Die Macht schlürfte ihren Momma Joe's Iced Frappuccino und sah sich dann den leeren Becher an. Liebevoll. Aber auch nachdenklich.

Alles sei aus Plastik in Amerika. Becher, Teller. Einweggeschirr. Alles für einmalige Benutzung.

»Und auf dem Meer«, sie zeigte mit dem Finger Richtung Westen, »ist der Plastikteppich schon in Japan. Der ist in zwei Jahren hier an der kalifornischen Küste.«

Dann warf sie ihren Becher seufzend in den Papierkorb.

Oder wenn wir abends – nach dem Pool, vor dem Pergolesi – auf den

Boardwalk gehen, das ist der Vergnügungspark direkt am Strand. Da gibt es so einen Sky Glider, mit dem man über den Boardwalk schweben kann. In Gondeln für zwei Personen. Im Westen der Pazifik. Am Firmament das Abendrot. Im Osten die Berge. Grandios. Aber dann kommen einem halt auch immer Menschen entgegen.

»Hast du das gesehen?« Sagt dann die Macht. Jedes Mal aufs Neue erschüttert.

»Was?«

»Da braucht immer einer allein die ganze Sitzfläche.«

Alles voller einfacher, ehrlicher Väter und Mütter, die sich und ihren Kindern engagiert riesige Portionen Knoblauch-Fritten und eimerweise Pepsi reinpfeifen. Und auch entsprechend aussehen. Adorno hält das trotzdem für vorbildlich. Und dann gehen wir mittwochs – vor dem Pool – auf den Farmer's Market. Alles voller feingliedriger, gut verdienender Linksliberaler, die engagiert über organisches Gemüse diskutieren. Und ihre Kinder zwingen, ständig Karotten zu mümmeln. Menschen, die nichts auf Oberflächlichkeit geben. Und auch entsprechend aussehen. Die Männer in kurzen Hosen, die Frauen in bequemen Kleidern und Gesundheitsschuhen. Adorno ist rechtschaffen erschüttert über den Karottenzwang der Liberalen. Penelope entsetzen am meisten die Gesundheitsschuhe.

»Gut, dass wir weder so noch so sind«, sagte die Macht.

Aber wirklich.

Eines Tages – nach dem Beach und vor dem Pool – standen wir vor einem Biosupermarkt, und es war High Noon, denn die Macht bebte vor Wut. Grade war eine Frau in ihrem Alter aus dem New Leaf Community Market getreten, gut angezogen und uns nett anlächelnd, aber das ist ja in Kalifornien eh klar. Sie freute sich halt des Lebens. Und das mit Recht, denn sie hatte sich grade einen schönen, gesunden Salat aus regionalem Bioanbau gekauft.

Was? Ja, abwarten.

Dann setzte diese Frau sich also in ihr Auto, zündete den Motor und fing doch tatsächlich an, ihren Salat zu essen. Bei laufendem Motor.

»Du blöde Schlampe«, zischte die Macht.

Eigentlich sagte sie noch was ganz anderes, weshalb Penelope und Adorno sofort hysterisch zu kichern anfingen. Sie kichern immer bei solchen Worten. Grade erst hatten sie wie wild gekichert, als wir sie in einen Film mitnahmen, von dem uns die Ticketverkäuferin streng gesagt hatte, der sei aber »Rated R« und »inappropriate« für Kinder.

Unangemessen?

»Das entscheiden immer noch wir, was unangemessen für unsere Kinder ist«, sagte die Macht. Wir gingen daher erst recht rein, das wäre ja noch schöner. Und dann kicherten sie. Als nun aber ihre Mutter eine andere Frau live eine »Schlampe« nannte beziehungsweise noch was ganz anderes, waren sie komplett aus dem Häuschen.

Nicht, dass wir uns jetzt falsch verstehen: Penelope, Adorno und ich hatten zwar wie die Macht auch pro Nase 6,4 Tonnen Kohlendioxid für den Interkontinentalflug ausgestoßen, aber das war ja etwas anderes und daher waren wir auch rechtschaffen empört über diese eklatante kulturelle Verwahrlosung.

Es ist offenbar eine Gewohnheit der kalifornischen Gesellschaft, ganz unabhängig vom eigentlichen Autofahren den Ausstoß von Kohlendioxid sicherzustellen. Wenn sie telefonieren, dann telefonieren sie nicht und steigen dann ins Auto und fahren los. Sie steigen ins Auto, schalten den Motor an und telefonieren erst mal im Stehen. Wenn sie vor einem Kaffeehaus parken, dann stellen sie nicht den Motor ab, steigen aus und erzählen dann ihrer Begleitung ihre furchtbar wichtigen Geschichten. Nein, sie parken ein und reden dann erst noch eine Viertelstunde bei laufendem Motor, bevor sie ins Café gehen. Wenn sie ihren Kaffee to go holen, dann schalten sie den Motor erst gar nicht aus. Und wenn man ungünstig rumsteht, erzählen sie einem auf dem Rückweg noch ihre Lebensgeschichte inklusive erweiterter psychiatrischer Anamnese, während der Auspuff raucht.

Aber wie das so geht: Penelope, Adorno und ich hatten uns fast schon dran gewöhnt.

Die Macht indes fing grade erst an, sich richtig reinzusteigern. »Diese Amis« sagte sie. »Sorgen sich, dass Kinder moralischen Schaden nehmen könnten, wenn im Kino »fuck« gesagt wird. Aber dass sie ihnen mit ihrem irren Kohlendioxidausstoß die Zukunft nehmen, interessiert sie nicht.« Wo denn da die Moral sei. Und dass diese Frau doch total bescheuert und halb debil sei und dergleichen.

Sie rannte ja zu Hause inzwischen nicht mehr zu jedem Auto mit laufendem Motor und schiss den Fahrer zusammen, seit mein Psychologe gesagt hatte, sie wolle damit ja gar nicht dem Klima helfen, sondern bloß ihre eigenen Aggressionen loswerden.

Seitdem kriegten wir sie ab.

Ich bleibe bei der Meinung, dass es zunächst darum geht, selbst erst mal seinen Motor auszuschalten, bevor man anderen sagt, dass sie ihn gefälligst ausmachen sollen.

Aber einmal ließ ich doch tatsächlich auch unseren Prius noch laufen, obwohl wir schon standen. Die Macht sah mich mit ihrem Kampfblick an.

Da sagte ich auch noch lapidar: »When in Rome, do as the Romans do.«

Und Penelope sagte: »Aber wir sind doch gar nicht im Rom.«

Und Adorno sagte: »Null Umweltbewusstsein!«

Gut, es war der Elektromotor, also kam nichts zum Auspuff raus. Trotzdem muss ich im Rückblick ganz klar sagen: Das war falsch und inakzeptabel. Es war daher vollkommen in Ordnung, dass mir an diesem Tag der Pergolesi-Besuch gestrichen wurde.

22   Und dann … der Papst

Ich hatte als Kind vor dem Einschlafen mein Vaterunser gebetet wie jeder andere ordentliche Mensch. Ich betete für meine Mutter, für meine Schwester, für den Superöko, für meinen Vater und für alle anderen Menschen. Das sagte ich tatsächlich: »Und für alle anderen Menschen.« Außer für die im Gefängnis. Warum ich die ausschloss, weiß ich jetzt gar nicht mehr. Das machte man vermutlich bei den katholischen Schwaben so. Ich habe in Religion immer eine Eins gehabt. Auch im Abizeugnis. Ich kann das beweisen, das muss hier noch irgendwo rumliegen.

Ich war auch Ministrant. Wie alle – außer den Mädchen. Habe dem Pfarrer den Wein gebracht. Die Glocken bei der Wandlung geläutet. Später stieg ich sogar zum Lektor auf und übernahm die Lesung. »Lesung aus dem ersten Brief an die Korinther.« Die Liebe. Was sie alles ist und was sie alles kann. Die Liebe ist langmütig. Die Liebe ist gütig. Das wurde speziell bei Hochzeiten gern nachgefragt. Das Ministrantenleben war spannend, etwa wenn man bei Beerdigungen die große Fahne trug. Ein Windstoß – und man lag selbst im Grab. Einmal übten wir für die Osternacht. Da mussten die Ministranten »Deo Gratias« sagen, wenn der Herr Pfarrer »Lumen Christi« gesungen hatte.

Das weiß ich noch ganz genau, wie dann der Oskar sagte: »Blumen Christi.«

Wir lachten, dass die Kirche dröhnte. Weil, das war selbstverständlich dreifach falsch. Erstens hieß es nicht »Blumen«, sondern »Lumen«.

Zweitens war das gar nicht unser Einsatz, sondern der vom Herrn Pfarrer. Und drittens machte man solche Späße nicht und schon gar nicht in einer Kirche.

Der Herr Pfarrer tat, was er auch im Religionsunterricht zu tun pflegte: Er pfefferte dem Oskar eine rein, dass der den Kirchengang runterkegelte. Was aber ganz normal war, wie uns unsere Eltern erklärten. Der Oskar war ein Problemkind aus einer Problemfamilie, das froh sein konnte, Ministrant sein zu dürfen. Und der Herr Pfarrer regte sich halt schnell auf, das war bekannt. Und dann rutschte ihm die Hand aus. Aber wir durften nicht vergessen, dass er im Auftrag des Herrn handelte. Und ansonsten war er ja auch in Ordnung. Weitgehend. Zum Beispiel: Mit Frauen lief bei dem nichts. Da war er eisenhart. Im Unterschied zu manchem Vorgänger. Jedenfalls: Wenn wir in der Osternacht vom Feuer in die dunkle Kirche einzogen, und dann ging das Licht an und alle sangen: »Christus ist erstanden« – das war schön. Und ich muss sagen: schon auch beruhigend.

Aber dann kam die Aufklärung. Als Penelope geboren worden war, hatten wir viel darüber gesprochen, dass wir jetzt endlich aus der katholischen Kirche austreten würden. Oder sogar mussten. Aus den üblichen und einleuchtenden Gründen. Außerdem glauben wir nicht an Gott. Und auch nicht daran, dass es einen Gott braucht, um dem Leben Sinn und Werte zu geben.

Wir hatten trotzdem und praktisch parallel monatelang gegrübelt, ob wir unser Kind taufen lassen sollten. Oder sogar mussten. Auch das hatten wir ausgiebig inhaltlich diskutiert, aus unserer Sicht, vor allem aus der Sicht des Kindes. Ich verkürze das jetzt mal; letztlich war der Grund dafür: Wer weiß, wofür es gut ist.

Doch dann rief Oddo an.

»Wann isch die Dauf?«, fragte er. Gleich nach »Bua odr Mädle?«.

Wie viel Zentimeter und Gewicht und so was interessierte ihn nicht.

»Machen wir ihm die Freude«, sagte die Macht. Vielleicht sagte sie auch: »Das können wir nicht bringen«, das weiß ich jetzt nicht mehr genau. Wir rückten jedenfalls mit der damals 55 Zentimeter großen

Penelope an und ließen sie in der Dorfkirche der Großeltern taufen, die auch mal unsere gewesen war.

Danach wollten wir dann austreten.

Aber das ging dann wieder nicht, weil ja Adorno oder was immer da noch hinterherkommen würde, auch noch getauft werden musste.

Und wie wir so weiter unregelmäßig darüber sprachen, dass wir eigentlich längst ausgetreten sein müssten, verging die Zeit. Und dann war plötzlich Penelopes Kommunion fällig.

· Wir sprachen mit den Kindern nicht über Gott – oder kaum. Wir zeigten ihnen Monty Python's »Das Leben das Brian«. Und nahmen ihnen das Versprechen ab, dass sie dem Metzgermeister auf keinen Fall erzählten, was es für gotteslästerliche Filme gab.

Adorno bekam keine Heilige Erstkommunion. Er wollte zwar auch die ganzen Geschenke abgreifen. Aber er wollte nicht drei Monate lang sonntagmorgens in die Kirche. Da waren ja manchmal seine Fußball- spiele. Der Metzgermeister hatte dafür Verständnis, was mich über- raschte. Ich hatte gedacht, dass er da fundamentaler wäre.

»Hauptsach' dauft«, sagte er. Denn wenn jemand nicht getauft ist, kann er nicht in den Himmel kommen beziehungsweise schon oder möglicherweise auch dann nicht oder auf jeden Fall auch dann nicht, darüber gibt es unterschiedliche Ansichten. Der Metzger hat es jeden- falls noch so gelernt, dass ein Kind möglichst schnell getauft werden muss, damit da nichts schiefgeht. Die Taufe ist aus seiner Sicht quasi die halbe Miete.

Ich argwöhne ja, dass die Macht vor dem entscheidenden Schritt des Kirchenaustritts zurückschreckte, weil sie sich nicht traute, ihm das zu sagen.

Weil er dann sagen würde: »Du spinnsch wohl, des kommt ja iiber- haupt net infrog'.«

Dann würde sie eine inhaltliche Rechtfertigung versuchen, und er würde das ignorieren und sagen: »Was sollet denn die Leit' denka?«

Dann würde sie sagen: »Des isch doch mir egal, was die Leut' denken.«

Und er: »Schwätz net raus.«

Sie sagte aber, sie hätte keine Angst vor ihm, sondern es läge an mir. Sie habe den Eindruck, irgendwie wolle ich letztlich doch nicht.

Es war ein bisschen wie mit dem Organspendeausweis. Im Grunde sprach deutlich mehr dafür als dagegen. Wer in der Not ein Organ bekommen will, der muss auch bereit sein, eins zu geben, das ist keine Frage. Dennoch gab es eine diffuse, irrationale Abwehr, die mich am Aktivwerden hinderte. Letztlich ist es beim Ökostrom auch so. Müssen die Leute selber wechseln, kommt immer irgendetwas dazwischen. Also muss man ihnen den Ökostrom einfach zustellen. Oder den Organspendeausweis. Und sagen: Wenn du das nicht willst, dann musst du dich melden. Leider verschickt die katholische Kirche in letzter Zeit kaum noch Relegationen.

Nach der Wahl von Ratzinger waren wir fester entschlossen denn je.

»O mein Gott«, sagte ich zur Macht, »jetzt geht es wirklich nicht mehr.« Sie war ganz meiner Meinung. Jeden Monat kommt sie seither einmal an und fragt, ob ich denn nun zum Austritt bereit sei.

Ich sage dann: »Klar, jederzeit.«

Sie sagt: »Gut, dann machen wir das jetzt endlich.«

Ich sage: »Gut, dann machen wir das.«

Und dann ist das auch wieder erledigt.

Letztens sagte sie: »Weißt du, was ich mich frage?«

Ich sagte: »Nein, noch nicht, aber du wirst es mir gleich sagen.«

»Ich frage mich«, sagte die Macht, »wenn ich eines Tages vor dem Herrgott stehe, wie soll ich ihm dann erklären, dass ich in der katholischen Kirche bin?«

So hatte ich das noch nie gesehen. Aber seither denke ich: Sie hat vollkommen recht. Damit ist es entschieden. Wir treten aus.

23   Und dann … Goethe

»Ich suche das Buch, in dem der Mann mit seiner Tochter schläft, Pu«, sagte Penelope. »Aber der weiß gar nicht, dass es seine Tochter ist und sie weiß es auch nicht. Und am Ende ist die Tochter tot – und der Vater wahrscheinlich auch. Kennst du das zufällig?«

»Was willst du denn damit?«, fragte ich.

»Meine Lehrerin hat es mir empfohlen.«

Ich bin immer noch ergriffen, wenn ich daran denke. Was für eine Schule! Ich ging dann rüber zu den Regalen mit der deutschsprachigen Nachkriegsliteratur. Die stehen hier im Wohnzimmer, gleich hinter mir. Zwischen amerikanischer Literatur und der deutschen Gegenwart.

Das Buch war leicht vergilbt und hatte einen kleinen Wasserschaden. Ich hatte es mal mit nach Griechenland ans Meer genommen und war gestolpert.

»Oh, Pu, du kennst dich ja total gut aus mit Literatur«, sagte Penelope ehrfürchtig. Ich denke jedenfalls, dass es Ehrfurcht war.

Sie las es dann in zwei Tagen. »War gar nicht schwer«, sagte sie, »bis auf das Technik-Gelaber.«

Ja, und wissen Sie was? So habe ich mir das vorgestellt. Meine Kinder profitieren von meinem reichen Erfahrungsschatz und meiner Kultur als homme de lettres, von meiner Belesenheit und fragen diese Kompetenzen aktiv nach, weil sie selbst heiß drauf sind, in diese Welt einzudringen. Und genauso läuft es mit Penelope. Manchmal. Neulich kam sie mit einem Gedicht von Walt Whitman an. Whitman! Wer war das gleich wieder? Ich rannte erst mal in mein Zimmer, um mir ein Minimum an Kompetenz zusammenzugoogeln.

»Ah, ein Gedicht aus *Leaves of Grass*«, sagte ich dann, »das ist bekanntlich eines der wichtigsten Bücher der amerikanischen Literatur des 19. Jahrhunderts.«

Penelope seufzte, was für ein Pech sie habe, das auswendig lernen zu müssen.

Ich sagte: »Was hast du für ein Glück, Penelope, dass du Lehrer hast, die so etwas machen.«

Sie schaute mich skeptisch an.

»Das meinst du ironisch, Pu, oder?«

Sehen Sie, das ist das kleine Problem mit der Ironie. Ich hatte sie meinen Kindern sozusagen im Leistungskurs vermittelt. Und jetzt hatten die sie auch ganz gut drauf, aber man wird dann am Ende nicht so eins-zu-eins verstanden wie so ein beinharter Moralist, der die ganze Zeit predigt, was man muss und was man nicht darf.

Ich finde es wirklich toll, dass es Lehrer gibt, die solche Dinge machen, und toll, dass sie es nicht der ganzen Klasse vorklatschen, sondern dann machen, wenn sie das Gefühl haben, der einzelne Schüler ist bereit dafür.

Wo wir grade davon sprechen, fällt mir ein, dass wir einen Deutschlehrer hatten, der uns Bob Dylans Album *Desire* vorgespielt hat. Keine Ahnung, was das mit Deutsch zu tun hatte, aber eines Tages schob er so einen fahrbares Gestell mit einem Plattenspieler ins Klassenzimmer und dann legte er »Hurricane« auf.

»Pistol Shouts ring out in the barroom night/
Enter Patty Valentine from the upper hall/
She sees the bartender in a pool of blood/
Cries out ›My God, they killed them all‹.

Kann ich heute noch auswendig. Alle Strophen. Jedenfalls manchmal.

Ich will jetzt die schlimme Nazi-Französischlehrerin und alles auf keinen Fall marginalisieren. Und sicher ist sie glasklar schuld, dass ich heute kein Französisch kann, aber das war ein großartiger Lehrer, der mir nicht nur die Tür zu Dylan aufgemacht hat, sondern auch zu Max Frisch. Und sogar zu Goethe.

Nicht, dass ich so überzogene Bildungsbürgeransprüche hätte wie Minki, auf keinen Fall. Aber ein bisschen Goethe muss man von seinen Kindern einfach erwarten können, finde ich. Penelope hat ja nach unserer Rückkehr aus dem Inselurlaub den *Werther* tatsächlich gelesen. Worauf Adorno seine Goethe-Ablehnung intensiviert hat.

»Warum liest der nicht?«, fragte die Macht. Sie habe doch als Kind immer so viel gelesen.

Stimmt. *Hanni und Nanni*. Oder *Hilde und das wilde Pony*. Ich dagegen las mit zehn schon Simmel und Konsalik. Jetzt hatten wir Angst, dass Adorno diesen Standard nicht halten und ein Proll werden würde.

Nicht, dass Sie meine Verwendung des Wortes »Proll« jetzt falsch verstehen: Da schwingt mein Humor mit, und das sage ich jetzt hier auch nur, weil wir, Sie und ich, diesen Humor sicher gemeinsam haben. Aber er sprach halt bisweilen schon auch in einem restringierten Code. »Ich Karstadt« oder »du hobbylos« und so was.

Die Macht hatte außerdem gelesen, dass Kinder, die nicht lasen, den Herausforderungen der digitalen Gesellschaft überhaupt nicht gewachsen sein würden. Also: Warum las er nicht?

»Adorno rebelliert gegen seine Schwester«, sagte ich zur Macht.

Das war mir als Psychologe glasklar.

Er beobachtete misstrauisch, wie gut sie in der Schule war. Sie hatte aus seiner Sicht die Streberrolle besetzt und wurde dafür wertgeschätzt. Deshalb braucht er etwas anderes. Deshalb sagte er auch so oft »bumsen« und »blasen«. Weil sie Reden hielt, weigerte er sich, eine Rede zu halten. Aus Angst vor dem Vergleich. Und Lesen gehörte für ihn zum Streber-Inventar.

Einmal fuhren wir an einem Wahlplakat vorbei, auf dem die Grünen Aktionen gegen den Ausfall von Schulstunden ankündigten. Motto: »Da müssen wir ran!«

»Nein, nein, ihr Grünen, da müsst ihr gar nicht ran«, rief Adorno entsetzt.

»Warum denn nicht?«, fragte Penelope.

»Verstehst du nicht?«, sagte Adorno, »Diese Grünen wollen, dass bei uns keine Stunden mehr ausfallen.«

Tja, so verprellt man die Wähler von morgen. Von da an waren sie für ihn hobbylose Streber und total unten durch. Es war wirklich besorgniserregend: Der hatte keine Neugier auf die Welt. Immer nur stumm an der Konsole.

Manchmal sagte er so was wie: »5:0 für die Wölfe gegen Real Madrid, Pu.« Dann lobte ich ihn.

»Jetzt lobst du ihn auch noch«, sagte die Macht.

Ich sagte, grade als Junge brauche er Förderung und Bestätigung. War ja auch toll. Ich meine das 5:0 gegen Real. Aber aus Sicht der Macht saß er immer nur hinter seinem kleinen Scheißkasten und drückte drauf rum, weshalb ihm auch jegliche Fantasie abging, was man an seinen sogenannten Aufsätzen sah, die selten länger als eine dreiviertel Seite waren.

»Mir fällt nicht mehr ein«, sagte er.

»Kein Wunder«, sagte die Macht.

Aber wenn sie das thematisierte und ich dann auch noch mit Goethe kam, war es ganz aus.

»Da müssen wir halt ganz feinfühlig sein«, sagte ich zur Macht.

»Das ist ja deine Spezialität«, sagte sie.

War das jetzt ironisch? Manchmal blickte ich selbst nicht mehr durch.

Eines Tages geschah das Wunder. Adorno las. Bisher hatte er nur *kicker*, *Asterix* und *Gregs Tagebuch* gelesen. Den *kicker* braucht er, um fachlich auf dem neuesten Stand zu sein. *Asterix* hatte ich ihnen abends im Bett vorgelesen, weil ich wollte, dass sie etwas über Geschichte und Latein mitkriegten.

»Du hast doch nur keinen Bock auf Kinderbücher«, hatte die Macht gesagt.

»Ich respektiere deine Sicht der Dinge«, hatte ich geantwortet und dann zu Adorno gesagt: »Los, sag' was auf Latein.«

Er: »Veni, vidi, vici.«

»Da hast du es«, sagte ich zur Macht, »Bildungslektüre.«

Als wir alle Bände zum 17. Mal gelesen hatten, mussten wir leider aufhören, weil zwei von drei sich langweilten.

Und dann entdeckte die Macht *Gregs Tagebuch*.

Die Geschichte eines selbstsüchtigen kleinen Typi, der das Gefühl hat, die Welt habe sich gegen ihn verschworen. Der Titel von Band 1 lautet: »Von Idioten umzingelt«.

Adorno fühlte sich sofort angesprochen. Es ist kein richtiges Buch, sondern Comic und ein bisschen Text. In Schreibschrift. Überschaubarer Buchstabenanteil pro Seite.

»Das sind Pseudo-Bücher für Jungs, die nicht lesen wollen«, murrte ich.

»Eben«, sagte die Macht und schleppte sämtliche verfügbaren Bände an. Aber dann gab es keine mehr, und Adornos Lesephase war wieder zu Ende. Er zog sich wieder hinter seine PSP zurück.

Und dann las er plötzlich den ganzen Tag. Ein richtiges Buch. Er brachte sein Buch sogar zum Essen an den Tisch und legte es neben sich. Kaum dass er alle verfügbaren Nudeln in sich reingestopft hatte, sagte er: »Kann ich weiterlesen?«

Die Macht mit ihrem glücklichsten Blick: »Aber ja, lieber Adorno.«

Dann las er weiter, das Buch auf den Esstisch aufgestützt. Das Buch hieß *Die Tribute von Panem*.

Carolin- hatte es Leo schenken wollen, aber Minki hatte es zensiert und dann einen großen Vortrag darüber gehalten, worauf die Macht es noch in derselben Stunde bei Amazon bestellte.

»Du sollst doch nicht bei Amazon bestellen«, sagte ich, »denk' doch an unseren Lieblingsbuchladen auf der Oranienstraße.«

»Es war ein Notfall«, sagte sie.

Jetzt war sie einerseits glücklich, andererseits schon wieder misstrauisch. Warum las Adorno dieses Buch, wenn er sonst überhaupt nicht las? War das auch ein gutes Buch? Sie kaufte sich – bei Amazon, fürchte ich – heimlich ein zweites Exemplar und folgte ihm in seine Welt. Es ging um ein Amerika der Zukunft unter totalitärer Herrschaft. Ein Distrikt für die Privilegierten und zwölf Distrikte, in denen die anderen für die Privilegierten schuften müssen. So futuristisch war das also gar nicht. Die Diktatur hat Spiele angeordnet, in denen jedes Jahr aus jedem der zwölf unterdrückten Distrikte zwei Jugendliche zwischen zwölf und 18 kämpfen müssen, bis alle tot sind bis auf einen oder eine.

»Na, also Goethe ist das ja nicht grade«, sagte ich.

»Jetzt hör' doch mal mit Goethe auf«, rief die Macht. »So kriegst du ihn nicht zum Lesen.«

»Goethe war Alkoholiker«, sagte Adorno.

Wo hatte er das wieder her? Wahnsinnig gut informiert, die Leute heutzutage, dafür, dass sie keine Ahnung haben.

Jedenfalls standen die *Tribute von Panem* nicht auf der Leseliste seiner neuen Schule und da fragte sich die Macht mit einiger Berechtigung, wie wir ihn im Herbst an ein Buch bekommen würden, das auf der Liste stand.

»Gott, das sehen wir dann im Herbst«, sagte ich.

Die Macht sagte, dass Minki die Liste bereits durchgearbeitet und ihr gesagt habe, dass Leo auf keinen Fall *Homo Faber* lesen werde, weil das komplett out sei. Er werde dafür sorgen, dass es gegen David Foster Wallace und dessen letztes Buch »Unendlicher Spaß« ausgetauscht werde. Christine dagegen wolle, dass er »etwas von einer Frau« las. Und *Die verlorene Ehre der Katharina Blum*. Carolin- erwähnte die Macht wieder mal nicht. Die wurde wahrscheinlich auch nicht gefragt.

Diese Minkis. Absurd.

»Wenn überhaupt, dann *Morbus Fonticuli* von Frank Schulz«, sagte ich, »dafür werde ICH sorgen.«

»Du?«, sagte die Macht.

Ich ignorierte die Bemerkung und versuchte herauszufinden, was Adorno eigentlich so gefiel an Teenagern, die einander in Panem umbringen müssen und warum das in seinem kleinen Hirn Strömungen auslöste, die sein Lesekompetenzfenster öffneten. Vielleicht konnte man daraus Rückschlüsse ziehen auf anschlussfähige Werke der Weltliteratur. Vielleicht die *Ilias*? Achilles war ja im Grunde auch ein junger Mensch, der alle anderen umbrachte, bis es ihn selbst erwischte.

Aber Adorno ignorierte mein Interesse an seinen Hirnströmungen und sagte aus der Hüfte: »Was hattest du eigentlich in der sechsten Klasse für einen Durchschnitt, Pu?«

»Äh, Adorno …«, sagte ich.

»Aha.«

Was, aha? In der Sechsten war es dramatisch abwärts gegangen mit meinen Noten. Man muss dabei allerdings wissen, dass wir in der Fünften von der Grundschule in der Stadt gewechselt waren und das war eine echte Umstellung. Das frühe Aufstehen, der lange Schulweg, der schlimme Schaffner. Außerdem hatten wir einen komplett hobbylosen Klassenlehrer und wir waren 40 Leute in der Klasse. Unvorstellbar, aber das war da so. In der Siebten war ich dann wieder einigermaßen.

»Ich schätze mal, ich hatte 2,0, aber in der Siebten war ich wieder top«, sagte ich.

»Zweikomma …«, sagte Adorno herablassend.

»Null«, sagte ich. Nie im Leben hatte ich da Zweikommanull.

»Ich habe 1,4«, sagte Adorno.

»1,46. Um genau zu sein«, sagte ich. Das war so und das wird man ja wohl sagen dürfen.

»Na, und?«

»1,46 wird aufgerundet. Im Grunde ist das dann 1,5.«

Er sah mich an, wie ich ihn sonst ansah.

»Auch nicht schlecht«, sagte er dann lässig.

Bitte: 1,46 ist 1,5. Das gilt in der ganzen Welt. Nur bei uns nicht, weil die Macht lieber 1,4 sagte.

»Äh, Pu …«

»Sohn?«

»Das ist immer noch viel besser als dein Zeugnis.«

Ja, nur dass ich meine Hefte selbst führen musste. Und dass ich meine Matheaufgaben selbst ausrechnen musste. Und dass ich mit dem Fahrrad zum Bahnhof fuhr und dann nochmal 20 Minuten zu Fuß ging. Und dass ich eine Drei in Kunst hatte, weil ich nicht malen konnte. Und er hat eine Eins, obwohl er nicht malen kann. Manchmal bin selbst ich noch perplex, wie weit die Macht der Macht reicht.

24 Und dann … unser Minischterpräsident

Ich habe schon angedeutet, dass etwas extrem Seltsames unser ohnehin schon kompliziertes Leben weiter verkompliziert hat. Anfangs versuchte ich, es zu ignorieren oder wegzudrücken, aber seit dem großen Fremdsprachen-Eklat mit Penelope und Adorno lässt sich die Sache nicht mehr verheimlichen. Die beiden Nasen fingen dann irgendwann an, sich darüber lustig zu machen, dass die Macht und ich Schwäbisch miteinander sprechen.

Anfangs lachte ich ja noch mit.

An dem Abend saßen wir am Tisch und ich sagte zur Macht: »Gibsch mir mol des Salz, bidde?«

Die Macht scannte den Tisch und sagte dann zu Adorno: »Gib ihm das Salz, Adorno, du kommst besser ran.«

Darauf scannte Adorno den Tisch, sprang auf, holte sein Lineal, nahm diverse Messungen vor und sagte dann: »Es steht einen Zentimeter näher bei Penelope. Soll sie es ihm doch geben.«

Die Macht war trotz langjähriger, einschlägiger Erfahrungen sprachlos. Zunächst. Vermutlich wollte Penelope die Lage entkrampfen. Jedenfalls sagte sie in das Schweigen hinein: »Des kannscht du aber net mache, Adorno.«

Darauf sagte ich spontan: »Des koasch net brenga, du Grasdaggl, hoißt des.«

Ich weiß noch, dass ich dachte: Also, ihr Schwäbisch ist wirklich unter aller Sau. Damit kann sie sich doch in Opaland überhaupt nicht sehen lassen. Geschweige denn hören. Jahrelang war ich überzeugt, dass es ein wichtiger zivilisatorischer Fortschritt sei, wenn die Kinder kein Schwäbisch sprachen.

Aber jetzt sagte ich doch tatsächlich: »Also, Leute, so geht das nicht weiter: Ihr müsst jetzt mal vernünftig Schwäbisch lernen.«

Jetzt waren die mal fassungslos.

»Schwäbisch lernen? Du bist ja total hobbylos«, sagte Adorno und wedelte mit beiden Händen, als hätte jemand am Tisch gepupst.

»Wieso«, sagte ich, »ihr könnt es doch nicht.«

»Wozu auch?«

»Weil ihr Schwaben seid.«

Entsetzen.

»Wir sind keine Schwaben.«

»Was denn dann?«

»Wir sind Berliner.«

Na ja, in Berlin geboren.

»Ihr seid Nachfahren der Macht-Vorfahren. Aber schon auch Unfrieds.«

»Wir sind Berliner.«

»Schwäbisch ist eine Weltsprache. Die sollten selbst Berliner beherrschen«.

»Spinnst du?«

»Gar nicht. Baden-Württemberg ist eine wichtige Wirtschaftskraft in Europa. Weltweit führende Dichter und Denker sind von dort. Ich nenne nur Schiller, Hegel, Hölderlin und Boris Palmer. Nicht zu vergessen der 5 000 Meter-Olympiasieger Dieter Baumann.«

»Wer soll das sein?«

Banausen.

»In Baden-Württemberg entsteht Neues. Das ist ein spannender Ort. Es ist wichtig, dass ihr mit diesen Menschen dort sprechen könnt, dass ihr sie versteht und sie euch.«

»Äh, Neues in Baden-Württemberg?«, sagte Adorno, »Kühe reiten, oder was?«

»Danke, Pu, aber wir haben dafür nicht die Zeit«, sagte Penelope.

»Papperlapapp«, sagte ich. Ich wartete schon die ganze Zeit drauf, auch endlich mal Papperlapapp sagen zu können.

»Für Spanisch oder so einen Scheiß habt ihr auch Zeit. Ich werde euch zur Schwäbisch-Nachhilfe anmelden.«

Die Macht sah mich an, als sei ich ein Autofahrer, der sie auf dem Fahrrad übersehen hatte. Oder umgekehrt.

Adorno japste dreimal: »Schwäbisch-Nachhilfe.« Und dass ich ja schlimmer sei als Seppl, das Arschloch, und sogar Frau Penis.

»Penis-Vergleiche verbitte ich mir«, sagte ich.

Sogar Penelope war inzwischen richtig sauer geworden.

»Ich habe nicht vor, mit den Dorfdeppen auf den Kühen zu reiten und mich den ganzen Tag zu fragen, wer wohl in dem Krankenwagen mit Blaulicht lag«, sagte sie schrill.

Langsam nervte mich das mit den Kühen. Hätte ich das nur nie erzählt.

»Ohne Schwäbisch habt ihr keine Zukunftsperspektive«, rief ich.

»Lieber Vater«, sagte Penelope kühl und stand auf: »Ich ess' kein Würschtle und ich lern' kein Schwäbisch.«

»Und ich schon gar nicht«, echote Adorno. Und weg waren sie.

»Warum gleich so pampig und so undifferenziert?«, rief ich ihnen nach und versuchte, lässig zu wirken: »Wir sind doch hier nicht bei einer Redaktionskonferenz.«

Jetzt wusste ich, wie der Metzgermeister sich fühlen musste.

Heimatlos. Alleingelassen. Elend.

Ich ging in mein Zimmer und spielte erst mal »Reggae Di Uf« von Wolle Kriwanek. Das war früher der einzige schwäbischen Rock 'n' Roller. Selbstverständlich tabu für unsereins.

Alle wunderten sich, als ich plötzlich den Song spielte.

Ich sagte zur Macht: »Komm' mal her und hör dir das an.« Sie kam, und ich sagte: »Ist doch eigentlich gar nicht schlecht.«

Sie ging dann wortlos wieder.

Ich wunderte mich erst auch, dass ich dafür jetzt plötzlich sogar 99 Cent Gebühr bezahlte. Aber das war halt einfach ein guter Reggae-Song. Er schildert eine Beziehungskrise, weil sie die Zahnpastatube schön von hinten ausdrückt und auch den Deckel stets brav draufschraubt, er aber nicht. Sie flippt dann aus und er fragt: »Reggi reggi reggi reggi reggi Di uff na sag mers!«

Das fand ich in den 80ern oder wann immer das war, albern und subintellektuell. Heute musste ich mich korrigieren: Das hatte was. Das mussten selbst diese Kinder doch einsehen.

»Hört euch das mal an«, rief ich, »wenigstens das.«

Sie näherten sich vorsichtig.

Ich sagte: »Der Witz besteht in der Doppelbedeutung des Wortes ›Reggae‹, versteht ihr? Reggae ist ein Musikstil, und es bedeutet auf Schwäbisch ›rege ich dich auf‹. Reggae Di Uf. Rege ich dich auf. Ein tolles Wortspiel: Oder etwa nicht?«

»Äh, Pu«, sagte Adorno. Das war vernichtend.

Ob ich es nicht lieber mit Bruno Mars probieren wolle. Oder mit Culcha Candela, wenn mir gute Texte wirklich wichtig seien. Das waren offenbar Gegenwartsmusiker. Vermutlich Eintagsfliegen.

Ich sagte: »Warte mal, bis du ›Gugug, I han a Ufo gsäha‹ gehört hast. Moment, ich lad' dir das mal schnell runter.«

Adorno bekam einen leicht panischen Blick: »Nee, lass mal, Pu, ich muss sowieso noch Hausaufgaben machen.«

Das hätte mich sonst sofort stutzig gemacht, aber ich war so im Schwabenrock-Fieber, dass ich schon die Kreditkarte rausgeholt hatte und geistig vollauf mit dem Eintippen des Sicherheitscodes beschäftigt war.

Der Song »Ufo« ist ja fast noch besser als »Reggae Di Uf«. Es geht darum, dass ein Ufo in Baden-Württemberg landet. Da steigen zwei grüne Männlein aus und wollen einen Ureinwohner interviewen. Der Schwabe will zur Feier des Tages hochdeutsch sprechen. Aber da sagt das grüne Männlein zu ihm: »Mensch, schwätz Schwäbisch wie mir au.«

Ich zwang die Kinder, sich das auch noch anzuhören. Dabei sagte ich ständig: »Versteht ihr das, versteht ihr das?«

Sie schwiegen. Am Ende sagte ich: »Habt ihr es kapiert?«

Sie schwiegen weiter.

Ich legte nochmal nach: »Der Außerirdische spricht auch Schwäbisch. Versteht ihr den Witz? Versteht ihr die Botschaft?« Aber da war nichts zu machen.

Was soll ich sagen? Es ist jetzt einfach so, dass ich Baden-Württemberg nicht mehr so scheiße finde wie die ganzen Jahre. Und das macht die Sache schwierig.

Jetzt merke ich erst, wie einfach Scheiße-Finden war.

Minki sagt, das zeige nur, wie alt ich geworden sei. Stuttgart sei Welthauptstadt – und zwar der spießigen Hausmeister.

Ich hatte Minkis BMW X5 vor unserer Stammkneipe stehen sehen, als ich vom Ostbahnhof nach Hause radelte. Schlimm genug. Vermutlich dachte ich, dass es jetzt darauf auch nicht mehr ankommt, und ging trotzdem rein.

Minki sah leider mal wieder glänzend aus in seinem Geschäftsanzug.

Er war gerade erst aus seinem Büro in Mitte zurück nach Kreuzberg gekommen und hatte sich auf der Heimfahrt entschlossen, nicht in sein leeres Dachgeschoss zu gehen. Leo war bei Christine. Und Carolin- war in Wien.

»Schwaben sind piefig, obrigkeitshörig, materialistisch und ein bisschen zurückgeblieben«, sagte er.

»Du bist doch selber Schwabe«, sagte ich.

Das bestreitet er vehement. Er fährt auch nur zu Beerdigungen nach Ravensburg. Maximal. Und er hat auch mit Christine nie Schwäbisch gesprochen. Ein richtiger Landesverräter. Und voller Vorurteile.

»Du hast wohl den ganzen Protest gegen Stuttgart 21 verpasst«, sagte ich.

»Saturierte Wutbürger«, schepperte Minki, »fahren im SUV zur Demo.«

Wer das gut fände, der beweise, dass er selbst den klassischen Weg zum konservativen alten Sack eingeschlagen habe.

»Etwas ist dort anders als früher«, sagte ich. War einfach mein Gefühl.

»Ja, der Bahnhof«, sagte Minki lächelnd. Ich hätte ihm eine reinsemmeln können.

»Was ist, jetzt nur mal so theoretisch, wenn die gesellschaftliche und ökologische Moderne in Baden-Württemberg entstehen sollte?«

Er sah mich an wie Walter Schultheiß im *Tatort* den Kommissar Bienzle, wenn der die Kehrwoche nicht gemacht hatte.

Leider könne er mir hier kein Viertele Trollinger anbieten. Auf dem Niveau sei ich ja offenbar inzwischen.

»Du warst doch seit 20 Jahren nicht in Stuttgart«, sagte ich.

»Gottseidank nicht«, antwortete er. Und dass er da auch nicht hinzugehen brauche. Das wisse er auch so.

»Woher weißt du das?«

»Was gestern richtig war, kann doch heute nicht falsch sein«, sagte Minki.

Jetzt werden Sie sich sicher fragen, was denn nun eigentlich genau meine seltsame Veränderung bewirkt hat. Ich frage mich das ja auch. Denn man ist ja nicht ein überzeugter Baden-Württemberg-Flüchtling ohne Grund. Man hat ja seine guten Gründe gehabt, die einen zur Flucht gezwungen haben. Politisch, kulturell und alles.

Ich möchte jetzt auch nicht in unserem Kaff am Fenster sitzen und warten, bis mal der Krankenwagen vorbeifährt, verstehen Sie mich nicht falsch. Und dass meine Kinder auf Kühen reiten, das würde ich niemals zulassen. Viel zu gefährlich.

Aber manchmal denke ich: Vielleicht war mein Leben ja gar nicht so, wie ich dachte, dass es war. Vielleicht ist es ja auch nicht, wie ich denke, dass es ist. Klar: Heavy Stuff, aber manchmal hat man ja so Gedanken. Ich habe den Superöko angerufen und der sagte mir, er habe das alles schon früher nie so negativ empfunden. Ich kam dann irgendwann mit der Nazi-Französischlehrerin, und er sagte, ach, er erinnere sich hauptsächlich an einen richtig großartigen Lehrer. Und dann an noch einen, der habe sich auch wahnsinnig engagiert. Die Schule sei doch okay gewesen.

Ich sagte: »Aber der Schaffner war doch bescheuert?«

»Der war bescheuert«, sagte er. »Superbescheuert.«

Hat alles sicher auch mit dem zunehmenden Alter zu tun, die einen sagen »Reife«, die anderen sagen »Schwäche«. Aber ich sehe die Region inzwischen auch differenzierter. Ich bin kein Gefangener meiner Vorurteile mehr. Deshalb bin ich aber keinesfalls spießig geworden. Im Gegenteil. Wäre hinterwäldlerisch, wenn ich heute noch in den alten Vorurteilen gefangen wäre. Es ist lustig, aber immer wenn ich Christine sehe – zu oft – muss ich daran denken, was Minki mal bei ihrem Anblick gesagt hat: »Man kann dem Dorf entkommen. Aber man kann es auch mitnehmen und dann wohnt man in der Stadt und hat es dabei.« Er meinte selbstverständlich auch mich, aber ich meine selbstverständlich ihn.

Als wir mal frühmorgens im Prinzenbad waren und nach dem Schwimmen Kaffee tranken, da saßen am Nebentisch vier Frauen. Typ Badelatschen und schlecht gefärbte Haare. Aber schon gut in Stimmung, wa. Sie aßen Gulasch mit Nudeln und tranken dazu Schultheiss.

»Um halb zehn morgens Gulasch und Bier«, stöhnte Adorno. »Was ist denn das?«

»Das, mein Sohn«, sagte ich, »sind deine Berliner Landsleute.«

Er schaute bedröppelt und mir ging fast einer ab. Geistig, jetzt.

Und weil heutzutage ja sowieso alles transparent ist und irgendwo im Internet steht, kann ich genauso gut gleich alles erzählen. Im Frühjahr 2011 hatte ich an einem Sonntag geschäftlich in Stuttgart zu tun und stand am Frühabend im Württembergischen Kunstverein am Schlossplatz in einer Menschenmenge rum. Und irgendwann kam ein Mann, Anzug, weißes Hemd, grüne Krawatte, lustiger Bürstenhaarschnitt. Der Mann trat auf eine Bühne, hob die Hände in die Luft und fing an zu reden. Selbstverständlich auf Schwäbisch.

Alles jubelte.

Er war definitiv kein Nazi früher. Bloß Kommunist. Ein Dummbeutel schien er aber auch nicht zu sein, was man schon daran sah, dass er die Kommunistenphase als schwerste Verirrung einstufte. Ein Schwätzer war er definitiv auch nicht. Bisschen katholisch vielleicht. Aber er sagte, was ich dachte – im Grunde also ein außergewöhnlich vernünftiger Mann.

»Wer ist das?«, fragte ich.

Man sagte mir, dass der jetzt der Ministerpräsident von Baden-Württemberg sei.

Ich dachte: Der isch jetzt onser Minischterpräsident?

Menschen können seltsam sein, aber seitdem bin ich irgendwie versöhnt.

25   Und dann ... der Mutter-Tochter-Konflikt

Penelope ist ja wirklich eine Seele von Mensch. Manchmal. Aber neuerdings macht sie immer öfter Dinge, die ihrer Mutter nicht zusagen. Das sollte man nicht tun, das weiß doch jeder.

»Warum macht die das nur?«, jammert die Macht.

»Die will es wissen«, sage ich dann zu ihr.

An diesem Tag hatte Mario uns gerade das Frühstück gebracht. Rühreier mit Kräutern und Marmelade extra für die Macht, zwei Spiegeleier getrennt für mich. Ich mag das einfach nicht, wenn Spiegeleier an einem Stück kommen, ich will sie einzeln. Mario brauche ich das gar nicht erst zu sagen, der bringt sie automatisch getrennt. Weil, wir sind am Sonntag immer in seinem Lokal und nehmen immer dasselbe.

»Spiegeleier getrennt«, ruft er in die Küche. Und zwar völlig neutral, kein kritischer Unterton, das würde ich bei Mario sofort hören.

Der Koch weiß dann auch schon Bescheid. Aha, der angenehme und ansonsten pflegeleichte Typ, der aus irgendeinem Grund aber seine Spiegeleier getrennt will.

Früher fand ich das bedenklich, wenn die Bedienung einem schon sein Zeug bringt, ohne dass man es bestellt hat. Ich variierte die Bestellungen bewusst, damit das auf keinen Fall passieren würde.

Sagte die Bedienung: »Kaffee?«, weil ich fünfmal in Folge Kaffee bestellt hatte, dann antwortete ich: »Schwarzer Tee, bitte.«

Nur damit das erst gar nicht einriss. Weil man es als ein etwas eingefahrenes Leben missverstehen kann, wenn die Bedienung einen schon gar nicht mehr fragt, was man will. Inzwischen finde ich das sehr angenehm. Erstens mag ich gar keinen Tee, zweitens hat es doch was, wenn andere Leute wissen, was man mag, und es einem dann auch bringen, ohne dass man noch groß diskutieren muss. Eine rundum positive Entwicklung also.

Was man von der Beziehung Penelope – Macht leider nicht behaupten konnte. Wenn wir in letzter Zeit über die neuesten Entwicklungen sprachen, führte das immer zu einem leidenden »Warum macht sie das nur?« der Macht.

Tja. Penelope hatte angefangen, ihre Persönlichkeit in der Reibung an ihrer Mutter weiterzuentwickeln.

Nachdem die Macht gezahlt hatte, besorgte sie noch ein paar Brötchen und schickte mich rauf in die Wohnung, um sie den Kindern hinzulegen, falls sie später frühstücken wollten. Die würden ja sonst verhungern. Wir wollten gleich weiter zu einem Geburtstagsbrunch. Die Kinder wollten auf keinen Fall zu einem Geburtstagsbrunch. Darüber war schon ausgiebig gesprochen worden.

»Aber mach' nicht so einen Krach, die schlafen bestimmt noch«, sagte sie. Das sagte sie immer.

Irgendwie hatte sich bei ihr der Eindruck festgesetzt, dass man in unserer Familie Krach machte, wenn andere Leute noch schliefen. Ich denke, das ist darauf zurückzuführen, dass bei ihrer allerersten Übernachtung in meinem Zimmer am folgenden Nachmittag meine Mutter reinkam und zu staubsaugen anfing, obwohl wir noch schliefen. Ein Trauma, das sie heute noch beschäftigt. Verständlicherweise.

Ich versprach, keinen Krach zu machen, hechelte hoch und fand Penelope fix und fertig angezogen, obwohl es grade mal 11 Uhr war. Sehr ungewöhnlich, normalerweise kommt sie an einem Sonntag nicht mehr vor dem Mittagsläuten aus dem Zimmer.

»Hallo, Süße.«

»Hallo, Pu.«

»Willst du frühstücken?«

»Nein, danke. Ich gehe zu einer Freundin.«

Ich hätte jetzt fragen müssen: Zu welcher Freundin? Wann kommst du nach Hause? Willst du wirklich in diesem kurzen Rock gehen?

Aber ich war hier ja nicht die Mutter. Also sagte ich nur: »Schön. Viel Spaß.«

Und weil ich dann doch nicht ganz blöd bin: »Nimm dein Telefon mit. Und schalte es, bitte, bitte, ein.«

»Okay«, fiepte Penelope.

Ich hechelte wieder runter. »Und«, sagte die Macht, »schläft Penelope noch?«

»Nein.«

»Nein?«

»Sie hat was vor.«

»Sie hat was vor?«

»Ja, sie geht zu einer Freundin.«

Macht irritiert. Geschah hier etwas, worüber sie nicht Bescheid wusste?

»Zu welcher Freundin?«

»Weiß ich nicht.«

»Wann kommt sie nach Hause?«

»Hab' ich nicht gefragt.«

»Sie hat doch nicht etwa ihren kurzen Rock an?«

»Keine Ahnung, hab' nicht drauf geachtet.«

Sehr kritischer Blick. Aber da musste sie jetzt durch.

»Sie hat ihr Telefon dabei«, sagte ich.

»So, so.«

Sie hielt es dann noch genau fünf Minuten aus, bevor sie anrief. Sie hält es immer genau fünf Minuten aus. Es meldete sich aber keiner. Deshalb kriegte ich alles ab.

So geht das inzwischen ständig. Penelope will Freiheit. Macht will Sicherheit.

Penelope fühlt sich eingeschränkt, Macht sorgt sich.

»Ich muss das wissen, ich bin deine Mutter«, sagt sie.

Penelope kommt dann zu mir gerannt und sagt: »Diese Frau!«

Wie ich denn das fände. Ich sei doch nicht so, oder?

Ich sage: »Pelo, danke, dass du das so siehst. Aber wenn du deine Mutter und mich gegeneinander ausspielen willst, dann musst du schon früher aufstehen. Und das liegt dir ja eher nicht.«

Haben wir ausgemacht, dass wir das so machen, auch wenn es mir schwerfällt.

Wie denn, was ich meinte, es sei alles ganz anders, sagte Penelope.

Klar.

Penelopes Leben ist in Fluss gekommen, seit sie auf der neuen Schule ist. Am Anfang war die Macht noch besorgt, wie sich das Kind da so allein schlagen würde und ob sie auch Anschluss fände. Viele Gespräche, viele Sorgen. Und jetzt kommt quasi wöchentlich eine neue Freundin dazu, und dann ist es auch wieder nicht recht. Jetzt hat Penelope eine Strategie entwickelt, wie sie sich komplett in ihrem Zimmer anzieht, dann im Gang möglichst geräuschlos Höchstgeschwindigkeit aufnimmt, um in 1,5 Sekunden aus der Tür raus zu sein und dadurch nicht mehr angesprochen werden zu können. Letztens saß ich mit Adorno im Wohnzimmer und hörte sie wirklich erst, als sie die Tür zuziehen wollte. Ich dachte schon: Jetzt hat sie es geschafft.

Hatte sie aber nicht.

»Halt, stopp, wo gehst du hin?« Die Macht wieder. Aus ihrem Zimmer. Bei geschlossener Türe.

»Zu meiner Freundin.«

»Welche Freundin?«

»Von meiner neuen Schule. Kennst du nicht.«

Die Macht trat in den Flur.

»Eben«, sagte sie. »Wer ist sie? Wie heißt sie? Wo wohnt sie? Was machen ihre Eltern? Das muss ich als Mutter doch wissen.«

Penelope machte ein angemessen angewidertes Gesicht ob diesen brutalen Eindringens in ihre Privatsphäre. Einige Minuten und einige unfreundliche Worte später schien zumindest mal klar, dass sie in Mitte oder Friedrichshain wohnte.

»Wie jetzt: Mitte oder Friedrichshain?«, fragte die Macht.

Sie war jetzt hörbar gereizt.

Penelope war auch hörbar gereizt. Und Adorno und ich waren auch schon ganz gereizt, denn wir verstanden kaum noch, was der Radioreporter vom Wölfe-Spiel zu berichten hatten. Alles, was wir verstanden: dass diese Freundin offenbar doch eher in Mitte wohnte als in Friedrichshain.

»Also, Penelope …«, sagte die Macht.

Und damit war es ein offizielles Mutter-Tochter-Gespräch. So ginge das nicht und man müsste doch zumindest mal die Telefonnummer der Eltern wissen.

»Hallo, du willst da doch nicht etwa anrufen?«, rief Penelope.

»Im Notfall«, schnarrte die Macht. »Ich muss dich doch erreichen können.«

Penelope sagte, dass es zu keinem Notfall kommen würde. Überhaupt kenne sie die Nummer nicht. Woher sie die denn kennen solle.

Dann solle sie die Nummer gefälligst besorgen. Sie sei 13 Jahre alt, das könne man ja wohl von ihr erwarten. Minimum. Und bis dahin solle sie gefälligst ihr verdammtes Telefon immer bei sich tragen. Und zwar ab sofort immer eingeschaltet.

Ja, ja, alles klar.

Nach weiteren fünf Minuten wichtiger Ratschläge war Penelope endlich zur Tür raus. Nochmal fünf Minuten später wählte die Macht »Penelope mobil« an.

Der angerufene Teilnehmer war nicht zu erreichen.

Na ja, ich überspringe nun einige unangenehme Geschehnisse und blende wieder ein an dem Tag, als Penelope dann die erste neue Freundin aus der neuen Schule tatsächlich zu uns mitbrachte. Es war Luise. Für das Abendessen mussten sie aus Penelopes Zimmer rauskommen. Luise war genau gleich gestylt wie Penelope.

Lange Haare, nur blond, kurzer Rock undsoweiter. Offenbar war das eine Art Uniform.

Ich war für das Essen verantwortlich und hatte schön Pizza bestellt.

Die Macht sagte: »Du kannst doch nicht Pizza bestellen. Was ist, wenn Penelopes Freundin das ihren Eltern erzählt?«

»Was ist dann?«

»Was werden die denken? Vielleicht sind das so Super-Eltern.«

Sicher waren das so engagierte Super-Eltern, die niemals Pizza bestellen würden.

Sonst wäre ihre Tochter ja nicht auf Penelopes Schule. Aber das sagte ich der Macht nicht.

Ich sagte: »Na und, wir kennen sie ja gar nicht. Und sie kennen uns nicht.«

Es gab Pizza Margarita für Penelope, Adorno und die neue Freundin. Die Macht hatte Pizza Vegetale. Und ich Pizza Romana. Mit vier so mikroskopisch kleinen Salamiteilchen drauf.

»Möchtest du vielleicht auch ein Stück von der Romana probieren?«, fragte ich unsere neue Freundin. Man will ja höflich sein.

Luise schaute mich erstaunt an.

»Hallo!«, kreischte Penelope. »Sie isst doch kein Fleisch!«

»Tschuldigung. Woher soll ich das denn wissen?«

Penelope und Adorno sahen sich an und schüttelten die Köpfe. Ich sah, was sie dachten: Was für eine Vollnase. Sie wollten grade losledern, als mich die Macht rettete.

»Wissen deine Eltern eigentlich, wo du bist?«, fragte sie unsere neue Freundin.

»Ja«, antwortete Luise.

»Aber sie kennen uns ja gar nicht«, insistierte die Macht.

Sie hätten uns gegoogelt, bevor sie kommen durfte, sagte Luise leise.

Als die neue Freundin zur Tür raus war, rief mich Penelope in ihr Zimmer und wies mich an, ihren Gästen auf keinen Fall jemals wieder fleischhaltige Gerichte anzubieten, das sei ja »überpeinlich«.

Klar, und komplett hobbylos, verstehe schon. Sie versucht immer den Eindruck zu erwecken, als ob Kinder heutzutage alle kein Fleisch mehr äßen.

Aber ich bin fast sicher, dass es irgendwo da draußen noch welche gibt.

Als ich Penelopes Zimmer verlassen hatte, rief mich die Macht. »Die haben uns gegoogelt«, sagte sie, »ist das denn zu glauben?«

»Ja, hobbylos«, antwortete ich.

»Das machen wir jetzt auch«, sagte sie.

»Okay«, sagte ich.

Inzwischen haben wir ein unglaubliches Geschiss wegen Zeug, über das wir nie streiten wollten. Zum Beispiel: Wie lange darf man als 13-Jährige abends weg?

Maximal bis 21.30 Uhr, sagt die Macht.

Ich stupste sie in die Seite, als das Thema mal wieder anstand, aber sie war unerbittlich.

»Ich gehe mit Luise noch kurz runter«, sagte sie, als Luise zum Übernachten da war.

»Wo gehst du hin?« Die Macht.

»Runter.«

»Was ist das denn für eine Antwort?«

»Was ist das denn für eine Frage?«

Wie aufsässig ihre Tochter war! Dann auch noch der kurze Rock. »So gehst du mir nicht aus dem Haus.«

Es dauert, bis Penelope sauer ist, aber jetzt war sie es.

»Bitch.«

»Was?«

Eskalationsstufe sieben. Ich war genauso empört, dass meine Frau als Bitch bezeichnet wurde, machte aber beruhigende Gesten in Richtung Macht.

Sie schnaubte. »Um halb zehn seid ihr wieder hier.«

Brummel, brummel.

»Und zwar um Punkt halb zehn.«

»Mensch, Macht«, sagte ich, »weißt du eigentlich, dass du grade ›so gehst du mir nicht aus dem Haus‹ gesagt hast?«

»Ja, und? So kann sie auch nicht aus dem Haus.«

»Du bist doch bestimmt immer bis Mitternacht weggeblieben«, sagte ich.

»Ja, aber das war ja was anderes.«

»Wieso was anderes?«

»Das war auf dem Dorf.«

Penelope weiß von ihren Besuchen in Opaland, dass das da heute noch so ist.

»Die haben einen fiesen Vorteil«, sagte sie mir. »Die 13-Jährigen sind da bis nachts um eins in ihrem Bauwagen. Das ist da der Jugendclub. Und die Eltern erlauben das, die sind ja auf dem Dorf. Die Macht hat mir selbst erzählt, dass sie mal bis zwei weg war. Das würde sie mir nie und nimmer erlauben.«

»Auf dem Dorf ist nachts sowieso niemand auf der Straße. Da kann auch nichts passieren«, sagte ich.

»Ja«, seufzte Penelope, »das Landleben hat auch seine Vorteile.«

Na, und dann rufen jetzt immer abends irgendwelche Leute an.

»Wer ruft denn hier um neun noch an?«

»Bestimmt für Penelope«, sagt Adorno. Tatsächlich.

Und wenn sie nicht telefoniert, ist sie im Bad. Duscht die ganze Zeit. Was Adorno zu wenig duscht, kompensiert die locker. Manchmal hört man es aus dem Bad brummen.

»Rasierst du dich schon wieder?«, ruft die Macht durch die geschlossene Tür.

»Man kann auch mal aus dem Haus, ohne sich die Achseln zu rasieren.«

Hmhmhm.

»Das ist doch eine Errungenschaft, für die wir gekämpft haben, dass man so ein Zeug nicht mehr machen muss.«

Ich kann mich nicht erinnern, dass sie für Achselhaare gekämpft hat, das muss also vor meiner Zeit gewesen sein. Was ich aber weiß: dass ihre Mutter sie gefragt hat, ob sie die Pille brauche, als sie 14 war. Und das war keine Kommune, sondern ein Metzgerhaushalt. Penelope erzählt zwar immer von »Trockenficken im Lernbüro« und wer alles

»bitches am Start« habe, aber ich bin sicher, sie würde einen Herzkasper kriegen, wenn die Macht plötzlich daherkäme und ihr die Pille anböte. Der Metzgermeister hat damals davon selbstverständlich nichts gewusst, wie er überhaupt die entscheidenden Sachen oft nicht weiß.

»Das muss der Opa gar nicht wissen«, sagt die Oma. Das entscheidet alles sie. Unglaublich, wie matriarchal diese Generation noch ist.

Ich hatte ja Penelope schon mal aus dem Käfig gelassen, als sie elf war. Damals war die Macht auf Geschäftsreise, und sie hatte den Kopf zum Arbeitszimmer reingesteckt und mit den Händen gewedelt. Aber da ich gerade ein wichtiges Telefongespräch zur Weltlage führte, scheuchte ich sie weg.

Später durchsuchte ich die Wohnung, fand aber nur einen Zettel auf dem Küchentisch. »Bin Wochenende weg. Kannst mich am Sonntag, 12 Uhr, bei Caro abholen. An der Pinnwand steht ihre Adresse. Liebe. Penelope.«

Ich kannte keine Caro, dachte aber damals, das sei bei Elfjährigen wohl so üblich. Ich schrieb mir dann die Adresse von der Pinnwand ab und holte sie zwei Tage später dort ab.

»Und, hattest du ein schönes Wochenende?«

Sie gähnte.

Ich nahm es als gutes Zeichen, brachte sie nach Hause ins Bett und weckte sie erst am nächsten Tag wieder. Das hatte ich ganz vergessen, der Macht zu erzählen. Ich weiß nämlich, dass ich früher auch immer das Gefühl hatte, alle anderen dürften *Klimbim* ankucken, nur ich nicht.

Und ich kann es nachvollziehen, wenn Penelope jetzt auf den Platz vor unserem Haus runterwill, um sich auf das Dach von so einem Gerätehäuschen zu setzen.

»Was will sie denn auf dem Dach?«, fragt Adorno.

»Sie wartet«, sage ich.

»Worauf wartet sie denn?«

»Dass endlich etwas passiert.«

Versteht er nicht. Noch nicht. Ich erinnere mich, wie ich am Fenster saß und wartete, dass was passierte. Von dem Moment, als ich von der

Schule nach Hause kam, bis zum Abendessen. Davor durften wir nicht fernsehen. Ich saß da und schaute runter. Es passierte aber nichts. Bis fünf vor halb fünf. Dann kam die Riegerannette vorbei, die Schwester vom Riegerschorsch. Sie war Lehrling in der Fensterfabrik und hatte um Viertel nach vier Schluss. Zehn Minuten später lief sie an unserem Haus vorbei. Das Blickfeld war eingeschränkt, weil links ein Haus im Weg stand. Ich sah sie erst, wenn sie an diesem Haus vorbei war. Etwa 15 Sekunden von der Seite und dann nochmal 20 Sekunden von hinten. Sie hatte einen festen Po und keine Taille. Mehr war nicht. Ich will damit auch nur sagen, dass ich weiß, wie es ist, wenn das losgeht, dass man auf etwas wartet, von dem man gar nicht genau weiß, was es eigentlich sein soll.

Bei allem Verständnis achte ich eisenhart darauf, auf keinen Fall die Macht vor ihr zu kritisieren oder ihr gar ein Ohr abzukauen, was mir hier nicht passt. Wozu auch? Passt mir ja alles. Bis auf Penelopes Schuldzuweisungen, die jetzt auch langsam mich erreichen. Sie beschwert sich doch tatsächlich darüber, dass Körperpartien von ihr nicht perfekt seien und gibt die Schuld meiner großartigen DNA.

»Schau dir mal meine Nase an.«

»Was ist mit deiner Nase?«

»Die ist von dir.«

»Zeig her.«

Sie zeigte sie her.

»Die ist erstens tippitoppi und zweitens nicht von mir.«

»Die ist erstens von dir und zweitens kann ich mit so einer Nase kein Topmodel werden.«

Unverschämtheit.

»Du sollst auch gar kein Topmodel werden.«

Abschätziger Blick. Wenn ich ihr so komme, bin ich nicht mehr satisfaktionsfähig. Aber ist doch wahr.

Wenn wir uns einen gemütlichen Fernsehabend machen wollen, sitzt sie jetzt in der Küche und telefoniert. Irgendwann geht sie wortlos in ihr Zimmer.

Die Macht sagt: »Ist die jetzt ins Bett gegangen? Die sagt nicht mal mehr Gute Nacht.«

Und Adorno sagt: »Nein, die telefoniert in ihrem Zimmer weiter.«

Dann geht die Macht nach hinten und zerrt sie zu uns.

Und dann nimmt Penelope sich ein iPad und verschwindet zu Facebook.

Dann sagt die Macht: »Jetzt sprich gefälligst auch mal mit uns, Penelope.«

Dann sagt Penelope: »Du bist übelst bitchy.«

Dann sagt die Macht: »Also, Penelope …«

Dann sagt Penelope: »Jetzt kommt wieder was von 1930 oder so.«

Dann sagt die Macht: »Es reicht, du gehst jetzt ins Bett.«

Dann sagt Penelope: »Bist du scheiße!«

Und dann blenden wir uns aus, weil das hat hier ja keinen Sinn.

Ein notwendiges Wort zum Schluss

Gleich kommt Adorno nach Hause. Sein letzter Tag in seiner alten Schule. Schon wieder ist was zu Ende. Ihm doch egal. Und nehmen wir an, nehmen wir nur mal an, er kommt rein, sieht mich hier am Tisch sitzen und fragt, was los ist. Und ich sage: »Du fährst ab sofort mit dem Fahrrad zum Training, das ist los.«

Dann wird es sofort wieder unangenehm. Das ist aber nun mal unser wichtigstes Ziel für das kommende Schuljahr. Dass wir Adorno dazu kriegen, mit dem Fahrrad ins Training zu fahren. Wenigstens einmal.

Es klingelt. Aha. Er kommt. Kann immer noch nicht die Haustür aufschließen oder ist einfach zu faul.

»He, Adorno, herkommen«, rufe ich, als er oben ist. Aber er kommt nicht, sondern verschwindet direkt in seinem Zimmer.

Also gehe ich rüber und sage ihm, dass ich ihn einmal bringe und abhole, wenn er dafür das andere Mal mit dem Fahrrad zum Training fährt.

»Aha«, sagt Adorno, »dann meld' mich halt ab.«

Hass-Augen unter der Kapuze.

»Ich will dich nicht abmelden, ich mache dir ein Angebot.«

»Kannst mich abmelden. Schluss mit Fußball.«

Der Typi liebt Fußballspielen wirklich, ich verstehe es einfach nicht. Was haben wir ihm getan, dass er Fahrradfahren so total verweigert?

»Überleg's dir«, sage ich und verlasse sein Zimmer.

»Meld' mich ruhig ab«, schreit er mir hinterher.

Wenn das die Macht mitkriegt, geht sie wieder durch die Decke.

Gestern hätte sie ihn fast zum zweiten Mal in seinem Leben »Arschloch« genannt. Das erste Mal war vor knapp zwei Jahren, warum, weiß ich nicht mehr. Diesmal hatte sie mit Liebe etwas für ihn organisiert, aber er hatte geschrien: »Ohne mich. Kannst du vergessen. Niemals.«

Sie war wahnsinnig gekränkt, hatte es aber grade noch runtergeschluckt.

»Da bist du besser als ich«, sagte ich.

»Wieso, was hast du gesagt?«

»›Fick dich.‹ Erstes Mal.«

»Auch nicht schlecht.«

Aber auch nicht ganz optimal. Die Macht hat in dieser Woche ihren Kreuzzug für eine saubere Familiensprache intensiviert, weil an unserem Familientisch jetzt alles nur noch »übelst geil« ist oder sonst irgendwie »übelst«.

»Jetzt reicht es. Schluss mit diesem Übelst-Geil-Zeug«, sagte die Macht.

Penelope und Adorno schwer irritiert.

»Wir sprechen nicht so. Wir sprechen anders.«

»Ja, wie denn?«, fragte Adorno.

»Nicht so übel. Und nicht so geil.«

Dass sein Lieblingssong jetzt »Ich chill' mit Nutten am Pool« ist, deutet aber nicht auf baldige Verbesserung der Situation hin.

Und dann muss er jetzt endlich beim Metzger anrufen und sich für irgendein teures Schulabschluss-Geschenk bedanken, von dem der aber gar nicht wissen darf, wie teuer es war. Das steht schon seit Tagen an.

»Ruf beim Opa an.«

»Ich bin auf dem Klo.«

»Aber dann rufst du sofort beim Opa an.«

»Ich bin auf dem Kloho.«

Und so weiter.

Jetzt ist er auch noch im Widerstand dagegen, dass eine Ukrainerin zu uns kommt. Dabei kommt gar keine. Die Macht hatte lediglich gesagt, dass Penelope einen Austausch mit einer ukrainischen Schülerin machen könne und dann ginge sie in die Ukraine und das ukrainische Mädchen käme irgendwann zu uns.

»Das lasse ich nicht zu«, sagte Adorno.

»Wieso? Das ist ein toller Schüleraustausch.«

»Ich will keine Ukrainerin in der Wohnung, wenn ich hier rumlaufe.«

Er schließt jetzt immer sofort das Bad ab, in den seltenen Fällen, in denen er reingeht.

Trotzdem ist er sehr besorgt, dass ihn jemand nackt sehen könnte. Und dann noch eine Ukrainerin, die er nicht kennt.

»Du erinnerst mich an meine Mutter«, rief die Macht bebend. Aber die Dimension des Vorwurfs prallt völlig an ihm ab.

Penelope schiebt jetzt die ganze Zeit Fotos von sich von einem Gerät zum anderen. Wenn sie nicht im Bad ist. Da muss man höllisch aufpassen, denn wenn zwei Wochen rum sind und Adorno ist mit Duschen dran, dann darf das Bad auf keinen Fall besetzt sein.

Ich schreie noch: »Pelo, bitte, bitte, komm' endlich aus dem Bad raus. Es ist ein Notfall.« Aber ich höre von drinnen nur ein »Pfff«.

Und dann ruft Adorno: »Das war's. Bis in zwei Wochen.«

Dann ist die Macht auch wieder außer sich. Von wem hat er das bloß.

Maultaschen isst er auch immer noch keine, obwohl sie vegetarisch sind. Als die Macht ihm ausnahmsweise keine Nudelalternative kochte, bestellte er sich telefonisch eine Pizza Margarita. Das kann er jetzt immerhin.

Mit dem Verreisen wird es auch immer komplizierter. Kalifornien ist dieses Jahr leider nicht möglich, also Mallorca. Auch Flug, aber viel, viel weniger CO_2.

»Pu, du willst doch nicht im Ernst nur nach Mallorca?«, sagte Penelope.

»Was heißt nur?«

»Nach Mallorca fährt doch jeder Penner.«

Minki fährt ja mit Leo nach Rom. »Auf den Spuren von Goethe.« Aber das ist mit unserem ja nicht zu machen.

Gottseidank. Weil, ehrlich gesagt, in Wahrheit interessiere ich mich auch nicht für Goethe. Aber schade ist, dass auch ein Wochenende an der Ostsee nicht mehr geht. Oder nur mit mindestens zwei Wochen Vorplanung, weil Penelope die Tage sonst schon längst mit Luise verplant hat und mit Leuten, die wir erst noch googeln müssen.

Österreich ist kategorisch ausgeschlossen.

»Ja, glaubt ihr denn, ich fahre nach Österreich oder so was?«

Im Grunde ist Urlaub mit Penelope nicht mehr zu machen.

»Außer New York, aber nur wenn Luise mitdarf. Oder soll ich etwa allein mit euch gehen, das wäre ja übelst sick.«

Die Macht seufzt jetzt immer viel, grade auch beim Telefonieren. Ja, Adorno sitzt hier. Und wo Penelope ist, weiß man nicht so genau. »Bei irgendeiner Freundin, übernachtet dort, will nicht darüber sprechen. Ich habe gesagt: Penelope, ich will die Festnetznummer der Eltern haben. Das ist doch das Mindeste. Aber da verdreht sie schon die Augen.«

Und wenn man wirklich gar nichts mehr braucht, dann ruft auch noch der Superöko an und sagt, er hätte da eine neue Windanlage entdeckt, wir sollten unbedingt einsteigen und zwar mit dem Geld, das wir sparen, wenn wir auch nächstes Jahr nicht nach Kalifornien fliegen. Aha: Jetzt sollen wir also nur noch jedes dritte Jahr dahin, manche Leute kriegen einfach den Hals nicht voll.

Jetzt schließt jemand die Tür auf. Penelope kommt.

»Hallo, Pu. Was sitzt du denn hier so traurig rum?«

Och.

Ich frage, ob nicht sie den Metzgermeister anrufen kann, und sie tut es tatsächlich. Ich höre, wie sie sagt: »Ich kann nicht glauben, dass schon wieder ein Jahr rum ist, Opa.«

Dann sagt der Metzger irgendwas.

»Ich bin auch schon alt. Ich komme jetzt in die Achte.«

Der Metzger sagt irgendwas.

»Doch, ich hab nur noch vier Jahre, dann ziehe ich hier aus.«

Der Metzger sagt irgendwas.

»Doch, ich glaube, die Macht will mich raus haben.«

Der Metzger sagt irgendwas.

»Vielleicht mach' ich ein soziales Jahr. Dann bleibe ich noch ein Jahr länger.«

Wie bitte? Noch ein Jahr länger? Mit 18 ziehen diese Leute aus. Und wenn nicht, dann wechsle ich die Schlösser aus. Das ist doch kein Leben für einen normalen Menschen, geschweige denn für einen wie mich, auf der einen Seite intellektuell, aber schon auch das Herz am rechten Fleck.

Irgendwann ist auch die Macht zur Tür reingekommen und irgendwann liegen wir in unserem Bett, vollends erschlagen vom Tag, weil Penelope und Adorno … aber das ist ja jetzt egal.

Jedenfalls sagte die Macht plötzlich: »Vielleicht bleiben wir ja dieses Weihnachten in Berlin.«

Och? Baden-Württemberg ist doch auch nicht schlecht. Und mein Respekt, wie der Metzger mit dem ganzen neumodischen Zeug zurechtkommt, ob das jetzt Vegetarier sind oder ein grüner Ministerpräsident. Da sind ja die Kastelruther Spatzen nichts dagegen.

Wie ich noch überlege, ob ich was sagen soll, kriegt die Macht ihre schnurrige Stimme.

»Ach, jetzt ist unsere Pelo dann schon 14.«

»Erzähl mir was Neues.«

»Dann ist sie in vier Jahren schon erwachsen, das ist doch unglaublich.«

»14 plus 4 ist 18. Stimmt genau.«

»Aber grade haben wir sie noch im Maxi-Cosi rumgetragen.«

Aha, diese Stimmung.

»Und als wir in Kalifornien lebten, da ging sie in den Kindergarten da in der Church Street, weißt du das noch? Das war doch grade erst.«

Auch schon wieder zehn Jahre her.

»Und dann geht sie studieren und zieht aus.«

»Das wollen wir hoffen.«

Aber wie ich das sage, und es dürfte ja inzwischen klar sein, dass ich wirklich ein ganz harter Knochen bin und alles, aber da kriege ich auch so ein seltsames Gefühl.

Da sagt die Macht auch schon und ist vom Schnurren zu so einem Jammerton übergegangen: »Dann haben wir nur noch Adorno.«

Und ich denke: um Himmels willen.

Jetzt ist die Macht komplett rührselig und schluchzt: »Und dann ist der auch schon 18. Und du willst auch noch, dass die in Amerika studieren.«

Logisch, das ist großartig und bringt sie voran. Da war ich immer glasklar und entschlossen. Nur jetzt grade denke ich: Na ja, vielleicht wäre auch die FU in Berlin nicht schlecht, immerhin eine renommierte Uni in einer spannenden Weltstadt. Dann könnten sie zur Not erst mal bei uns wohnen. Und dann sieht man weiter.

Aber ich rede ja schon wie die Macht. Was eindeutig ein Fortschritt ist.

Adorno hat ein Jedi-Lichtschwert, und er hat mir erklärt, dass man mit der Macht gesegnet ist. Die Macht verbindet das Leben und die Natur und kann dir übermenschliche Fähigkeiten verleihen.

Und mir sogar menschliche Fähigkeiten. Deshalb heißt es bei den Jedi ja auch: Möge die Macht mit dir sein. Weil, wenn du im Einklang mit der Macht lebst, ist alles gut. Aber ohne die Macht bist du nur eine arme, kleine, böse Wurst.

Das mag überraschend kommen, wenn man den Eindruck gehabt haben sollte, ich hätte die ganze Zeit nur gejammert. Über die Macht. Über Penelope. Über Adorno. Gar nicht. Das ist einfach meine Art der Begeisterung, und deshalb sage ich das lieber explizit, vielleicht ist es noch nicht so hundertprozentig klar geworden: Es ist einfach gleichzeitig so und auch anders mit so einer Familie.

Oder eigentlich ist es gar nicht anders, sondern einfach nur so, dass dies die besten Jahre meines Lebens sind. Ich würde mit niemandem tauschen. Auch nicht mit Brad Pitt.

Das ist ja letztlich eine erfreuliche Sache, wenn man es positiv sehen will – und vor allem ist das jetzt auch wirklich wahr.

Und hier noch eine
wichtige Erklärung des Autors:

Ich möchte aus freien Stücken und im relativen Besitz meiner geistigen Kräfte erklären, dass alles, was ich hier geschrieben habe, frei erfunden ist.

Nichts stimmt, alles komplett hobbylos.

Gezeichnet: Peter Unfried

Und jetzt nimm' bitte die Kanone weg, Adorno.

Danke

Danke an alle, die getuschelt haben, dass es doch das Allerletzte sei, ein Buch über seine Kinder zu schreiben.

Es euch zu zeigen: Das hat mich richtig heiß gemacht.

Danke an meine Kollegen in der *taz*, vor allem an Georg Löwisch und Annabelle Seubert, die mir den Ort und die Unterstützung für eine Kolumne in der *sonntaz* gegeben haben, aus der sich alles entwickelt hat.

Danke an Andrea Kunstmann, die an die Idee glaubte, und an Annette Seybold-Krüger für das einfühlsame Lektorat.

Danke an Barbara Wenner, die mir auf unglaublich viele Arten weiterhilft.

Danke an alle, die mich inspiriert und beraten haben, speziell Martin Unfried, Birgit Kolboske, Christian Schneider und Stefan Kuzmany.

Danke an Winfried Kretschmann, der mir die Versöhnung mit meiner Heimat ermöglicht hat.

Danke an meine Familie. Damit meine ich nicht nur den engeren Kreis von heute, sondern alle, die diesen Kreis durch Wahrnehmung der Reproduktionsfunktion und anderes Engagement ermöglicht und geformt haben. Manche meine ich ganz besonders. Aber letztlich schon alle angeschlossenen Sippen bis ins Jahr 1506 zurück. Leider reichen unsere Stammbäume noch nicht weiter.

Danke an Erika und Franz Köder.

Und danke, Theodor W. Adorno.